COMO SE FOSSE O DIA 1

ALEX KANTROWITZ

COMO SE FOSSE O DIA 1

OS BASTIDORES DAS GIGANTES DA TECNOLOGIA QUE NUNCA SAEM DO TOPO

Amazon • Facebook • Google • Apple • Microsoft

Tradução
Petê Rissatti

Benvirá

Copyright © 2020 by Alex Kantrowitz

Todos os direitos reservados, incluindo o direito de reprodução no todo ou em partes, de qualquer forma
Esta edição é publicada conforme acordo com a Portfolio, um selo do Penguin Publishing Group, uma
divisão da Penguin Random House LLC.

Título original: *Always Day One – How the Tech Titans Plan to Stay on Top Forever*

Direção executiva Flávia Alves Bravin
Direção editorial Renata Pascual Müller
Gerência editorial Rita de Cássia S. Puoço
Edição Tatiana Vieira Allegro
Produção Rosana Peroni Fazolari

Preparação Paula Carvalho
Revisão Estela Janiski Zumbano
Diagramação Claudirene de Moura Santos
Capa Tiago Dela Rosa
Impressão e acabamento Edições Loyola

Dados Internacionais de Catalogação na Publicação (CIP)
Angélica Ilacqua CRB-8/7057

Kantrowitz, Alex
  Como se fosse o Dia 1 : os bastidores das gigantes da tecnologia que nunca saem do topo / Alex Kantrowitz ; tradução de Petê Rissatti. – São Paulo: Benvirá, 2020.
  248 p.

Bibliografia
ISBN 978-85-5717-380-4
Título original: Always Day One

1. Cultura organizacional. 2. Gestão. 3. Ambiente de
trabalho. I. Título. II. Rissatti, Petê.

	CDD 658.3
20-0481	CDU 658.331.1

Índice para catálogo sistemático:
1. Cultura organizacional

1ª edição, outubro de 2020

Nenhuma parte desta publicação poderá ser reproduzida por qualquer meio ou forma sem a prévia
autorização da Saraiva Educação. A violação dos direitos autorais é crime estabelecido na lei n. 9.610/98 e
punido pelo artigo 184 do Código Penal.

Todos os direitos reservados à Benvirá, um selo da Saraiva Educação.
Av. Paulista, 901, 3º andar
Bela Vista - São Paulo - SP - CEP: 01311-100

SAC: sac.sets@somoseducacao.com.br

CÓDIGO DA OBRA 703671   CL 670953   CAE 734281

Para todo mundo que está tentando fazer acontecer.

Sumário

Prefácio: O encontro com Zuckerberg 11

Introdução: Sempre o Dia 1 15

    Ideias *versus* Execução 18

    Milagres em Miami.. 20

    A Mentalidade de Engenheiro 24

    Quando as coisas aceleram 27

1. Dentro da cultura de invenção de Jeff Bezos........................ 31

    Conheça os escritores de ficção científica da Amazon.............. 35

    Funcionários-robôs de Jeff Bezos 39

    Mãos fora do volante 45

    A vida após Yoda 49

    Insista nos padrões mais elevados 54

    "Aquele artigo".. 56

    Saídas.. 59

2. Dentro da cultura de feedback de Mark Zuckerberg........... 61

    Facebook, o Vulnerável... 63

    Construindo uma cultura de feedback........................... 65

Caminhos 67

O Dia 1 do Facebook 70

Do geral ao privado 73

"A empresa mais chinesa do Vale do Silício" 75

Entram as máquinas 78

Compensação do robô 84

Novas entradas 86

Próxima reinvenção do Facebook 92

3. Dentro da cultura de colaboração de Sundar Pichai 95

A mente de colmeia 97

O episódio da Barra de Ferramentas 101

O caminho para o Chrome 104

A mudança 109

A divisão 111

Respostas da IA 112

A grande reinvenção 113

Revolta 119

Êxodo 123

4. Tim Cook e a questão da Apple 129

Uma cultura de refinamento 131

A Mentalidade de Refinador 133

Silos e sigilo 136

"Um formulário certo" 139

O desastre do HomePod 141

Mãos na roda 146

O problema do IS&T 149

Enfrentamento 153

Um passeio pela 280 157

5. Satya Nadella e o estudo de caso da Microsoft 159

    O Dia 1 de Nadella 162

    Invenção democrática 167

    Hierarquia livre de restrições 175

    Colaboração 178

    A nova década da Microsoft 184

6. Uma espiada em *Black Mirror* 187

    Sempre *Black Mirror* 188

    "A distopia é agora" 190

    A erosão do significado 193

    Do Dia do Juízo Final à Disneylândia? 197

7. O líder do futuro 201

    "Algo novo não faria mal" 203

    A nova educação 207

    Cuidado 209

    Observando a IA 212

    O caso da invenção bem-pensada 214

    Avante 217

Agradecimentos 219

Notas 225

Prefácio

O encontro com Zuckerberg

Em fevereiro de 2017, Mark Zuckerberg me chamou na sede do Facebook em Menlo Park, Califórnia, para uma reunião. Era a primeira vez que eu me sentava para uma conversa com ele, e não foi como o previsto.

Sua empresa, como sempre, estava envolvida em polêmicas. Esforçando-se para fazer seus produtos crescerem, mas relutando em moderá-los, ela havia permitido que eles se enchessem de desinformação, sensacionalismo e imagens violentas. Zuckerberg parecia pronto para falar sobre isso, e eu estava ansioso para ouvi-lo.

A sede do Facebook – uma ampla e aberta estrutura de concreto – é um lugar que nos deixa tensos. Tem nove lobbies, duas camadas de segurança para entrar e guardas exigindo que você assine um contrato de confidencialidade a cada passo. Lá dentro, caminhei até uma sala com paredes de vidro, bem no meio de tudo, onde Zuckerberg realiza suas reuniões. E, depois de terminar uma conversa com sua diretora de operações, Sheryl Sandberg, ele me conduziu, junto com meu editor Mat Honan, para uma conversa num espaço por onde passavam muitas pessoas.

Zuckerberg havia trabalhado muito em seu "Manifesto", uma explanação de 5.700 palavras que descrevia de maneira mais ampla a resposta do Facebook ao conteúdo preocupante e seu papel na vida de seus usuários. Chegando lá, eu esperava o típico encontro com um

CEO: uma palestra seguida de tempo limitado para perguntas. Mas, após uma breve visão geral, Zuckerberg começou a pedir feedback. "Quais coisas sobre as quais conversamos você acha que não ficaram claras no texto?", ele perguntou. "O que está faltando?"

Enquanto eu respondia, Zuckerberg ouviu atentamente. Sua postura não mudou. Ele não perdeu o foco. E suas reações – primeiro uma discussão tranquila a respeito de minha sugestão de que o Facebook falasse mais sobre seu poder e, depois, um agradecimento – deixaram claro que ele não estava pedindo apenas por pedir. Eu nunca tinha visto um CEO fazer isso antes, muito menos um conhecido por sua obstinação. Parecia diferente e digno de investigação.

Depois de nossa reunião, perguntei a todos que pude sobre o pedido incomum de Zuckerberg por feedback. Isso é normal? Ele já pediu para você? Após vários questionamentos, tive a minha resposta: o pedido era apenas um vislumbre da maneira como ele administra o Facebook. Zuckerberg incorporou o feedback à essência da empresa. As principais reuniões terminam com pedidos de feedback. Cartazes nos escritórios da companhia dizem que FEEDBACK É UM PRESENTE. E ninguém na empresa está acima dessa máxima, nem mesmo o próprio Zuckerberg.

***

Como repórter de tecnologia no Vale do Silício, tenho observado de camarote a dominância não convencional das gigantes da tecnologia. Em vez de seguir o ciclo de vida corporativo típico – crescer, desacelerar, tropeçar e petrificar –, Apple, Amazon, Facebook, Google e Microsoft se tornaram mais poderosas à medida que envelheceram. E, talvez exceto pela Apple (falaremos mais sobre isso mais tarde), estão mostrando poucos sinais de desistência.

Em meio a essa corrida, fiquei impressionado com as práticas internas incomuns dessas empresas. Após inúmeras entrevistas com executivos do alto escalão, por exemplo, eu estava convencido de que os principais CEOs do mundo eram vendedores naturais, pessoas que usam a força de suas personalidades para reunir outros indivíduos em torno de suas visões. Mas observe Zuckerberg e seus semelhantes – Jeff Bezos na Amazon, Sundar Pichai no Google, Satya Nadella na Microsoft – e verá treinados engenheiros mais ansiosos para facilitar do que para ditar. Em vez de respostas, eles têm perguntas. Em vez de atacar, eles ouvem e aprendem.

Após aquela reunião em Menlo Park, comecei a investigar de maneira mais ampla o funcionamento interno das gigantes da tecnologia – observando suas práticas de liderança, suas culturas, sua tecnologia e seus processos –, imaginando se havia uma ligação entre seu sucesso e a maneira única como operam. À medida que surgiram padrões comuns, ficou impossível negar esse vínculo. E descobrir exatamente o que elas estavam fazendo de diferente e por que estava funcionando se tornou uma obsessão para mim. Dois anos e mais de 130 entrevistas depois, este livro é o resultado dessa jornada.

O que você está prestes a ler é a fórmula que permite às gigantes da tecnologia alcançar seu domínio e sustentá-lo. Este é um livro sobre cultura e liderança, mas, mais amplamente, trata de ideias e invenções, e o caminho entre elas. Trata-se de um novo modelo de negócios em um momento em que as empresas podem criar novos produtos em um piscar de olhos, quando o desafio é constante e nenhuma vantagem é garantida. Apoiando-se em uma série de tecnologias internas que lhes permite operar de maneira diferente, grande parte da qual elas mesmas construíram, as gigantes da tecnologia descobriram essa nova fórmula cedo. Chegou a hora de divulgá-la a todos.

As empresas analisadas neste livro não são perfeitas – longe disso. Em sua busca desenfreada por crescimento, elas têm trabalhado muito, ignorado os óbvios abusos de sua tecnologia e retaliado a grave dissidência interna. Tais excessos fizeram com que o governo dos Estados Unidos considerasse a regulação, e os políticos pedissem sua dissolução. Em grande parte, com razão. Então, para esclarecer: este livro não trata de crescimento, de táticas para crescer nem mesmo de impedir o desenvolvimento de empresas menores. É sobre a criação de culturas criativas, com as quais acredito que todos possam aprender. E, para quem deseja controlar essas empresas, entender como seus sistemas internos funcionam pode ser uma vantagem estratégica. Para diagnosticar efetivamente uma doença, é necessário não apenas observar os sintomas, mas também entender a fisiologia.

Se o conhecimento das gigantes da tecnologia permanecesse apenas em suas mãos, o mundo dos negócios em geral – e os reguladores que os examinam – estaria em desvantagem. Em nossas mãos, temos a chance de equilibrar o campo de atuação.

Introdução
Sempre o Dia 1

Em uma reunião da Amazon, em março de 2017, um Jeff Bezos confiante e elegante se apresentou para milhares de seus funcionários, olhou para uma pilha de papéis com perguntas e leu um questionamento enviado previamente com uma expressão de leve decepção. "Certo, acho que essa é uma pergunta muito importante", disse Bezos. "Como é o Dia 2?"

Nos últimos 25 anos, Bezos tem pedido a seus funcionários que trabalhem todos os dias como se fosse o primeiro da Amazon. Agora, com a companhia caminhando em direção a um patrimônio de um trilhão de dólares e crescendo aproximadamente 100 mil funcionários por ano, um colaborador (talvez esperançoso) estava pedindo a Bezos que imaginasse o Dia 2.

"Como é o Dia 2?", Bezos perguntou. "O Dia 2 é o entorpecimento, seguido pela irrelevância, seguida pelo declínio doloroso e sofrido, seguido pela morte."

Todos na reunião caíram na gargalhada. Para os milhares de funcionários da Amazon presentes, o arrasamento por Bezos de seu colega não identificado, que havia se aventurado numa área sensível da Amazon, foi um prazer. Enquanto a plateia aplaudia, Bezos parou, deu um meio sorriso e encerrou a reunião. "E é por isso que é sempre o Dia 1", disse ele.

O "Dia 1" está em toda parte na Amazon. É o nome de um de seus principais prédios, é o título do blog da empresa e é um tema recorrente na carta anual de Bezos aos acionistas. E, embora seja tentador entender a expressão como uma ordem para trabalhar incessantemente, em especial na Amazon, conhecida por seu nível de exigência, seu significado é mais profundo.

O "Dia 1" na Amazon é o código para inventar como uma startup, com pouca consideração pelo legado. É um reconhecimento de que os concorrentes de hoje podem criar novos produtos em velocidades recordes – graças especialmente aos avanços da inteligência artificial e da computação em nuvem –, então você também pode construir para o futuro, mesmo à custa do presente. É um desvio de como gigantes corporativos como GM e Exxon já governaram nossa economia: desenvolvendo vantagens básicas, defendendo-as e se protegendo a todo custo. Crescer em negócios existentes não é mais uma opção. Na década de 1920, a expectativa média de vida de uma empresa da Fortune 500 era de 67 anos. Em 2015, era de 15. Como é o Dia 2? Ele se parece muito com a morte.

Desde sua origem como livraria on-line, a Amazon tem vivido seu mantra do Dia 1, inventando novos negócios sem apego, ignorando quase completamente como isso pode afetar seus fluxos de receita existentes. A empresa continua sendo uma livraria, mas também é uma câmara de compensação para quase todos os produtos imagináveis, um próspero mercado para terceiros, uma operação mundial de atendimento, um estúdio de cinema premiado com o Oscar, uma mercearia, um provedor de serviços em nuvem, um sistema operacional computacional operado por voz, um fabricante de hardware e uma empresa de robótica. Após cada invenção bem-sucedida, a Amazon retorna ao Dia 1 e descobre o que vem a seguir.

"Eu tenho uma quantidade enorme de ações da Amazon", me disse Mark Cuban em julho de 2019. "Dependendo do que ela fizer hoje, poderia ser literalmente um bilhão de dólares em ações da Amazon. E tenho as ações porque vejo a empresa como a maior startup do mundo."

Olhe para as gigantes da tecnologia hoje e verá um caminho semelhante. O Google começou como um site de busca, mas depois inventou uma extensão de navegador (Stay Tuned), um navegador (Chrome) e um assistente de voz (Assistente Google), e incubou um sistema operacional móvel líder (Android). Cada novo produto do Google desafiava o conjunto existente. Mas, ao retornar repetidamente ao Dia 1, o Google permaneceu no topo.

O Facebook voltou ao Dia 1 várias vezes. Tendo começado como um diretório on-line, a empresa se reinventou com o Feed de Notícias, e hoje está se reinventando, passando do compartilhamento geral para o compartilhamento íntimo: entregando o Feed de Notícias aos Grupos do Facebook – uma série de redes menores – e tratando as mensagens como cidadãos de primeira classe. No mais inconstante de todos os setores, o das mídias sociais, o Facebook ainda lidera.

Até recentemente, parecia que os dias de invenção da Microsoft haviam terminado. A empresa estava tão ligada ao Windows que quase deixou o futuro passar. Mas com uma mudança de liderança, de Steve Ballmer para Satya Nadella, a empresa retornou ao Dia 1 e adotou a computação em nuvem, uma ameaça para sistemas operacionais de desktop como o Windows, e tornou-se novamente a empresa mais valiosa do mundo.

Sob o comando de Steve Jobs, a Apple desenvolveu o iPhone, um dispositivo que tornou menos relevantes os computadores de mesa, como o Mac, e os tocadores de música portáteis, como o iPod, mas que também colocou a empresa no caminho de anos de sucesso. Hoje, a Apple está tendo seu momento Windows. Ela deve deixar a ortodoxia do iPhone para trás e se reinventar novamente para competir na era da computação por voz.

Introdução   17

No campus da Amazon em South Lake Union, em Seattle, um dos mais novos edifícios foi batizado de Reinventar. É uma palavra estranha vinda de uma das empresas de maior sucesso do planeta. Mas, no mundo dos negócios de hoje, onde o Dia 2 é a morte, essa é a chave para a sobrevivência.

Ideias *versus* Execução

A operação de uma empresa inventiva requer mais do que discursos e mensagens internas. É preciso repensar a maneira como se administra o negócio, o que é finalmente possível devido a uma revolução na maneira como trabalhamos.

Existem dois tipos de trabalho: o de ideia e o de execução.

Trabalho de ideia é tudo o que é necessário para criar algo novo: sonhar coisas novas, descobrir como você as fará e sair e criar.

Trabalho de execução é tudo o que é necessário para dar suporte a essas coisas, uma vez que estão ativas: pedido de produtos, entrada de dados, acerto de contas, manutenção.

Na economia industrial, quase todo o trabalho era de execução. O fundador de uma empresa tinha uma ideia (Vamos criar coisas!) e depois contratava funcionários apenas para fins de execução (eles estariam na fábrica, fazendo as coisas). Então, no final da década de 1930, passamos de uma economia dominada por fábricas para uma dominada por ideias – o que chamamos de "economia do conhecimento".

Na economia atual do conhecimento, as ideias são importantes, mas ainda gastamos tempo principalmente no trabalho de execução. Desenvolvemos um novo produto ou serviço e, em seguida, dedicamos nosso tempo a suportá-lo, em vez de pensar em outra coisa. Se você vende vestidos, por exemplo, o suporte a cada modelo exige muito trabalho de execução: preço, fornecimento, gerenciamento de estoque, vendas, marketing, envio e devoluções. Um trabalho de suporte adicional sustenta esses processos, incluindo tarefas básicas de recursos humanos, contratos e contabilidade.

O ônus do trabalho de execução tornou quase impossível para as empresas com um negócio principal desenvolver e suportar outro (Clayton Christensen chama isso de "dilema da inovação"). Aqueles que tentaram quase sempre recuaram ou acharam impossível sustentar vários negócios ao mesmo tempo. "A GM, historicamente, fez muitas outras coisas além de carros", me disse o professor Ned Hill, economista da Universidade Estadual de Ohio, citando geladeiras e locomotivas. "Eles eram um polvo e não deram conta."

Afundando-se no trabalho de execução, as empresas de hoje se dedicam ao refinamento, não à invenção. Seus líderes podem desejar administrar culturas inventivas, mas não têm braços para isso. Então, fornecem um conjunto limitado de ideias a partir do topo, e todo mundo as executa e aprimora.

Mas administrar uma empresa com uma cultura inventiva, em vez de uma de refinamento, agora é subitamente possível. Avanços em inteligência artificial, computação em nuvem e tecnologia de colaboração tornaram viável apoiar negócios existentes com muito menos trabalho de execução, ajudando as empresas a transformar ideias novas e criativas em realidade – e sustentá-las. Essas ferramentas são a próxima evolução de uma explosão de software no local de trabalho que tornou as empresas mais eficientes, e a IA está acelerando esse processo intensamente. Especialistas dizem que a IA libertará as pessoas para fazer um trabalho mais "criativo" ou mais "humano". Mas, mais precisamente, a IA permite que as pessoas façam um trabalho mais inventivo. Creio que esse é um fator essencial por trás do sucesso das gigantes da tecnologia.

Impulsionando uma nova onda de tecnologia capacitadora, as gigantes do setor descobriram como minimizar o trabalho de execução. Isso cria espaço para novas ideias, e elas as transformam em realidade. Suas culturas, portanto, apoiam a invenção, não o refinamento. Removem barreiras que impedem que as ideias se movam pela empresa e dão vida às melhores delas. Simples na teoria, mas complexas na prática, é isso que as faz funcionar.

Durante algum tempo, eu estava convencido de que as gigantes da tecnologia teriam essa vantagem sobre o resto de nós por muitos anos. Mas então fiz uma viagem a Miami.

Milagres em Miami

CeeLo Green provavelmente nunca aspirou à vida de palestrante corporativo, mas o cantor abraçou o papel em outubro de 2018, diante de 1.100 profissionais usando crachás, conversando, checando seus telefones e tentando fazer networking dentro da casa noturna LIV, em Miami Beach.

Enquanto os portadores de crachás devoravam peito bovino fatiado, macarrão com queijo e jalapeño e risoto de caranguejo, e aproveitavam o open bar, Green se divertia. Cantou seu maior hit, uma música chamada "Fuck You" (ou "Forget You", quando tocada no rádio), e falou sobre as conquistas deles. "Vocês estão comemorando o sucesso na vida, certo?", perguntou ele, movendo-se pelo palco em um macacão branco e óculos escuros.

Quando os primeiros acordes de "Fuck You" tocaram na LIV, a multidão foi à loucura, e Green, sorridente, se animou com essa energia. "Se você precisa dizer 'foda-se' a algo, agora é a hora!", ele gritou. Um rugido de "foda-se" foi dado pelos presentes.

A performance de Green na LIV teria passado despercebida não fosse pelo fato de ela ser a abertura de uma conferência organizada pela UiPath, uma empresa pouco conhecida cujo software pode observar sua tela enquanto você trabalha e, com algumas marcações, automatizar suas tarefas. A UiPath e seus colegas estão em busca de automatizar o trabalho de milhões de funcionários nos próximos anos, tornando o coro de "Foda-se" um pouco chocante.

Meses antes do show, ouvi rumores de que a UiPath tinha o potencial de mudar a natureza do trabalho corporativo de uma forma que poderia aproximar o mundo dos negócios como um todo da maneira como as gigantes da tecnologia trabalham. E, depois que investidores entregaram à empresa 225 milhões de dólares no início do outono, decidi levar meu notebook a South Beach para ver do que se tratava.

A UiPath simplifica a automação do trabalho de rotina realizado em um computador. O software da companhia consegue acompanhar os movimentos e cliques do mouse e, com algumas orientações, descobrir como executar suas tarefas. Os "robôs" da UiPath (que não têm presença física) podem assumir uma variedade aparentemente ilimitada de trabalhos de execução, incluindo inserção de dados, geração de relatórios, preenchimento de formulários, composição de documentos padronizados e envio desses documentos por e-mail aos destinatários designados. Na área de recursos humanos, esses robôs podem escrever cartas-padrão para novos contratados, registrar novos funcionários em vários sistemas de benefícios e, quando chegar a hora, escrever suas cartas de demissão também.

Esse tipo de trabalho de execução preenche partes significativas dos dias úteis de milhões de pessoas, e alguns dos empregadores mais conhecidos do mundo – Walmart, Toyota, Wells Fargo, UnitedHealthcare e Merck, entre outros – foram a Miami para trocar informações sobre como eles podem se automatizar.

O SMBC, um banco japonês, disse que já havia implantado mil "robôs" da UiPath e planejava adicionar mais mil no decorrer do ano seguinte. Anoop Prasanna, chefe de automação inteligente do Walmart, elogiou a capacidade da UiPath de automatizar o trabalho, reclamando apenas que não podia implementar a tecnologia com rapidez suficiente. Holly Uhl, que cuida dos esforços de automação na State Auto, uma companhia de seguros, me disse em um momento tranquilo que a UiPath economizou para sua empresa 35 mil horas de trabalho anteriormente humano durante 17 meses, e aumentaria ainda mais. "Vai continuar a crescer", disse ela.

A maior novidade da conferência foi que a tecnologia de automação de processos da UiPath se integraria mais profundamente ao aprendizado de máquina (ou *machine learning*) – uma forma de IA que pode tomar várias decisões futuras –, levando a alguns resultados impressionantes. Naresh Venkat, chefe de aprendizado de máquina e parcerias de IA do Google, falou sobre as possibilidades, demonstrando como o aprendizado de máquina do Google poderia se combinar com a tecnologia de automação da UiPath para processar sinistros de seguradora sem envolvimento humano identificável.

Em um vídeo que Venkat mostrou no palco, uma pessoa enviou para o site de uma companhia de seguros fotos do veículo danificado, e o sistema de aprendizado de máquina do Google analisou as imagens e determinou quanto custaria o reparo. A UiPath abriu um arquivo de cliente no Salesforce, criou um relatório de problema que indicava o prêmio do seguro, escreveu no Microsoft Word um documento básico de avaliação e o enviou por e-mail ao cliente e a um representante da companhia de seguros.

"Você pode automatizar uma boa parte do que provavelmente é necessário que um ser humano faça", disse Venkat, com um leve toque de desconforto. "O que costumava levar 12 dias para ser feito, em termos de processamento de uma reclamação, agora leva dois. Costumava custar cerca de 2 mil dólares para processar alguma coisa; agora, custa 300."

A UiPath é uma das várias empresas de "automação de processos robóticos" que estão surgindo atualmente para atender uma demanda crescente por esses recursos. Menos de dois meses após a confabulação em Miami, uma das principais concorrentes da UiPath, a Automation Anywhere, recebeu um financiamento de 300 milhões de dólares do Softbank. E o Google, por sua vez, não é a única empresa que licencia o poder de tomada de decisão baseada em IA. Muitas outras empresas, incluindo Microsoft, IBM, DataRobot e Element.ai, oferecem recursos semelhantes.

Com um esforço tão amplo e bem financiado para levar essa tecnologia às massas (e com a demanda aparente por essa tecnologia), a automação provavelmente chegará em breve aos locais de trabalho em todo o mundo, assumindo grande parte do trabalho de execução.

"Você reduziu o custo da tomada de decisão – com o aprendizado de máquina, chegará a quase zero", me disse o analista da Forrester Craig Le Clair, que estuda automação. "Você acaba com um local de trabalho muito diferente."

O pessoal do Walmart e do Wells Fargo reunidos em Miami parecia não saber nada quanto à aparência desse local de trabalho diferente. Estavam ansiosos para obter automação e inteligência artificial, mas, tendo mergulhado apenas a ponta do pé na água, foram deixados no mesmo lugar que muitos de nós habitamos hoje: cientes de que uma onda de IA está chegando, mas sem saber exatamente como ela mudará nossos empregos, nossas empresas e a economia.

Existem, no entanto, algumas empresas para as quais esse "local de trabalho do futuro" já é uma realidade, e a maneira como estão se ajustando pode nos ajudar a entender para onde estamos indo.

A Mentalidade de Engenheiro

A tecnologia em exibição em Miami é padrão dentro das gigantes da tecnologia e existe há anos. Equipadas com as mais avançadas divisões de pesquisa de IA corporativa do mundo, essas empresas desenvolvem o aprendizado de máquina não apenas em seus produtos, mas também em seus escritórios. Essa tecnologia, junto com outras ferramentas sofisticadas do local de trabalho, minimizou significativamente o trabalho de execução de seus funcionários e aumentou o tempo que eles investem em novas ideias.

Para transformar essas novas ideias em realidade, as gigantes da tecnologia tiveram que repensar a maneira como uma empresa é administrada. Carregadas com o trabalho de execução, a maioria das empresas hoje desenvolve algumas ideias transmitidas de cima e se concentra em vendê-las. É por isso que "visionário" ainda é o melhor elogio para um CEO hoje. O sucesso de uma empresa geralmente se baseia nas ideias que ele e seu círculo íntimo apresentam.

Bezos, Zuckerberg, Pichai e Nadella não são visionários. Eles são facilitadores. No comando da Amazon, do Facebook, do Google e da Microsoft, eles existem para dar vida às ideias de seus funcionários, não às suas. E eles criaram sistemas para fazer isso. Esses CEOs são todos engenheiros – e não líderes de vendas ou finanças, que normalmente estão no topo das principais empresas do mundo –, e seus sistemas se inspiram em suas origens. No coração de suas culturas inventivas está algo que chamarei de "Mentalidade de Engenheiro".

A Mentalidade de Engenheiro é uma maneira de pensar – não uma aptidão técnica – que sustenta uma cultura de construção, criação e invenção. É baseada na maneira como um engenheiro normalmente aborda o trabalho, mas não é exclusiva de nenhuma ocupação ou nível dentro de uma empresa. A Mentalidade de Engenheiro tem três aplicações principais:

Invenção democrática

Engenheiros estão sempre inventando. O trabalho deles é construir, não vender. As pessoas que empregam a Mentalidade de Engenheiro entendem que ideias inventivas podem vir de qualquer lugar. Elas constroem caminhos para levar essas ideias aos tomadores de decisão e desenvolvem sistemas para garantir que elas possam ter sucesso depois de aprovadas.

No próximo capítulo, exploraremos como Jeff Bezos está canalizando a engenhosidade de seus funcionários em um sistema projetado para estimular a invenção democrática e manter a Amazon no Dia 1.

Hierarquia livre de restrições

As organizações de engenharia são naturalmente horizontais. Embora tenham hierarquia, os funcionários sentem-se empoderados para ir até a pessoa que ocupa o cargo mais alto e dizer exatamente o que pensam. Isso é um afastamento das organizações tradicionais, nas quais levar uma ideia para cima em uma cadeia de comando é visto como desrespeito à hierarquia.

No Capítulo 2, falaremos sobre o Facebook e exploraremos como Zuckerberg, por meio de sua cultura de feedback, tem trabalhado para libertar as ideias das restrições da hierarquia. No Facebook, os funcionários levam ideias diretamente para Zuckerberg, que as processa e dá vida para elas. Também examinaremos como o sistema de feedback dele falhou nas eleições de 2016, quando a empresa foi pega de surpresa pelas tentativas de manipulação eleitoral que deveria ter previsto, e como Zuckerberg está trazendo novas "contribuições" na tentativa de corrigi-lo.

Colaboração

Os engenheiros normalmente trabalham em um componente de um projeto mais significativo, no qual, se algo pequeno se quebra, todo o projeto pode se deteriorar (pense em redes de energia). Esse tipo de trabalho faz com que os engenheiros sejam mestres da colaboração. Eles se comunicam regularmente com outros grupos para garantir que estejam trabalhando em sincronia. Esse tipo de mentalidade é adequado para unir partes diferentes de uma empresa a fim de criar coisas novas.

No Capítulo 3, falaremos sobre o Google e veremos como Sundar Pichai está unindo pessoas de toda a empresa para inventar. Vamos nos concentrar especificamente na colaboração necessária para criar o Assistente Google, que envolveu as equipes de pesquisa, hardware, Android e IA do Google, entre outras. As ferramentas avançadas de colaboração que Pichai usa para que seus funcionários trabalhem juntos também levaram a panelinhas, insultos e movimentos de dissidência mais amplos, com os quais a empresa e seus funcionários ainda estão aprendendo a lidar.

No Capítulo 4, veremos a Apple de Tim Cook, que ainda está operando em uma cultura criada para um visionário. A Apple é uma empresa sem invenção democrática, hierarquia livre de restrições, colaboração livre e tecnologia interna útil. Ficou paralisada no Dia 2 e, à medida que as vendas do iPhone diminuírem, terá que se ajustar.

No Capítulo 5, iremos à Microsoft, onde Satya Nadella está usando a Mentalidade de Engenheiro para desencadear uma nova era de invenção dentro da empresa. A abordagem de Nadella é diferente da de seu antecessor, Steve Ballmer, um estudo de caso em favor da implementação dos sistemas descritos neste livro.

A Mentalidade de Engenheiro não é exclusivamente o território daqueles que sabem programar. Afinal, é uma mentalidade, não um conjunto de conhecimentos de informática. Tampouco é apenas território das gigantes da tecnologia. Empresas menores podem aplicá-la com a mesma eficácia. Mas, por enquanto, as gigantes da tecnologia estão à frente, especialmente entre seus pares do setor. A Netflix, por exemplo, tem uma cultura de feedback, mas não uma que tenha a intenção de provocar invenções. As ideias da Tesla vêm do topo. E a cultura da Uber é conhecida por ser confusa.

Este livro vai elucidar a Mentalidade de Engenheiro, descrevendo como é a base dos sistemas que Bezos, Zuckerberg, Pichai e Nadella criaram para canalizar ideias e trazê-las à vida. Essa mentalidade em breve se tornará padrão em empresas de sucesso em todo o mundo. E, lendo as histórias das gigantes da tecnologia, você aprenderá como as principais empresas do mundo a estão usando, fornecendo um modelo que você pode implementar em seu local de trabalho. Espero que considere úteis algumas dessas lições.

Quando as coisas aceleram

Enquanto eu discutia a Mentalidade de Engenheiro com pessoas que a viviam, a realidade do mundo dos negócios de hoje começou a se cristalizar para mim. Em uma conversa com Sujal Patel, um engenheiro treinado que vendeu sua empresa de armazenamento de dados, Isilon Systems, por 2,25 bilhões de dólares, ele expôs o seguinte: se você hoje é um empreendedor tentando trazer sua ideia ao mercado, tudo o que precisa fazer é convencer um investidor

Introdução   27

de risco, entre 500 deles, de que é uma boa ideia, e você receberá dinheiro e irá botá-la de pé. Mas se tem uma ideia dentro de uma empresa tradicional, você diz ao seu chefe, e, se o seu chefe gostar da sua ideia, ele conta ao chefe dele, e, se o chefe gostar, ele vai passar adiante, até que chegue ao topo. Por fim, se alguém durante o trajeto disser não, a ideia morrerá no lodo corporativo. Enquanto isso, alguém de fora pode dar vida ao mesmo conceito.

"Sempre pensei dentro da minha empresa: 'Como garantir que as ideias promissoras tenham realmente uma chance?'", me disse Patel. "Tê-las fluindo por uma cadeia hierárquica nunca vai funcionar."

Algumas semanas depois, o Banco Mundial divulgou um estudo que mostrava o custo e o tempo necessários para iniciar uma empresa de 2005 a 2017. Nesses 12 anos, os dois fatores mais do que dobraram. Quando li isso, pensei no exemplo de Patel. Se não ter sistemas para elevar boas ideias já era uma deficiência no passado, agora é uma ameaça existencial. Por um lado, as empresas tradicionais estão ameaçadas por startups que podem chegar ao mercado de forma mais rápida e barata do que nunca. Por outro lado, são ameaçadas por empresas estabelecidas que estão operando como startups, eliminando o trabalho de execução por meio de tecnologia interna e dando vida às ideias surgidas dentro da organização.

Acredito que este livro chegue em um momento transformador, no qual os fundamentos do trabalho, da liderança e do mundo dos negócios estão mudando. Quando terminar a leitura, espero que você entenda melhor para onde as coisas estão indo e como você pode se adaptar, não importa onde esteja na cadeia alimentar corporativa. Não é segredo que os CEOs deste livro foram submetidos a uma reação pública ruim ao longo dos anos, enraizada no desconforto e na suspeita sobre o tamanho e o poder de suas empresas, e no abuso dos dois. Isso ressalta o quanto é importante que os métodos que usaram para ganhar destaque sejam praticados com responsabilidade. Mas espero que, lendo as histórias deles, você perceba que esses métodos são menos misteriosos e até reconhecíveis. E, se todos os usarmos com cuidado, talvez tenhamos uma economia mais equilibrada.

1

Dentro da cultura de invenção de Jeff Bezos

A sede da Amazon em Seattle tem pouca semelhança com os vastos *campi* do Vale do Silício. Em vez de se esconder no conforto e no anonimato dos bairros residenciais, a empresa opera no centro ainda em desenvolvimento da região de South Lake Union. Seus prédios – batizados com codinomes de projetos, como Doppler (Echo) e Fiona (Kindle) – se espalham pelas ruas, abrigando mais de 50 mil funcionários, com obras constantes abrindo espaço para mais. Enxames de funcionários da Amazon percorrem as ruas do bairro durante a semana e, se você cruzar com eles, poderá entrar em um dos experimentos mais promissores da empresa.

Alguns andares abaixo do escritório de Jeff Bezos, no térreo do edifício Dia 1, a Amazon está fazendo um piloto de um novo tipo de supermercado, chamado Go, que não tem caixas para pagamento. Para comprar algo do Go, você escaneia o QR criado pelo aplicativo, pega o que quiser e apenas... sai. Momentos depois, a Amazon envia um recibo para seu telefone, referente aos itens que você pegou. O Go não tem filas, nem espera, tampouco caixas. Parece o futuro, e poderia muito bem ser.

O Go funciona com uma tecnologia impressionante, e muito dela você pode perceber olhando para cima. Câmeras e sensores alinham-se no teto, apontando para todos os lados a fim de capturar seu corpo e seus movimentos enquanto você caminha pelos corredores. Usando a visão computacional (um subconjunto de aprendizado de máquina), o Go descobre quem você é, o que pegou e o que devolveu. Depois disso, faz a cobrança. A loja é quase sempre precisa, como descobri nas minhas várias tentativas de enganá-la. Não importa o método, fosse ocultando produtos ou entrando e saindo em velocidade máxima (16 segundos de visita), o Go nunca perdeu um item.

No entanto, a história por trás do Go vai além de hardware e código. É, acima de tudo, um produto da distinta cultura da Amazon, algo que você não consegue ver. Dentro da Amazon, Bezos transformou a invenção em um hábito, tornando a criação de novas experiências como o Go o núcleo dos negócios de sua empresa, tão crítica quanto a manutenção de seu famoso site. Todo mundo na Amazon inventa, dos níveis mais altos ao mais baixos, e Bezos automatiza tudo o que é possível para que sua equipe possa inventar mais. O fundador e CEO da Amazon faz mais do que incentivar invenções; ele criou um sistema destinado a produzi-las, dando a elas a melhor chance de sucesso quando são lançadas. A proposta inicial do Go, por exemplo, era ser uma máquina de venda automática gigante. Mas, depois de passar pelo processo de Bezos, ele se transformou em algo com capacidade de mudar a maneira como fazemos compras.

A cultura de invenção de Bezos é responsável por nos convencer a falar com caixas de som, micro-ondas e relógios, todos com a Alexa incorporada. E a ler livros em telas, criar empresas na nuvem, fazer compras na internet sem apego e, talvez em breve, sair de lojas sem parar num caixa.

"A invenção é combustível para ele, é combustível para o intelecto dele. É parte do ser, o tecido da empresa", me disse Jeff Wilke, CEO da Amazon Consumer Worldwide e braço direito de Bezos. "Os momentos em que eu o vejo mais feliz são aqueles em que ele se depara com uma invenção, um insight, uma inovação, um pensamento inovador."

Bezos dirige a cultura inventiva da Amazon de acordo com 14 princípios de liderança, seguidos pela maioria dos funcionários da empresa de maneira mais consistente do que suas próprias religiões, o que às vezes pode fazer a Amazon parecer um culto. Esses princípios orientam a tomada de decisão na empresa, são explicados insistentemente durante o processo de seleção e surgem casualmente em conversas entre os funcionários da Amazon quando estão fora do expediente. Quando se trabalha na Amazon, os princípios de liderança viram parte do seu ser. Eles tornam difícil trabalhar em qualquer outra empresa, e é por isso que tantos ex-funcionários da Amazon agem como "bumerangue", voltando depois que saem. Um ex-funcionário me disse que estava ensinando esses princípios a seus filhos.

Quanto mais você estuda os princípios de liderança de Bezos, mais fica claro que são um manual para a invenção. Juntos, inspiram novas ideias, retiram o lodo corporativo que muitas vezes bloqueiam os melhores insights e garantem que tudo que tenha alguma chance de sucesso ganhe as ruas.

Pense grande, por exemplo, incentiva os funcionários da Amazon a sonharem com o próximo grande produto, processo ou serviço da empresa. E, criticamente, também lhes dá permissão para fazê-lo, afastando-se do tipo de administração "cada macaco no seu galho". "Pensar pequeno é uma profecia autorrealizável", diz o princípio da liderança. "Os líderes criam e comunicam uma direção ousada que inspira resultados. Eles pensam de maneira diferente e procuram formas de atender os clientes."

Inventar e simplificar, outro exemplo, torna a invenção algo central no trabalho das pessoas na Amazon, não periférico. "Os líderes esperam e exigem inovação e invenção", instrui o princípio. "Eles têm consciência externa, procuram novas ideias vindas de todos os lugares e não se limitam pelo que 'não é inventado aqui'."

(Uma leitura mais honesta desse princípio seria: seu único objetivo na Amazon é inventar. Se não está inventando, seu trabalho será simplificado e, depois, automatizado. Na Amazon, ou você inventa ou vai embora.)

Viés de ação diz aos funcionários da Amazon que eles devem levar as coisas para a rua, desencorajando processos de desenvolvimento longos em favor da produção de coisas novas. "Muitas decisões e ações são reversíveis e não precisam de estudos extensos", afirma o princípio. "Valorizamos quando riscos calculados são assumidos."

(Um funcionário da Amazon, procurando espaço extra em sua área de trabalho, levou uma serra para o escritório e arrancou um pedaço de sua mesa. Quando a gerência o chamou para uma conversa, ele citou o Viés de ação.)

Tenha força; discorde e se comprometa desencoraja entraves quando diz aos funcionários da Amazon para declarar sua objeção e dar o fora. "Os líderes são obrigados a contestar respeitosamente as decisões quando discordam delas, mesmo quando é desconfortável ou desgastante", diz o documento. "Quando uma decisão é tomada, eles se comprometem totalmente."

(Bezos odiava a ideia de colocar perguntas e respostas dos clientes nas páginas dos produtos, lembrou um ex-funcionário, mas disse à equipe para ir em frente. Agora, essas perguntas e respostas são elementos básicos da Amazon.)

Finalmente, a **obsessão com o cliente** coloca os clientes acima de tudo. "Os líderes começam com o cliente e trabalham de trás para a frente", diz o documento. "Embora os líderes prestem atenção aos concorrentes, são obcecados pelos clientes."

(A obsessão da Amazon com os clientes tem levado em consideração a busca por acordos econômicos que favorecessem a empresa, suas práticas anticompetitivas e os maus-tratos a seus funcionários. Essas atividades ajudam a reduzir preços e melhorar o serviço, que geralmente têm um custo invisível.)

Se uma invenção não é boa o suficiente para os clientes da Amazon, ela é enviada de volta à prancheta. "A mágica do Go vem do fato de que, uma vez que você entra, pode simplesmente sair", me disse uma pessoa que trabalhou no Go. "[A ideia da máquina de venda automática] não eliminou o problema do pagamento, simplesmente postergou o problema." E assim foi rejeitada.

Bezos pode ter razão. Inventar na atual economia orientada à tecnologia é uma obrigação, não simplesmente algo agradável de fazer. Em um mundo orientado por códigos, onde o custo para criar é menor do que nunca, os concorrentes podem copiar o que você já está fazendo com relativa facilidade. Para sobreviver, você precisa estar constantemente criando a próxima grande novidade. E assim Bezos envolveu todos na Amazon nessa busca. "Existe invenção nas áreas financeira, jurídica, de recursos humanos, de atendimento de pedidos e ao cliente e em todos os aspectos da empresa", disse Wilke. "Isso se transforma em parte de como todos na empresa trabalham."

Na Amazon, Bezos desenvolveu uma cultura que capacita os funcionários a inventar e permite que executem o que criaram (outro princípio de liderança: **atitude de dono**). Quanto mais você se aprofunda, mais aparente fica que essa cultura, reforçada por investidores de Wall Street que não exigem lucro da Amazon, é o que está por trás da gama de produtos e serviços amados da empresa: Echo, Kindle, Prime, Amazon Web Services e Amazon.com. É, em termos inequívocos, a vantagem competitiva da Amazon.

Conheça os escritores de ficção científica da Amazon

Em 9 de junho de 2004, às 18h02, Jeff Bezos baniu o PowerPoint da Amazon.

Sem ser sutil, ele deu a notícia diretamente no assunto do e-mail: "Sem apresentações em PowerPoint a partir de agora", escreveu à sua equipe de liderança sênior. Bezos entendia que o PowerPoint é uma excelente ferramenta de vendas, que faz com que ideias medíocres fiquem ótimas ao serem colocadas em *bullet points* e em *templates* sofisticados. Pelas mesmas razões, é terrível para inventar, pois dá às pessoas "permissão para encobrir ideias", como ele disse, muitas vezes levando a conceitos defeituosos ou incompletos, mesmo que não parecesse assim no momento da apresentação.

Bezos ofereceu uma alternativa: memorandos escritos. Em vez de apresentações em slides, ele queria que os funcionários da Amazon escrevessem ideias para novos produtos e serviços em documentos compostos por parágrafos e frases completas – *bullet points* não eram permitidos. Esses memorandos seriam abrangentes, facilitando a identificação de lacunas no pensamento, e ajudariam a imaginação dos funcionários da Amazon a se soltar enquanto eles os escrevessem. "A estrutura narrativa de um bom memorando força um melhor pensamento e uma melhor compreensão do que é mais importante e de como as coisas estão relacionadas", escreveu Bezos.

Uma coisa é ter valores, e os princípios de liderança são uma articulação clara da Amazon, mas, sem um sistema pelo qual os funcionários possam colocar esses valores em prática, eles geralmente valem pouco. No momento em que Bezos clicou em "Enviar" naquele e-mail, lançou as bases para o sistema de invenção da Amazon, que coloca o memorando escrito no centro.

Hoje, todos os novos projetos dentro da Amazon começam com memorandos. Escritos no futuro, esses documentos descrevem exatamente como será um produto em potencial antes que alguém comece a trabalhar nele. Os funcionários da Amazon chamam isso de "trabalhar de trás para a frente". Eles idealizam a invenção primeiro e depois trabalham de trás para a frente. Limitado a seis páginas, os memorandos costumam ter espaçamento simples, digitados na fonte Calibri 11, com margens de 1,25 cm e sem imagens, detalhando tudo o que você poderia querer saber sobre um novo produto e serviço proposto.

Tive a chance de ver um desses "memorandos de seis páginas" quando estava em Seattle, por meio de um ex-funcionário da Amazon que pediu para permanecer anônimo porque deveria ter excluído o documento. O memorando era enorme, contendo uma visão geral do novo serviço proposto, o que ele significaria para os clientes, o que significaria para os fornecedores da Amazon, um plano financeiro, um plano internacional, preços, um cronograma de trabalho, projeções de receita e métricas para o sucesso.

Escrever esses memorandos é como escrever ficção científica, me disse um ex-funcionário da Amazon. "É uma história, ambientada no futuro, de como você acredita que o futuro será", disse ele. "É uma história sobre algo que não existe." Também há ficção envolvida: os memorandos de seis páginas geralmente contêm falsos comunicados para a imprensa anunciando o possível produto para o mundo, com citações inventadas de executivos comemorando sua chegada.

Quando um memorando de seis páginas da Amazon está pronto para ser revisado, é marcada uma reunião com os líderes seniores que podem ajudar a transformar a ficção científica em realidade, e então as coisas ficam um pouco estranhas. Sem PowerPoint sobre o qual falar, as reuniões dentro da Amazon começam em silêncio. Durante os primeiros 15 minutos a uma hora, todos na sala leem silenciosamente o memorando, tomam notas e se preparam para fazer perguntas. É uma agonia para quem redigiu o documento, que tem que se sentar lá e assistir aos principais líderes da Amazon, às vezes o próprio Bezos, esmiuçarem suas ideias sem dar uma espiada. "Eu não tenho 30 minutos com Jeff toda semana ou todo mês", disse Sandi Lin, ex-gerente sênior da Amazon. "Eu tenho uma chance para apresentar minhas ideias."

"Você investe meses de trabalho nisso", explicou Neil Ackerman, um ex-gerente geral da Amazon que escreveu vários memorandos de seis páginas (e tem oito patentes para comprovar). "Na primeira hora você fica sentado, dá a todos as folhas grampeadas, um marcador e um lápis – você não os envia antes porque ninguém lê com antecedência, é besteira –, então eles basicamente ficam quietos por uma hora inteira e todo mundo lê", disse ele.

Após o período de leitura, a pessoa mais sênior da sala abre espaço para perguntas, e as pessoas sentadas ao redor da mesa não demonstram piedade. "Eles ficam lá por mais uma hora", disse Ackerman. "Então começam as perguntas e respostas, perguntas e respostas. Você é constantemente bombardeado com perguntas. Se a ideia for aprovada, ela se transforma em projeto."

Quando um memorando é aprovado, a Amazon dá à pessoa que o escreveu um orçamento para começar a recrutar e criar a invenção com que sonharam. Colocar a pessoa que escreveu o documento como encarregado de dar vida à ideia é fundamental para a capacidade de invenção da Amazon, comentou comigo Micah Baldwin, um ex-funcionário da Amazon que passou pelo processo.

"Há dois lados na invenção", disse ele. "Há o pensar e o fazer. E a maioria daqueles que fazem não pensa. E a maioria daqueles que pensam não faz. E o melhor de uma narrativa é que ela o força a fazer as duas coisas. Eu tenho que pensar na ideia do começo ao fim – quem se importa, quem quer, quem é o cliente, o negócio todo –, e preciso ser capaz de colocá-la em um formato narrativo, de modo que, se eu entregá-la sem prévia, sem que você nunca a tenha visto, possa ter uma opinião a respeito dela e apoiá-la ou não. E, então, é minha responsabilidade executá-la quando terminar. Não estou escrevendo apenas como uma peça de reflexão. Sou forçado a pensar e sou forçado a fazer. Essas duas coisas combinadas impulsionam a inovação."

O memorando de seis páginas democratiza a invenção dentro da Amazon. Qualquer pessoa dentro da empresa pode escrever um e, se criar tração suficiente, a liderança sênior a revisará. "Li memorandos de partes da empresa que não se reportam a mim", Wilke me disse.

"Li documentos de pessoas que estão em vários níveis da hierarquia organizacional tradicional. Eles podem vir de qualquer lugar."

Os detalhes esmiuçados nesses memorandos facilitam para Bezos e seus assistentes entenderem um projeto, aprová-lo, rejeitá-lo ou enviá-lo de volta à equipe para posterior desenvolvimento. Nesse sistema, os funcionários da Amazon impulsionam seu sucesso; estão constantemente melhorando, aprimorando e inventando, com Bezos atuando como facilitador.

Pode parecer estranho, ou mesmo exagero, descrever uma cultura corporativa como de invenção. Os funcionários normalmente concentram sua energia em manter a empresa funcionando, não em escrever ficção científica. Os funcionários da Amazon têm relações com fornecedores para gerenciar, armazéns para cuidar e produtos para enviar. Como podem se concentrar em inventar? Bem, é aí que entram os robôs.

Funcionários-robôs de Jeff Bezos

A alguns milhares de quilômetros a leste da sede da Amazon no centro de Seattle, há um grande armazém bege e cinza, não longe da rodovia. O edifício é do tipo que você mede em termos de campos de futebol. Para que fique registrado, são cerca de 15.

Batizado como EWR9, como o aeroporto de Newark, próximo dali, o armazém é um dos mais de 175 centros de distribuição, ou CDs, que a Amazon usa para armazenar, embalar e despachar para os clientes milhões de produtos todos os dias. O próprio EWR9 pode enviar centenas de milhares de pacotes em um período operacional de 20 horas.

Quando visitei o EWR9, em um dia quente de verão de agosto de 2018, o CD zumbia com o som de robôs trabalhando ao lado de "associados" humanos. Os robôs – pequenas máquinas alaranjadas parecidas com os aspiradores de pó Roomba – movimentavam-se pelo cavernoso CD com determinação. Deslizavam por baixo de altas estantes amarelas de produtos, levantavam-nas, giravam-nas e as encaixavam entre outras estantes e trabalhadores humanos. Moviam-se com tanta coordenação que pareciam estar dançando.

Os robôs são o exemplo mais visual da obsessão de Bezos por automatizar o que puder, liberando seus funcionários para focar em tarefas mais criativas. "Acho que não me lembro de uma época em que ele não tenha se interessado em usar a computação para nos ajudar a cumprir nossa missão", disse Wilke. "Desde os primeiros dias, ele analisava um processo e, se havia trabalho repetitivo sendo realizado por pessoas que podiam ser liberadas para serem mais criativas, ele dizia: 'Como automatizaremos esse processo? Como automatizaremos essa rotina para que nosso pessoal possa ser o mais criativo possível?'."

Quando entrei no centro de distribuição, fui recebido por Preet Virdi, o carismático gerente-geral do EWR9 (que depois se transferiu para o mesmo cargo em Baltimore). Virdi é alto e extremamente amigável, tem uma voz estrondosa e é um homem que de fato veste a camisa. É o tipo de cara que você pode imaginar chorando de alegria ao ouvir sobre a dedicação da Amazon aos clientes durante a orientação para novos contratados. Ao longo da minha visita, Virdi apresentou um fluxo constante de observações otimistas sem um pingo de ironia. "Sempre que você tem a chance de trabalhar com pessoas, é uma experiência incrível", ele me disse. "Os robôs da Amazon trabalham com os associados de uma maneira muito legal e agradável." A Amazon é uma empresa avessa à publicidade, mas está claro por que deixa Virdi se exceder.

Além de ser um comunicado à imprensa ambulante, Virdi é um novo tipo de gerente, que lidera seres humanos que trabalham ao lado de robôs, uma dinâmica que a Amazon passou os últimos oito anos descobrindo como realizar. Em março de 2012, a Amazon adquiriu a Kiva Systems, fabricante dos robôs usados em seus CDs, e desde então implantou as máquinas com uma velocidade extraordinária. A Amazon colocou cerca de 15 mil robôs em seus CDs em 2014 e tinha

30 mil em operação em 2015. Hoje, a empresa emprega mais de 200 mil robôs, incrementando uma força de trabalho de aproximadamente 800 mil humanos. No EWR9, aproximadamente 2 mil pessoas trabalham ao lado de centenas de robôs.

Os robôs mudaram a maneira como os centros de distribuição operam. Antes de sua introdução, os CDs da Amazon contavam com humanos para vasculhar os gigantes armazéns, encontrar os produtos que os clientes haviam comprado e levá-los para o transporte (os CDs da Amazon que não contam com robôs ainda funcionam assim). Os robôs realizam esse trabalho hoje e, à medida que a tecnologia robótica avança, a Amazon parece propensa a automatizar outras partes essenciais do trabalho do CD. Por enquanto, "estoquistas", "coletores" e "embaladores" humanos permanecem. Os estoquistas enchem as prateleiras das estantes, os coletores pegam os itens que as pessoas compraram e os embaladores empacotam esses itens nas caixas e envelopes que aparecem à sua porta. Entre essas atividades, os robôs partem para o "chão robótico", depositando suas estantes ao lado de milhares de outras, que esperam a próxima viagem a bordo do Roomba "bombado".

A cooperação entre seres humanos e robôs é algo a se contemplar. Quando você solicita um produto na Amazon, um robô dirige-se à estante onde ele está, desliza para baixo dela, a ergue, alinha-se calmamente com outros robôs perto de uma estação de trabalho e, quando o software da Amazon pede, coloca a estante na frente de um trabalhador humano, permanecendo no local até o funcionário pegar o produto, se afastando na sequência. Enquanto eu observava um coletor trabalhar, notei a eficiência. Ele pegou um produto de uma prateleira, largou-o em um cesto, o robô com essa estante saiu correndo, o próximo robô parou em frente ao coletor, uma seção da estante se acendeu, o coletor pegou um produto daquela seção e o robô foi embora. Tudo de forma muito rápida.

Um software avançado sob o capô faz o processo funcionar sem problemas. Os robôs se movem pelo CD lendo QR codes espalhados pelo chão. Quando um robô passa por cima de um QR code, ele é instruído a aguardar ou a passar para o próximo, onde recebe mais instruções. O sistema sabe a rapidez com que cada coletor e estoquista trabalha, e envia automaticamente mais robôs para os trabalhadores mais rápidos e menos para os mais lentos. Em outro CD que visitei, em Kent, Washington, os robôs param na frente das câmeras que escaneiam as estantes, avaliam a quantidade de espaço restante (usando visão computacional) e determinam quando devem ser mandados de volta para mais armazenagem (ou enviados para uma equipe de solução de problemas, quando os itens parecem errados). Enquanto trabalham, alguns coletores competem voluntariamente em "jogos do CD", que os classificam em termos de velocidade.

Os funcionários que conheci nos dois CDs que visitei pareciam estar de bom humor e felizes em trabalhar na Amazon. Mas esse não é o caso em todos os lugares. James Bloodworth, jornalista britânico que entrou disfarçado no CD da Amazon enquanto realizava pesquisas para seu livro de 2018, *Hired: Six Months Undercover in Low-Wage Britain*, disse que certa vez encontrou uma garrafa de urina no chão, aparentemente deixada por um funcionário que, com tanto medo de perder a produtividade, não quis fazer uma pausa para ir ao banheiro.

A Amazon exige muito do seu pessoal. As coisas ficam especialmente intensas antes da alta temporada de Ação de Graças e Natal. A equipe corporativa da empresa costumava fazer turnos dentro dos centros de distribuição para ajudar a atender a demanda. Os robôs deveriam, teoricamente, diminuir um pouco a carga dos funcionários, mas levantam a seguinte pergunta: é preferível ser um associado sem trabalho ou um associado sobrecarregado?

Dentro do CD de Kent, uma coletora chamada Melissa, tatuada e na casa dos 20 anos, também funcionária de meio-período da Starbucks, me disse que espera que a Amazon um dia automatize mais trabalhos em seus centros de distribuição. "Vai haver uma maneira de você não precisar de alguém enchendo suas sacolas o tempo todo", disse ela, usando o termo da Amazon para os cestos. Quando falei disso com Preet Virdi, resultou em uma conversa bastante estranha.

"A Amazon não gosta de trabalho repetitivo", eu disse. "Tendo estudado a empresa um pouco, fica bastante claro que…"

"Não sei do que você está falando", disse Virdi, me interrompendo. "Pode explicar o que quer dizer por trabalho repetitivo?"

"Se as coisas são repetitivas e de baixo valor agregado…"

"Certo…"

"Você não gosta do tema da pergunta."

"Só quero entender o trabalho repetitivo", respondeu Virdi. "Quando coletamos pedidos, isso pode ser considerado um trabalho repetitivo. O mesmo acontece com embalar e despachar caixas. É um trabalho repetitivo, mas é para isso que estamos aqui."

Perguntei a Virdi o que os funcionários da Amazon poderiam fazer se o trabalho deles fosse automatizado. Ele disse que havia duas opções: eles poderiam encontrar outro emprego qualificado semelhante dentro de um CD, como encher caixas, ou poderiam fazer um treinamento para aprender a fazer algo mais técnico. Com três a quatro semanas de treinamento, ele disse, esses funcionários poderiam conseguir um emprego como técnico de "chão robótico" na Amazon. "Esse trabalho não existe em centros de distribuição tradicionais", disse Virdi.

Quanto mais tempo eu passava no EWR9, mais ouvia sobre empregos que não existiam antes. Existem técnicos de chão robótico, profissionais de manutenção (que limpam a sujeira quando os robôs derrubam produtos), membros do ICQA (que contam os itens nas estantes, cuidando para que estejam de acordo com os números do sistema) e controladores, que monitoram o chão robótico de acima. Ao mesmo tempo que a Amazon adicionou os 200 mil robôs à sua força de trabalho, adicionou também 300 mil empregos humanos.

Talvez o impulso da Amazon em direção à automação não esteja enviando seus associados para as filas de desempregados, mas os está forçando a navegar por mudanças constantes, o que pode ser ao mesmo tempo revigorante e desgastante. Quando uma pessoa trabalha na Amazon, é possível estar fazendo algo um dia e computadores ou robôs a substituírem no dia seguinte. "Você precisa treinar e ensinar as pessoas a serem aprendizes ao longo da vida", me disse Wilke. "A maneira como você recompensa o trabalho e o aprendizado, e o tempo dedicado às pessoas está mudando."

A Amazon caminha nesse sentido. Ela permite que seus funcionários saibam o que está por vir e oferece treinamento para ajudá-los a assumir novas posições. Um treinamento da Amazon chamado A2Tech, por exemplo, ensina os associados como executar trabalhos técnicos dentro dos CDs por meio de instruções, aulas práticas e exames. O Career Choice, outro programa, pagará 95% da mensalidade de funcionários do CD para cursos que contem para determinados diplomas e certificados, com limite de quatro anos ou 12.500 dólares.

A mudança constante pode ser difícil para pessoas que não sabem lidar com isso, como Bezos reconheceu. "Devido aos desafios que escolhemos para nós mesmos, começamos a trabalhar no futuro. E é superdivertido trabalhar no futuro, para o tipo certo de pessoa", disse ele em uma entrevista em 2016 com o veterano jornalista de tecnologia Walt Mossberg. "Para alguém que odeia mudança, imagino que a alta tecnologia seria uma carreira muito ruim, seria muito difícil, e há indústrias muito mais estáveis, então eles provavelmente deveriam escolher uma dessas indústrias mais estáveis, com menos mudanças, e eles provavelmente seriam felizes lá."

É uma boa ideia, mas as pessoas que se mudam para essas profissões também não devem ficar muito confortáveis, pois o tipo de mudança que os trabalhadores da Amazon estão vivendo provavelmente será sentido em todos os lugares. Mesmo o regulador de sinistros de seguros, um exemplo que Bezos deu de uma profissão mais estável, está sujeito à automação, uma conclusão a que ele chegou assim que ofereceu o exemplo. Quando Mossberg disse a Bezos que os reguladores de sinistros de seguros agora têm iPads, Bezos respondeu: "Logo eles também terão aprendizado de máquina". Ele estava certo. As companhias de seguros já estão usando o aprendizado de máquina para calcular as taxas de seguro residencial e monitorar a segurança do motorista. E, como ilustrou minha visita ao evento da UiPath, em Miami, esses sistemas parecem destinados a substituir completamente o regulador de sinistros.

Em meio à mudança, uma coisa permanece constante na Amazon: a determinação de inventar. A automação de tanto trabalho liberou a equipe corporativa da Amazon para se concentrar em seu processo de invenção (eles não precisam mais trabalhar na alta temporada, embalando produtos). E isso dá aos funcionários da Amazon dentro dos CDs o tempo de inventar por conta própria. No EWR9, Virdi me mostrou um quiosque de "melhoria contínua", no qual os funcionários inserem ideias para novos produtos, processos e pequenos ajustes no CD. Toda quarta-feira, Virdi e sua equipe sênior analisam as melhores ideias por 45 minutos. Quando gostam do que veem, oferecem tempo e recursos aos associados em dias de trabalho programados – pagos – e pedem que transformem suas ideias em realidade. O feedback de associados, para dar um pequeno exemplo, levou a Amazon a pintar seus cestos de amarelo para ajudá-los a identificar produtos com mais facilidade e a trabalhar com mais eficiência.

Quando terminamos a caminhada pelo EWR9, paguei o almoço para Virdi, para mim e para um porta-voz da Amazon em um quiosque do restaurante Chick-fil-A perto da entrada do local. Eu pedi o sanduíche de frango apimentado, assim como o porta-voz. Virdi pegou o simples. Os robôs continuaram trabalhando.

Mãos fora do volante

Os seres humanos são incrivelmente previsíveis, um fato que os funcionários da Amazon conhecem bem. "Escolha um CEP, e a Amazon pode praticamente dizer o que as pessoas vestem, compram e fazem ali", me disse Neil Ackerman, ex-gerente-geral da Amazon. "Vá de casa em casa. Eles vestem as mesmas roupas, comem a mesma comida, decoram da mesma forma, compram as mesmas coisas. Podem escolher cores diferentes, mas são, na maior parte do tempo, previsíveis."

Com 25 anos de dados históricos à sua disposição, a Amazon sabe o que queremos, quando queremos e provavelmente já enviou a um centro de distribuição próximo a você a próxima coisa que você encomendará, para despachá-la assim que você clicar em "Comprar". A Amazon sabe que um aumento nas encomendas de casacos de inverno virá no outono. Mas não é só isso, sabe que certos códigos postais compram muitas jaquetas North Face, então pode abastecer com North Face os CDs próximos a essas áreas.

Usando esse conhecimento, a Amazon está automatizando uma ampla gama de trabalhos em seus escritórios corporativos, sob uma iniciativa que chama de Mãos Fora do Volante.

Os centros de distribuição da Amazon ficam cheios de produtos antes que as pessoas os comprem, uma necessidade para uma empresa que oferece remessa em dois dias para mais de 150 milhões de assinantes ativos do Prime (com remessa de um dia agora). Tradicionalmente, a Amazon emprega "gerentes de fornecedores" para fazer esse processo funcionar sem problemas. Um gerente de fornecedores que trabalha com a Tide, por exemplo, descobre quanto de detergente colocar em cada centro de distribuição da Amazon, quando precisa estar lá e quanto a Amazon pagará por unidade. Então, eles negociam o preço com a Tide e fazem os pedidos. A posição era de prestígio dentro da Amazon até recentemente. Era divertido, orientado ao relacionamento e colocou os funcionários da Amazon em contato com as principais marcas do mundo. Mas, na Amazon, as mudanças estão sempre à espreita.

Em 2012, a liderança sênior da empresa começou a examinar se algumas das principais tarefas executadas pelos gerentes de fornecedores precisavam ser realizadas por pessoas. Se os humanos são mesmo previsíveis, os algoritmos da Amazon poderiam determinar quais produtos precisariam estar em quais centros de distribuição, quando precisariam estar lá, em que quantidade e a que preço. E eles provavelmente poderiam fazer isso melhor do que os humanos.

"Os compradores, de maneira tradicional, fazem a mesma coisa várias e várias vezes", disse Ackerman. "Eles recebem uma ligação, ouvem um discurso de vendas, compram uma quantidade de produto, geralmente compram a quantidade errada porque são humanos, e eis que as pessoas compram os produtos, é um ciclo. Quando você tem ações que podem ser previstas repetidas vezes, não precisa de pessoas fazendo isso. E, francamente, computadores, algoritmos ou aprendizado de máquina são mais inteligentes do que as pessoas."

Entendendo isso, os líderes da Amazon decidiram tentar automatizar as responsabilidades tradicionais do gerente de fornecedores, incluindo previsão, preços e compras. As pessoas da Amazon começaram a chamar essa iniciativa de Projeto Yoda. Em vez de ter os gerentes de fornecedores fazendo o trabalho, a Amazon usaria a Força.

Em novembro de 2012, Ralf Herbrich ingressou na Amazon como diretor de aprendizado de máquina. Uma de suas primeiras metas era lançar esse projeto. "Lembro quando comecei. Ainda tínhamos muitas decisões e previsões sendo feitas manualmente", disse, por telefone, de Berlim, Herbrich, que deixou a Amazon no final de 2019. "Estávamos começando a investigar algoritmos; de fato, foi um dos meus projetos de lançamento."

Herbrich e sua equipe – que aumentara de algumas dezenas de cientistas de aprendizado de máquina para mais de cem – passaram os anos seguintes focados e tentando dar vida ao Projeto Yoda. Inicialmente, eles tentaram algumas abordagens de aprendizado de máquina já estabelecidas, ideais para prever pedidos de produtos comprados em grande volume, mas insuficientes quando aplicadas a produtos comprados esporadicamente. "Eles funcionaram bem em talvez cem ou mil produtos", disse Herbrich sobre os métodos padrão. "Mas tínhamos 20 milhões para fazer." Então, eles faziam pequenos ajustes na fórmula. Cada vez que a equipe de Herbrich criava uma nova fórmula, eles a usavam para simular os pedidos do ano anterior, tentando descobrir como ela se saía em comparação aos números reais dos trabalhadores humanos da Amazon.

Com tentativa e erro, as previsões de Herbrich ficaram boas o suficiente para que a Amazon começasse a implantá-las nas ferramentas de fluxo de trabalho de seus funcionários. Os gerentes de fornecedores agora viam previsões de quantas unidades de produtos estocariam em cada região. Os gerentes de fornecedores (e seus colegas que ajudavam no pedido de produtos) usaram esses sistemas para "aumentar sua tomada de decisão", como Herbrich colocou.

Em 2015, a iniciativa conhecida como Projeto Yoda tornou-se o Mãos Fora do Volante, cujo nome diz quase tudo o que você precisa saber sobre suas intenções. Em vez de simplesmente levar em conta as previsões dos algoritmos de aprendizado de máquina na hora de tomar suas decisões, os gerentes de fornecedores da Amazon foram instruídos a tirar as mãos do volante e deixar o sistema fazer seu trabalho. Em pouco tempo, a equipe de liderança sênior da Amazon estabeleceu metas altas para o percentual de ações de funcionários de varejo que deveriam ser totalmente automáticas. Intervenções manuais foram desencorajadas e, em alguns casos, tinham que ser aprovadas pelos gerentes de categoria (quase CEOs por direito).

O trabalho dos gerentes de fornecedores logo mudou profundamente. "Não éramos capazes de pedir tanto quanto costumávamos com a liberdade e flexibilidade que costumávamos", disse Elaine Kwon, uma ex-gerente de fornecedores. "Em algum momento, se estou me preparando para um grande feriado, passo muito tempo pensando no que pedir. Esse é o trabalho de um comprador, para descobrir o que comprar. Isso está sendo retirado lentamente também. [A administração] dizia: 'Não, não vamos fazer vocês fazerem isso'."

Em uma reunião sobre as metas do Mãos Fora do Volante, um ex--funcionário da Amazon que chamarei de Tim, e que pediu para permanecer anônimo por temer represálias, disse que trouxe à tona o que estava rapidamente se tornando evidente para ele. "Então, para ser franco, provavelmente deveríamos encontrar diferentes funções, porque é claro que estamos trabalhando para ficar sem emprego aqui", disse ele. As pessoas na sala riram, mas Tim estava falando sério. E, por fim, o apresentador disse que sim, isso diminuiria a quantidade de envolvimento humano. "Eles basicamente disseram que sim, mas não quiseram enfatizar muito", explicou Tim.

O Mãos Fora do Volante acabou se estendendo por toda a organização de varejo. A previsão, o preço, a compra e o planejamento de inventário agora estão sendo feitos com a assistência da automação ou por meio dela. Merchandising, marketing e até negociação também são parcialmente automatizados na Amazon. Quando os fornecedores desejam fazer um acordo com a Amazon, eles agora negociam com um portal de computador e não com um gerente de fornecedores. O carro está dirigindo sozinho.

A vida após Yoda

Histórias como essa costumam seguir uma rota sombria e desoladora a partir daqui, mergulhando no desemprego em massa, no fim do trabalho e, eventualmente, no fim dos tempos. Podemos chegar lá. Mas, enquanto conversava com os funcionários da Amazon que experimentaram o Mãos Fora do Volante, fiquei surpreso com a atitude prosaica e a falta de preocupação com o que isso indica.

"Quando soubemos que os pedidos seriam automatizados por algoritmos, por um lado, foi como se disséssemos 'Certo, o que está acontecendo com o meu trabalho?'. Definitivamente, essa é uma pergunta a se pensar", disse Kwon. "Por outro lado, você também não fica surpreso e pensa: 'Certo, como negócio, isso faz sentido e está alinhado com o que uma empresa de tecnologia deveria estar tentando fazer'."

Tim, um pouco mais amargo, partiu do mesmo ponto. "Foi uma mudança completa", disse ele. "Algo que incentivaram você a fazer, agora desestimulam você de fazer... É um pouco de partir o coração, sabe, trabalhar para ficar sem emprego. Mas é difícil discordar da lógica."

Outro funcionário me disse que, na Amazon, "você está constantemente trabalhando para ficar sem emprego. Você não deve ficar fazendo a mesma coisa todos os dias. Depois de fazer algo de forma consistente, você precisa encontrar mecanismos para inventar e simplificar".

Do ponto de vista comercial, é fácil perceber por que os funcionários da Amazon (que recebem uma parcela de sua remuneração em ações) se sentem assim. Os negócios da Amazon são um volante – um sistema de autorreforço que fica melhor e mais forte à medida que cada componente melhora. Ao oferecer uma ampla gama de produtos a preços baixos e uma experiência de compra conveniente, a Amazon gera tráfego de pessoas que desejam adquirir produtos. O tráfego torna a Amazon um local mais atraente para os vendedores, que vendem mais produtos a preços melhores para alcançar os clientes da Amazon, gerando mais demanda. E assim o volante gira.

No início de suas operações, com menos relacionamentos de vendedor para gerenciar, a Amazon podia contratar pessoas para administrar seus relacionamentos com fornecedores. Mas, como a Amazon cresceu para 20 milhões de produtos, o custo da mão de obra para gerenciar todos os relacionamentos com um ser humano seria proibitivo, fazendo com que os preços subissem e interrompendo o funcionamento do volante.

"Você poderia iniciar o negócio da Amazon fazendo isso de uma maneira não técnica. Mas você não conseguiria escalar", disse Herbrich. "Cada um desses processos em nosso volante, praticamente cada um deles, só aumentará de escala se estivermos automatizando algumas dessas decisões que as pessoas estão tomando, principalmente aquelas baseadas em padrões repetidos que observamos, e é aí que a IA entra."

Há 20 anos, um gerente de fornecedores da Amazon podia lidar com algumas centenas de produtos, disse Herbrich. Hoje, eles estão trabalhando com algo entre dez mil e cem mil. (Um porta-voz da Amazon disse que Herbrich estava usando esses números como exemplo e eles não devem ser tomados como reais.)

Quando a Amazon automatizou as tarefas de previsão, compra e negociação de seus funcionários de varejo, não eliminou seus empregos, mas os alterou fundamentalmente. Agora, os gerentes de fornecedores são mais auditores do que executores. "Eles vão da digitação à seleção", disse Herbrich. "Quando há erros, geralmente o que descobrimos é que eles agora precisam ter as habilidades necessárias para diagnosticar quais entradas do algoritmo podem estar erradas. O trabalho passou de produzir os resultados – quantas unidades comprar – para alterar as entradas no software."

Se isso parece bobagem, aqui está um exemplo de como ele se desenrola na vida real: o sistema de previsão de inventário da Amazon já havia errado previsões de alguns produtos básicos de moda. Herbrich estava incrédulo; meias brancas não deveriam ser algo difícil de prever. Então, ele solicitou uma revisão das entradas da ferramenta de previsão, incluindo cores, e descobriu que a Amazon tinha 58 mil categorias diferentes de cores. Erros de ortografia e grafias incomuns haviam confundido o sistema e, quando padronizaram as cores, as coisas voltaram ao normal.

Controlando manualmente as más previsões – ou seja, colocando as mãos no volante –, os funcionários da Amazon encobririam problemas com as entradas que acionam os algoritmos. Corrija as entradas (nesse caso, normalize as categorias de cores) e conserte o sistema.

O Mãos Fora do Volante está indo além dos gerentes de fornecedores e comerciantes da Amazon. Os tradutores da Amazon também estão se transformando em auditores de aprendizado de máquina. Em vez de traduzir as páginas dos produtos, eles agora monitoram traduções automatizadas apresentadas pelos sistemas da Amazon, confiando que são precisas e fazendo as alterações necessárias. Quando você solicita algo de uma página de produto da Amazon originalmente escrita em outro idioma, muitas vezes é impossível saber se as informações foram traduzidas por um humano ou por IA.

As traduções de aprendizado de máquina novamente ajudam a girar o volante da Amazon. Em quanto mais idiomas um vendedor comercializar, mais opções haverá para os clientes da Amazon e mais eles visitarão o site. Graças a esse tráfego adicional, os vendedores estarão mais ansiosos para trabalhar com a Amazon e oferecer mais produtos a preços melhores, o que atrairá mais clientes.

Embora muito do que fazemos seja previsível, há algumas coisas que os algoritmos não podem explicar, como gosto. Para compensar isso, os gerentes de fornecedores também estão realizando algum trabalho criativo, além de auditar previsões, negociações e pedidos automatizados. "Em nosso negócio de moda, em vez de ter nossa equipe realmente boa em detectar novas tendências trabalhando em planilhas em um escritório em Seattle, prefiro que ela participe de shows em Nova York, Milão e Paris e detecte as últimas tendências de maneiras supersofisticadas", disse Wilke. "Você tira o melhor dos dois. Você tem a escalabilidade do mecanismo de computação e os insights e a intuição que somente os humanos podem oferecer."

Os modismos também podem tornar o setor de varejo inteiramente imprevisível às vezes, exigindo que os humanos permaneçam no controle deles. "Se você pensa no mundo real e em seus produtos, este não é um espaço estático", disse Herbrich. "Os *fidget spinners* não existiam em 2016, e existem agora. Talvez eles não existam mais em 2020 ou 2021. Você precisa constantemente encontrar maneiras de capturar recursos de coisas novas no mundo."

Graças ao Mãos Fora do Volante, a divisão de varejo da Amazon agora opera de maneira mais enxuta e eficiente. O conceito também permitiu que o marketplace para terceiros e a operação de atendimento da Amazon – onde os fornecedores anunciam diretamente na Amazon, em vez de depender dela como intermediária – prosperassem.

O prestígio do trabalho de gerente de fornecedores também diminuiu um pouco, e muitos passaram para novas funções na Amazon. Quando pesquisei no LinkedIn para descobrir para onde tinham ido, descobri que muitos terminavam em duas categorias de trabalho específicas: gerente de programa e gerente de produto. Os gerentes de programa e produto são inventores profissionais da Amazon. Eles sonham com coisas novas e as administram à medida que são criadas. Os gerentes de produto geralmente se concentram em criar produtos individuais, e os de programa se concentram em vários projetos inter-relacionados. Segundo dados do LinkedIn, essas são as funções de trabalho que mais crescem na Amazon atualmente. "Isso foi algo que muitas pessoas realmente procuraram", disse Kwon. "Elas também estavam procurando outras equipes legais que valorizavam a inovação."

Tim notou uma migração semelhante. "Tenho amigos em categorias onde há dois anos havia 12 pessoas e agora há três", ele me disse. "Quase todas as pessoas que eu conhecia no varejo neste momento trabalha como gerente de produto, gerente de programa. Ninguém está mais em uma função principal de varejo. Se você não é engenheiro, torna-se gerente de programa ou gerente de produto."

Ao automatizar o trabalho dentro de sua divisão de varejo, a Amazon está abrindo novas oportunidades para inventar, o que é o plano desde o início, de acordo com Wilke. "As pessoas que estavam realizando essas tarefas repetidas e mundanas agora estão sendo liberadas para realizar tarefas que envolvem invenção", disse ele. "Coisas que são mais difíceis para as máquinas fazerem."

Em 2011, o vice-presidente de preços e promoções da Amazon, Dilip Kumar, deixou sua posição na empresa de varejo para acompanhar Bezos por dois anos como seu "consultor técnico". Os funcionários da Amazon cobiçam essa posição. Aqueles que têm esse cargo participam

1 | Dentro da cultura de invenção de Jeff Bezos   53

de todas as reuniões que Bezos realiza, tendo a chance de ver a Amazon pelo olhar dele, e geralmente obtêm licença para dar um grande passo quando terminam. Andy Jassy, primeiro consultor técnico de Bezos, fundou a Amazon Web Services (AWS), a divisão de serviços em nuvem da Amazon, que agora fatura cerca de 9 bilhões de dólares por trimestre com Jassy como CEO.

Kumar – cujo perfil do LinkedIn descreve seu tempo de consultor técnico de Bezos como "Possivelmente o melhor trabalho que já tive!" – também decidiu fazer algo grande ao concluir seu mandato. Mas, enquanto ele estava fora da divisão de varejo da Amazon, o Projeto Yoda começou a automatizar preços e promoções, sua área de especialização, liberando-o (ou forçando-o) a tentar algo novo.

Kumar, juntamente com alguns outros da organização de varejo, partiu em uma missão para encontrar a parte mais irritante das compras "na vida real" e tentar consertá-la usando a tecnologia. Eles se concentraram no momento do pagamento. Depois de algumas tentativas, incluindo o conceito de uma máquina de venda automática muito grande, a equipe desenvolveu o Amazon Go.

Insista nos padrões mais elevados

Você pode se perguntar quando Bezos, CEO de uma empresa de trilhões de dólares e bilionário, estará pronto para relaxar um pouco. Ele construiu um negócio mundial de comércio eletrônico, uma próspera divisão de hardware, um estúdio de cinema vencedor do Oscar e um enorme negócio de software empresarial. Se Bezos quisesse, ele poderia manter essas empresas por décadas, gerando uma soma de dinheiro semelhante ao PIB de um país pequeno a cada ano, e dar espaço para um iniciante, semelhante ao que ele era há 25 anos, tentar. É improvável que isso aconteça tão cedo.

A alegria na vida de Bezos vem de seu trabalho, especificamente das partes criativas que fazem com que ele se sinta de novo nos anos

1990, tentando descobrir como vender livros na internet. Para muitos CEOs muito bem-sucedidos, ter uma vida boa significa passar seus dias em ilhas particulares ou dar a volta ao redor do mundo em um barco. Para Bezos, a boa vida é trabalho, e relaxar é "um declínio doloroso e sofrido, seguido pela morte".

Há uma necessidade emocional que alimenta os principais líderes da Amazon, Wilke me disse. "Quero inventar e estar em um território desconhecido, e ter a emoção associada ao desconhecido, que é uma mistura de medo, incerteza e entusiasmo, e a crença de que, se você ultrapassar quaisquer barreiras que estão no caminho, poderá acabar em um estado incrível", disse ele. "Isso meio que faz você continuar, e eu aposto que também faz com que ele continue."

Não é por acaso que as pessoas que dirigem a Amazon, líder no notoriamente implacável setor de comércio eletrônico, são viciadas na adrenalina da invenção, uma força mais poderosa que as cotas de vendas ou as expectativas de Wall Street. Se a Amazon diminuísse o ritmo um pouco, um concorrente poderia entrar e entregar mais rapidamente, ou oferecer preços mais baixos, ou ofertar uma experiência de compra melhor, e o volante da Amazon ficaria parado. Os clientes migrariam para o site do concorrente (é tão fácil quanto digitar um URL), e esse tráfego adicional conquistaria mais fornecedores, possibilitando a redução de preços e uma seleção maior, atraindo ainda mais clientes – e esses são clientes da Amazon.

"Os clientes estão sempre insatisfeitos", disse Bezos em uma entrevista em abril de 2018. "Eles estão sempre descontentes, sempre querem mais. Não importa quanto você avance na frente de seus concorrentes, você ainda estará atrás de seus clientes. Eles estão sempre lhe puxando."

A urgência de Bezos alimentou a ascensão da Amazon. Às vezes, também exerce uma pressão incrível sobre seus funcionários, que sentem a necessidade de acompanhar. Outro princípio de liderança de Bezos, **insista nos padrões mais elevados**, explica claramente as expectativas da empresa: "Os líderes têm padrões implacavelmente altos – muitas pessoas podem pensar que esses padrões são irracionalmente altos".

Um ex-funcionário da Amazon com quem falei disse a sua esposa e filhos quando aceitou o emprego na empresa: "Papai está indo para a guerra". Ele acabou trabalhando direto nos feriados de Ação de Graças a serviço dos objetivos da empresa. Sandi Lin, ex-gerente sênior da Amazon, repetiu um ditado de seu tempo na empresa que capta bem a mentalidade: "Na Amazon, se você transformar água em vinho, a primeira pergunta que fazem é: 'Bem, por que não transformou em champanhe?'."

"Aquele artigo"

Ao estabelecer padrões tão altos, a Amazon implicitamente incentivou o vício em trabalho nada saudável. E, em 15 de agosto de 2015, os piores elementos da cultura da Amazon chegaram a público em um forte artigo de cinco mil palavras no *New York Times* intitulado "Por dentro da Amazon: lutando contra grandes ideias em um local de trabalho contundente".

A história, ainda conhecida como "Aquele artigo do *New York Times*" entre os funcionários da Amazon, pintou a empresa como um local cruel e draconiano para trabalhar: seus funcionários eram rotineiramente sujeitos a críticas severas e incentivados a diminuir seus colegas por meio de ferramentas de feedback personalizadas. Eles eram forçados a trabalhar por muitas horas, inclusive em feriados, férias e fins de semana. Foram colocados em "planos de melhoria de desempenho" após serem acometidos por câncer ou sofrerem abortos, instruídos a resolver seus problemas pessoais ou sair. Eles eram, em grande parte, infelizes. No topo do artigo, o *Times* mostrou uma citação de um ex-funcionário sobre a qual os colaboradores da Amazon falam até hoje: "Já vi quase todas as pessoas com quem trabalhei chorando em suas mesas".

Quando o artigo foi publicado, os telefones começaram a tocar na sede da Amazon em South Lake Union. "Você está bem? Você está bem?", Elaine Kwon, a ex-gerente de fornecedores, ouviu de um contato nervoso da marca em Nova York. O médico perguntou a Micah Baldwin, dentro do consultório, se ele havia chorado em sua mesa (ele não chorou).

A Amazon entrou em guerra com o *New York Times* após a publicação do artigo, buscando desacreditar suas fontes. Em um post intitulado "O que o *New York Times* não lhe contou", publicado no Medium, o vice-presidente da Amazon e ex-porta-voz da Casa Branca, Jay Carney, focou especificamente no ex-funcionário que contou ao *Times* sobre o choro. "Seu breve período na Amazon terminou depois que uma investigação revelou que ele havia tentado fraudar fornecedores e ocultar tal fato falsificando registros comerciais", escreveu Carney. "Quando confrontado com as provas, ele admitiu e pediu demissão imediatamente."

O editor do *New York Times*, Dean Baquet, revidou: "Sua única citação na história era consistente com a de outros atuais e ex-funcionários. Várias outras pessoas em divisões diferentes também descreveram pessoas chorando publicamente em termos muito semelhantes", escreveu em resposta, também no Medium. Em uma luta entre pesos pesados, os dois lados deram socos.

Quando o artigo saiu, Bezos enviou um e-mail à empresa. "Não reconheço essa Amazon e espero que vocês também não", disse ele. "Mesmo que seja raro ou isolado, nossa tolerância a essa falta de empatia precisa ser zero." A Amazon diz que não mudou seus sistemas, mecanismos ou princípios por causa do artigo do *New York Times*. Mas depois que o artigo foi publicado, a empresa começou a trabalhar para lidar com seus problemas.

A Amazon expandiu o uso de pesquisas diárias chamadas "Conexões", destinadas a descobrir onde sua cultura precisava melhorar. As pesquisas faziam perguntas como: "Quando foi a última vez que você teve uma reunião individual com seu gerente?", "Seu gerente reflete o princípio do valor X?". (A ferramenta estreou originalmente nos centros de distribuição norte-americanos em 2014.) Usando os dados coletados nessa pesquisa, a Amazon começou a executar uma versão de seu processo em sua própria cultura.

"A Amazon é obcecada com entradas e saídas (ou *inputs* e *outputs*). E a saída é: o *New York Times* escreve um artigo. Essa não é uma boa saída. As entradas são o que te levaram até lá", disse um ex-funcionário. As entradas, explicou ele, eram todas as pequenas coisas que a pesquisa estava testando. "Você está trabalhando de trás para a frente a partir da saída que deseja e está inventando uma nova ferramenta e um novo processo para fazer isso."

A Amazon então fez algumas alterações. Simplificou seu processo de avaliação, que anteriormente exigia autoavaliações longas dos funcionários, estruturadas em torno dos princípios da liderança e às vezes abrangendo mais de uma dúzia de páginas. Agora, seus funcionários simplesmente listam seus "superpoderes". A Amazon também simplificou seu processo de promoção, que anteriormente exigia que os gerentes lutassem por seus subordinados diante de colegas céticos, que davam a palavra final. Se um gerente não quisesse lutar por você, ou se recentemente tivesse gastado seu capital político lutando por um funcionário diferente, você poderia perder uma promoção mesmo que tivesse um desempenho superior ao esperado. Desde então, a Amazon permite que os gerentes enviem o nome de alguém para promoção por meio de uma ferramenta eletrônica. A Amazon também aprofundou seu princípio de liderança **expresse sua autocrítica**, movendo seus elementos para o **ganhe confiança** e adicionando um novo princípio, **aprenda e seja curioso** (seu grupo de sobreviventes *a cappella* do **expresse sua autocrítica**). Hoje, o tempo médio de permanência de um funcionário na Amazon está maior do que antes do artigo do *New York Times*, conforme um funcionário sênior da Amazon me contou.

Ademais de lidar com telefonemas de parentes, amigos e parceiros de negócios preocupados, além de questionamentos ao vivo de médicos, o artigo do *New York Times* foi estranho para alguns funcionários da Amazon por outro motivo: aquilo era o que eles tinham pedido. A maioria dos funcionários da Amazon com quem conversei entrou na empresa esperando trabalhar muito. Eles abraçaram as oportunidades e os desafios que surgem ao se trabalhar em uma empresa que permite que você assuma o máximo de responsabilidade com que pensa conseguir lidar, que trabalhe o máximo que quiser e que acredita que você é capaz de dar vida às suas ideias. Quando funcionários da Amazon partem para empregos no Google ou Microsoft, os colegas que ficam desejam a eles uma boa aposentadoria.

"Naquele artigo do *New York Times*, quando lemos sobre as pessoas chorando em suas mesas, pensamos: 'Eles simplesmente não são funcionários da Amazon. Não são fortes o suficiente'", me disse um ex--funcionário. "Parte da dureza da Amazon é de fato atraente para as pessoas que trabalham lá. Não queremos nada de graça, sabe?"

Saídas

Enquanto eu conversava com os funcionários da Amazon, atuais e antigos, eles pareciam mais interessados no que se tornariam ao trabalhar para Bezos, e não no trabalho que eles mesmos estavam fazendo. Ao viver dentro da cultura de invenção de Bezos (com uma grande ajuda dos sistemas de IA assumindo as tarefas que, de outra forma, passariam o tempo realizando), eles aprenderam a ser criativos de uma maneira técnica.

Em nossa sociedade, há uma crença de que pessoas com espírito técnico não podem pensar criativamente e que pessoas criativas não podem pensar tecnicamente. Temos artistas e músicos em uma coluna e codificadores e matemáticos na outra: o lado direito do cérebro *versus* o esquerdo. Na Amazon, Bezos ensina as pessoas a unir esses dois. Ele faz com que elas imaginem o futuro, escrevam ficção científica, codifiquem-na, automatizem-na, e imaginem a próxima. E ele pode acabar com elas durante o processo.

Muitos daqueles com quem falei estão usando essa criatividade técnica em seus próximos passos na vida. Sandi Lin, ex-gerente sênior, é o fundador e CEO da Skilljar, uma empresa de treinamento on-line que levantou mais de 20 milhões de dólares. Elaine Kwon é a cofundadora e sócia-diretora da Kwontified, uma empresa de software e serviços de comércio eletrônico, e agora está trabalhando para automatizar determinadas tarefas de seus funcionários, da mesma forma como a Amazon automatizou algumas das dela quando ela gerente de fornecedores. Micah Baldwin está ajudando startups na Madrona Ventures, uma empresa de capital de risco sediada em Seattle. Neil Ackerman agora gerencia a cadeia de suprimentos da Johnson & Johnson, onde está trabalhando para levar elementos do processo da Amazon para a fabricante de 130 anos. Ralf Herbrich ingressou na empresa alemã de comércio eletrônico Zalando em janeiro de 2020 e está pronto para infundir nela o aprendizado de máquina, assim como fez na Amazon. Enquanto isso, Jeff Wilke se preparou e está pronto para assumir o cargo de Bezos, quando este se afastar, embora possa ter que esperar um tempo. E Preet Virdi provavelmente está andando pelo CD da Amazon agora, sorrindo enquanto fala com seus associados.

Na única oportunidade que tive de caminhar pela sede da Amazon, vi sinais de como Bezos está moldando seus funcionários em todo lugar. Havia cartazes anunciando invenções como o Echo e o Prime Now, autografados pelas equipes que as criaram. Havia um caça-palavras gigante em uma parede com uma palavra destacada no centro: *inventar*. Havia três estruturas de vidro gigantes, as Esferas, cheias de espécies vegetais raras, e muitos pequenos espaços de trabalho, destinados a inspirar criatividade.

No andar inferior da torre com um nome muito adequado, Dia 1, o prédio onde Bezos trabalha, a primeira loja Amazon Go está funcionando e aberta ao público. Enquanto eu observava a saída da loja, vi um fluxo de turistas perplexos saindo, olhando ao redor, tentando descobrir exatamente como Bezos faz o que faz.

2

Dentro da cultura de feedback de Mark Zuckerberg

Em uma manhã ensolarada de segunda-feira em Menlo Park, um grupo de 13 funcionários do Facebook se reuniu em uma grande sala aberta para uma lição da delicada arte de chamar a atenção de seus colegas de trabalho.

O grupo – formado por gerentes e colaboradores individuais, engenheiros e profissionais de marketing – sentou-se, trocou sorrisos e se acomodou com um pouco de nervosismo, enquanto Megan McDevitt, uma ex-educadora do ensino fundamental que se tornou parceira de desenvolvimento de aprendizado do Facebook, começava seu treinamento sobre feedback.

McDevitt disse que dar feedback não era apenas encorajado no Facebook, mas necessário. Se você visse algo que pudesse ser melhorado, tinha a obrigação de falar, mesmo que isso significasse chamar seu chefe, ou o chefe dele, para uma conversa desconfortável. "Esperamos que o feedback vá em todas as direções", disse ela. "Se essa conversa for com alguém em uma posição superior à sua, esperamos que ela aconteça. A hierarquia não importa nesta situação."

Nas quatro horas seguintes, McDevitt falou com o grupo sobre os fundamentos de dar feedback no Facebook. Se alguém estivesse atrasando um projeto, ou começando a fazer microgerenciamento, ou não lhe dando voz nas reuniões, isso exigia uma conversa de feedback. Também não havia momento errado para abordar essas coisas. No Facebook, você sempre pode chamar alguém e dizer: "Ei, tenho um feedback para você". Essa aula de feedback, realizada por mais de 40% dos funcionários do Facebook, ajudou a institucionalizar o comportamento.

O método de compartilhamento de feedback do Facebook é adaptado da empresa de treinamento VitalSmarts e tem três componentes principais: (1) declare um fato; (2) compartilhe sua história; (3) faça uma pergunta. O **fato** é a descrição objetiva do que aconteceu. Por exemplo: quando conversamos pela última vez, você disse que teria uma resposta para minha pergunta dentro de alguns dias, e agora já faz duas semanas. A **história** é a explicação que você desenvolve em sua mente do porquê a coisa de que você não gostou aconteceu. Por exemplo: eu sei que há uma boa chance de você estar sobrecarregado, mas eu disse a mim mesmo que você pode discordar da direção do meu projeto e por isso não respondeu. O **pergunte** é um questionamento destinado a uma resolução: você pode me ajudar a entender?

Quando McDevitt convidou as pessoas para simular essas conversas, a sala ficou tensa. Dizer a alguém que ele tem uma deficiência, mesmo em uma encenação, não é fácil, ao que parece. (Sentei-me em frente à sala e senti vontade de derreter na minha cadeira durante a primeira simulação.) Mas, com a prática, os encontros ficaram mais suaves.

Depois de um dia emocionalmente desgastante, McDevitt disse ao grupo que agora eles deveriam iniciar uma conversa difícil, de preferência dentro de 21 dias, e pediu a todos na sala que anotassem aquilo.

"Ninguém disse que teríamos que nos comprometer!", um participante protestou.

"Estou lhe dizendo agora, é hora de se comprometer", respondeu McDevitt. "Essas conversas não têm impacto se não as tivermos. Essa é a infeliz ciência por trás disso. Então você precisa se comprometer."

A sala riu inquieta. Mas não houve debate. Todo mundo começou a escrever.

Facebook, o Vulnerável

McDevitt treina os funcionários do Facebook sobre como dar feedback, mas essas aulas também ensinam a receber. Quando você faz o treinamento, vê que o feedback no Facebook não visa desmoralizar as pessoas, mas expô-las a novos pontos de vista. Isso pode significar discutir um problema ou simplesmente ouvir quando alguém diz: "Ei, eu tenho uma ideia e aqui está o motivo para tentarmos". O ego e o medo dificultam essas conversas na maioria das organizações. Mas, no Facebook, as aulas, junto com um compromisso mais amplo com o feedback, as tornaram quase normais.

Para Zuckerberg, essa cultura de feedback funciona de maneira semelhante aos memorandos de seis páginas de Bezos. Ao incutir em seus funcionários a crença de que todos os colegas merecem ser ouvidos, Zuckerberg garante que as ideias para novos produtos surjam no Facebook, independentemente de sua origem, e geralmente venham direto para ele.

Esse caminho da ideia é essencial para o Facebook, o mais vulnerável de todos os gigantes da tecnologia. Sem nenhum sistema operacional popular próprio, o Facebook não tem nada para manter seus usuários fiéis além do interesse em seus produtos. Se não conseguir manter as pessoas intrigadas, encolherá e morrerá. De poucos em poucos meses, surge outra manchete nos lembrando da posição precária do Facebook, abordando tudo, desde o declínio do uso entre adolescentes até desacelerações diárias de usuários ativos e queda no compartilhamento entre amigos. "O Facebook está seriamente em risco", disse Mark Cuban. "As pessoas não precisam dele." Para permanecer vivo, o Facebook deve, portanto, inventar rapidamente.

Em uma visita de retorno a Menlo Park, em setembro de 2019, sentei-me novamente com Zuckerberg e iniciei nossa conversa perguntando o que aconteceria se o Facebook parasse de inventar. Eu pensei que era uma pergunta direta. Mas Zuckerberg riu, procurou, sem sucesso, uma resposta e, como era de esperar, pediu que eu respondesse.

"O que você acha?", perguntou ele.

"Não seria nada bom para o Facebook", respondi.

"Sim, claro."

"Ele meio que desmoronaria", continuei.

"A ideia de parar não é algo em que eu consigo pensar", disse Zuckerberg, ainda tentando encontrar o caminho. "É uma pergunta engraçada."

Para Zuckerberg, contemplar a inércia foi desconcertante, pois ele projetou a cultura do Facebook para produzir invenções e fazê-lo de forma rápida. O Facebook, segundo ele, tem como objetivo lançar produtos assim que estiverem prontos, mesmo que não estejam 100% livres de falhas, e depois obtém feedback e faz os ajustes necessários. É por isso que Zuckerberg fez do feedback uma prioridade interna, mesmo que muitas vezes ignore o feedback de fora, um equívoco que regularmente coloca o Facebook em crise.* A empresa inventa, melhora e inventa um pouco mais. Na Amazon, é sempre o Dia 1. O Facebook, como diz o ditado interno, está 1% feito.

---

* O Facebook tem uma longa história de ignorar o feedback do público. No começo, a empresa permaneceu firme enquanto seus usuários organizavam protestos contra recursos como o Feed de Notícias e um aplicativo Messenger independente. Depois que o Facebook permaneceu resoluto e esses produtos foram bem-sucedidos, começou a ignorar as queixas públicas, classificando-as como algo comum. Isso levou a todo tipo de crise na empresa. O Facebook foi flagrado negligenciando a privacidade do usuário, lidando de maneira irresponsável com dados pessoais, parecendo despreocupado com o conteúdo violento em sua plataforma, alheio à manipulação de eleições estrangeiras, entre muitos outros surtos. Se Zuckerberg desse ao feedback externo uma fração da atenção que dá ao feedback interno, o Facebook estaria em uma posição muito melhor.

"'Mova-se rápido' é frequentemente difamado hoje em dia porque as pessoas o interpretaram como 'Apenas faça algo e não se importe com as consequências'. Essa nunca foi a intenção", disse Zuckerberg. "Sua natureza é basicamente essa: como aprendemos o mais rápido possível?"

A invenção rápida é a recompensa e a maldição do Facebook: sua capacidade de criar e adaptar o manteve relevante em meio a muitos desafios, do cansaço do usuário às mudanças na computação. Mas também lançou novos produtos mais rapidamente do que podia controlá-los, muitas vezes se sobrecarregando. Quando a empresa não "agiu rapidamente" para resolver os problemas de seus produtos – antes das eleições presidenciais dos Estados Unidos em 2016, por exemplo –, isso levou ao desastre. Para o Facebook, mitigar as desvantagens desse sistema será crucial para sua sustentabilidade a longo prazo, tão importante quanto lançar coisas novas.

"Iterar rapidamente em uma direção sem abertura e exame minucioso de para onde você está indo acabará por levá-lo a uma direção ruim", disse Zuckerberg. Ele conhece bem as consequências.

Construindo uma cultura de feedback

A obsessão de Zuckerberg por solicitar feedback é natural, dada a sua experiência. Ao contrário de Bezos, Pichai e Nadella, Zuckerberg não teve nenhum outro emprego antes do atual. Quando ele iniciou o Facebook, em seu dormitório em Harvard, em 2004, não tinha ideia de como administrar uma empresa. E, quando desistiu, aprendeu perguntando às pessoas que tinham.

Por quase 15 anos, Don Graham, ex-proprietário do *Washington Post*, aconselhou Zuckerberg. Os dois se conheceram em 2005, por meio de um dos colegas de Zuckerberg em Harvard, cujo pai trabalhava no *Post*. Quando se conheceram, Zuckerberg parecia não saber a diferença entre receita e lucro, me contou Graham. Ele era jovem, inexperiente e dirigia uma empresa de seis pessoas à época. Mas, à medida que a empresa crescia, Zuckerberg continuava procurando Graham, que estava feliz em aconselhar alguém que via como receptivo ao feedback. Graham propôs um investimento no Facebook (que Zuckerberg recusou após receber outra oferta melhor) e, por fim, ingressou no conselho da empresa.

"Mark sabe ouvir", me disse Graham. "Certamente já vi ocasiões em que Mark se opôs à maioria de seus conselheiros ao fazer algo que eles não achavam que ele deveria fazer. Mas também vi ocasiões em que Mark mudou de ideia acerca de algo sobre o qual tinha fortes convicções. Ele aprende."

Em 2006, Zuckerberg ligou para Graham com um pedido incomum. "Ele me ligou, isso era muito raro, e disse: 'Agora percebo que chegamos ao estágio em que sou CEO e preciso pensar em outras coisas além daquilo que pensei durante toda a minha vida' – que era código e outras coisas – 'e eu gostaria de te acompanhar por três dias'", lembra Graham. "E eu pensei comigo mesmo que aquilo era ridículo. Que era a coisa mais idiota que já tinha ouvido na minha vida. Expliquei a Mark que meu papel como CEO não poderia ser mais diferente do dele. Mas ele disse: 'Não, eu gostaria de ir junto'."

Zuckerberg fez a viagem e andou com Graham, quase completamente irreconhecível, absorvendo o funcionamento interno de um dos maiores jornais do mundo. "Eu o levei para ver a nossa prensa. Você fala sobre uma experiência analógica total, que era uma tecnologia antiga. Jornais sendo impressos e colocados em caminhões. Então não era o mundo dele. Mas ele observava o relacionamento entre as pessoas", disse Graham.

Dois anos depois de Zuckerberg ter acompanhado Graham no *Washington Post*, ele ligou novamente com outro pedido, dessa vez para ver se Graham estaria disposto a apresentá-lo a Jeff Bezos, a quem ele também queria acompanhar. Graham encaminhou o pedido a Bezos, mas, nos anos seguintes à visita discreta de Zuckerberg ao *Post*, sua reputação havia crescido significativamente. Bezos, que mais tarde compraria o *Washington Post*, ligou para responder. "Bem, isso seria uma coisa interessante a se fazer", disse ele a Graham. "Mas, Don, fora ser acompanhado por Angelina Jolie, eu não poderia fazer nada que chamaria mais atenção do que ser visto andando com Mark por aí."

Perguntei a Graham se Bezos e Zuckerberg são parecidos de alguma forma. Ele disse que sim, ambos estavam abertos a novas ideias, mesmo as malucas, independentemente de onde viessem. "Eu trouxe para Jeff uma ideia totalmente inesperada, a de comprar o *Washington Post*, e eu nunca tinha vendido nada", disse Graham. "Ele entendeu, justamente por nunca ter pensado nisso na vida."

Caminhos

Zuckerberg escuta e aprende, mas ele também é decisivo. Sua cultura de feedback faz com que pessoas e ideias não sejam limitadas pela hierarquia. Mas Zuckerberg não está administrando uma organização sem hierarquia. Quando ele toma uma decisão, o Facebook entra em cena. Isso torna os canais pelos quais as ideias chegam até Zuckerberg centrais para o funcionamento do Facebook. E há quatro maneiras principais pelas quais as ideias chegam a ele: suas sessões de perguntas e respostas às sextas-feiras, os grupos internos do Facebook, seu círculo íntimo e suas análises de produtos.

As sessões de perguntas e respostas de Zuckerberg remontam aos dias em que a empresa ocupava uma única sala, em 2005, e essas conversas eram simplesmente chamadas de Saídas de Sexta. "Nós comprávamos comida chinesa, passávamos tempo juntos e relaxávamos", disse Naomi Gleit, uma das funcionárias mais antigas do Facebook e vice-presidente de gerenciamento de produtos. A empresa agora transmite ao vivo essas sessões, que acontecem em uma grande cafeteria e contam com um moderador.

Zuckerberg realiza essas sessões para sentir a empresa. Ele quer saber "no que as pessoas estão pensando, o que se passa na cabeça delas, que tipo de perguntas estão fazendo, qual é o tom", me disse Lori Goler, vice-presidente de RH do Facebook. Isso abre a porta para qualquer pessoa trazer ideias sobre o que a empresa deve inventar a seguir. "Eles podem perguntar sobre a estratégia de um produto e, durante o processo, dizer: 'Aqui está o meu feedback sobre este produto – o que você está pensando em termos de estratégia?'."

Os funcionários da empresa também estão constantemente conversando em centenas de grupos internos do Facebook, onde discutem produtos, fazem perguntas a outras equipes e avaliam o desempenho de seus executivos. Esses grupos ajudam as ideias a chegarem a Zuckerberg e seus assistentes, que estimulam e participam das discussões. Vendo o valor comercial dessa rede social interna, o Facebook a transformou em um produto chamado Workplace, que agora conta com clientes como Walmart, Domino's e Spotify.

O círculo íntimo de Zuckerberg também desempenha um papel significativo na canalização de ideias, e ele tentou preenchê-lo com pessoas que falam verdades desconfortáveis (embora nem sempre sejam bem-sucedidas, como veremos em breve). A equipe de liderança do Facebook tem o livro *Dar e receber*, do professor da Wharton Adam Grant, em alta estima. O livro coloca as pessoas em quatro categorias: doadores agradáveis, doadores desagradáveis, tomadores agradáveis e tomadores desagradáveis. As categorias são diretas. Pessoas agradáveis são apreciadas; pessoas desagradáveis não são. Os doadores dão à empresa. Os tomadores tiram da empresa.

Doadores agradáveis não ocupam as primeiras posições do Facebook, Gleit me disse. "Uma coisa que Mark falou, e sobre a qual falamos como equipe de liderança, é que algumas das pessoas mais valiosas na organização são doadoras desagradáveis", disse ela. "Nós realmente tentamos proteger essas pessoas. Eu já vi Mark se cercar de doadores desagradáveis. Eles não vão lhe dizer apenas o que você quer ouvir. Eles vão lhe dizer o que realmente pensam."

Isso explica por que Zuckerberg manteve Peter Thiel, o controverso investidor de risco, em seu conselho. "Muitas pessoas não gostariam de Peter no conselho, porque ele é muito do contra, mas Mark queria", disse Don Graham, que esteve no conselho com Thiel por anos. "Peter se tornou diretor por ser um investidor desde muito cedo. Mas Mark queria que ele ficasse porque Peter era uma voz influente que sugeria ideias com as quais Mark discordava."

Zuckerberg, com apenas 35 anos, encheu seu círculo íntimo com pessoas mais experientes, esperando aprender com elas. É aqui que Sheryl Sandberg se encaixa. Quando tinha 23 anos, Zuckerberg percebeu que precisava de alguém para ajudá-lo a expandir os negócios da empresa, foi então procurou Sandberg. Na época, Sandberg era vice-presidente de vendas e operações globais on-line do Google, tinha trabalhado na Casa Branca de Clinton e recebia ofertas para ser CEO de empresas do Vale do Silício. Zuckerberg tinha o comando completo do Facebook até aquele momento, mas ofereceu a Sandberg o controle das divisões de publicidade, política e operações, na esperança de contratá-la. Depois de um telefonema para Graham, que tentara fazê-la trabalhar para o *Washington Post* depois que Clinton deixou o cargo, Sandberg entrou para o Facebook e é sua COO [diretora de operações] desde então.

Sandberg ajudou a transformar o Facebook em um negócio de bilhões de dólares, e a empresa não estaria onde está hoje sem ela. Mas ela também esteve no centro dos recentes escândalos da empresa. Os usuários do Facebook não confiam na empresa em parte devido à sede de dados de sua equipe de vendas de anúncios. E a disposição de sua equipe de receber rublos russos para compra de anúncios políticos dos Estados Unidos durante as eleições de 2016 continua sendo uma das decisões mais intrigantes da história da tecnologia. O nome da sala de conferências de Sandberg, Apenas Boas Notícias, é estranho, uma vez que ela ajudou a estabelecer as aulas de feedback na empresa.

Com Sandberg cuidando dos negócios, Zuckerberg se concentrou (talvez um pouco demais) na criação de novos produtos e serviços, passando grande parte de suas tardes em reuniões com seus gerentes de produtos, revisando o trabalho deles e decidindo o que eles deveriam buscar. O feedback desses gerentes de produto tem um papel significativo na definição da direção a ser seguida pela empresa. "Zuck, pelo menos internamente, tem a fama merecida de ser influenciável", me disse Mike Hoefflinger, ex-diretor da companhia e autor do livro *Becoming Facebook*.

Do ponto de vista do negócio, a cultura de feedback do Facebook se mostraria vital, pois uma grande mudança computacional ameaçava virar de cabeça para baixo a jovem rede social.

O Dia 1 do Facebook

Em 2011, o Facebook estava com problemas. A empresa havia construído um site que funcionava bem, mas seus aplicativos móveis eram cheios de bugs, lentos, e um grande inconveniente. As pessoas estavam começando a acessar a internet por meio de dispositivos móveis, em vez de desktops. E, conforme elas passavam mais tempo em telefones, o Facebook corria o risco de perder o interesse delas e, portanto, sua relevância.

Os aplicativos do Facebook definharam principalmente porque a empresa se recusou a adaptar para dispositivos móveis suas práticas de desenvolvimento. Quando criou seu site para desktop, o Facebook lançou novos recursos rapidamente, depois olhou para os dados, os aprimorou e relançou. Ele poderia atualizar seu site um número ilimitado de vezes por dia, pois o carregamento de cada nova versão exigia apenas uma atualização. Mas, ao criar aplicativos móveis, o Facebook estava sujeito aos longos processos de revisão do iOS e do Android, deixando o processo muito menos flexível.

À medida que o uso do aplicativo aumentava, Zuckerberg tentou forçar a abordagem de desktop do Facebook no celular, criando um site para celular e adicionando uma "embalagem" de código nativo para iOS e Android. A embalagem permitia que o site aparecesse como um aplicativo, fosse listado nas lojas de aplicativos e ainda fosse atualizado várias vezes ao dia. Mas o desempenho do produto híbrido foi ruim e alguém precisou mostrar isso a Zuckerberg.

Esse alguém era Cory Ondrejka. Depois de uma das sessões perguntas e respostas de sexta-feira de Zuckerberg, Ondrejka, vice-presidente de engenharia móvel do Facebook, o chamou em um canto e disse que a empresa precisava repensar a maneira como operava para ter sucesso nos dispositivos móveis. Em vez de tentar preservar a maneira antiga, argumentou Ondrejka, o Facebook deveria criar, usando código que seria executado no sistema operacional. Para fazer isso, Zuckerberg precisaria aceitar que o Facebook teria menos liberdade para iterar. Mas também daria a seus aplicativos a chance de funcionar corretamente.

"Eu disse a ele que o caminho atual não nos levaria lá, então precisávamos mudar de rumo", disse Ondrejka. "A mudança seria realmente difícil, mas eu sabia que a nova abordagem funcionaria."

Zuckerberg estava disposto a testar as ideias de Ondrejka e deu a ele uma pequena equipe para desenvolver um aplicativo nativo experimental. Alguns meses depois, o experimento de Ondrejka começou a ter um desempenho melhor do que o aplicativo do Facebook na web. E quando Zuckerberg analisou, ele não pôde negar a realidade e incentivou toda a empresa a criar aplicativos nativos.

"Tenho certeza de que minha reação foi: 'Você está certo disso? Podemos testar isso um pouco mais?'", Zuckerberg me disse. "Mas, com o tempo, passamos ao 'Tudo bem, se isso é verdade, é apenas uma mudança drástica no plano da empresa e o que precisamos fazer agora. Vamos descobrir o que isso vai significar'."

A criação de aplicativos nativos significou uma mudança significativa na maneira como o Facebook operava. A empresa teve que repensar o ritmo em que lança novos recursos, passando de várias vezes ao dia para a cada dois meses (essa janela acabou encurtando e agora está quase voltando ao normal). Teve que reimaginar a maneira como contrata, procurando desenvolvedores de aplicativos nativos depois de anteriormente evitá-los em seu processo de recrutamento. E teve que treinar seu *pool* de engenheiros existente para criar sistemas operacionais nativos. Em agosto de 2012, o Facebook lançou um aplicativo nativo para iOS que era mais rápido e com menos bugs do que o aplicativo web. Um aplicativo Android igualmente aprimorado estreou quatro meses depois. Os aplicativos reconstruídos colocam o Facebook em uma posição muito melhor, mas Ondrejka não estava satisfeito.

Em meio a esse processo de desenvolvimento, Ondrejka levou a Zuckerberg mais alguns comentários. Ele desenhou uma curva mostrando a rapidez com que os usuários do Facebook estavam adotando o celular e para onde o uso móvel da empresa estava indo – para cima e para a direita. Mais mudanças foram necessárias.

"Olhei para a curva de crescimento e a extrapolei no futuro com uma leve aceleração. E era uma daquelas curvas para as quais você olha e diz: 'Bem, não há como atingir isso'. Mas se estivermos perto dessa curva, o celular será mais da metade de tudo rapidamente", disse Ondrejka. "Nunca estivemos abaixo da previsão. A transição para a tecnologia móvel aconteceu ainda mais rápido do que o previsto no gráfico louco que eu desenhei."

Olhando para esse gráfico, Ondrejka aconselhou Zuckerberg a dissolver a equipe móvel dedicada do Facebook e fazer com que toda a empresa desenvolvesse para dispositivos móveis. Zuckerberg entendeu rapidamente e disse aos gerentes de produto que, a partir de então, só deveriam apresentar para ele *demos* em dispositivos móveis. Se aparecessem apenas com uma *demo* de desktop, eram expulsos de seu escritório. Foi um ponto de virada para o Facebook. A experiência móvel da empresa melhorou drasticamente e hoje mais de 90% da receita de publicidade do Facebook vem dos aplicativos móveis.

O mito sobre a transformação móvel do Facebook é que Zuckerberg teve uma epifania e reposicionou brilhantemente sua empresa para a era do smartphone. Não foi isso. A verdadeira história é que Zuckerberg criou uma cultura de feedback. E, quando as pessoas aceitaram, trouxeram-lhe ideias – ideias difíceis que exigiam repensar o funcionamento da empresa –, e essas ideias acabaram salvando o Facebook de um desastre.

Do geral ao privado

O Facebook sobreviveu à mudança para os dispositivos móveis, mas a empresa encontrou outro momento perigoso alguns anos depois, quando seu produto mais importante, o Feed de Notícias, ficou forçado e sem graça. No começo do Facebook, o Feed de Notícias era vibrante, indisciplinado e imprevisível. Quando você o abria, conseguia encontrar qualquer coisa, desde fotos de festas malucas até atualizações de status incomuns de amigos e de pessoas que você conheceu ao tentar (e falhar) flertar discretamente com elas.

Mas, à medida que o Facebook crescia – em parte graças à forma como funcionava em dispositivos móveis –, o Feed de Notícias mudou. As pessoas continuavam se conectando, transformando suas redes, antes formadas por pequenos grupos de amigos, em um apanhado de quase todo mundo que haviam conhecido na vida. E à medida que suas redes cresceram, as pessoas começaram a se autocensurar. Elas não queriam que todo mundo que tinham conhecido soubessem quem elas realmente eram.

Conforme as pessoas construíam redes maiores no Facebook, o algoritmo do Feed de Notícias também tinha muito mais postagens a considerar. Priorizou aqueles que geravam mais engajamento e começou a exibir as melhores partes da vida das pessoas: noivados, casamentos e bebês. Em meio aos marcos, as pessoas ficaram ainda mais relutantes em compartilhar postagens casuais, com medo de parecerem fúteis. E assim, em 2015, as pessoas estavam compartilhando menos postagens originais no Facebook, e o Feed de Notícias se tornou uma casca de seu antigo eu.

Os executivos do Facebook perceberam que esse era um grande problema e entraram em ação para corrigi-lo. "Estávamos vendo que o feed estava ficando mais hermético", me disse Fidji Simo, chefe do aplicativo do Facebook. "As pessoas durante nossa pesquisa estavam nos dizendo: 'Sim, me sinto menos confortável compartilhando do que há dois anos'. Esse é definitivamente um sinal de alerta de que você precisa inovar e descobrir uma solução."

Para se manter relevante, o Facebook teve que voltar no tempo. Ele tinha que dar às pessoas a chance de compartilhar com grupos menores e mais direcionados, mesmo que sua rede tivesse agora mais de 1,5 bilhão de usuários. Mais uma vez, a empresa teve que mudar tudo.

O primeiro elemento da transformação do Facebook se materializou naturalmente. As pessoas, intimidadas demais para compartilhar coisas com todos que conheciam, começaram a compartilhar mais nos Grupos do Facebook – redes direcionadas a pessoas com interesses semelhantes. Os pais de primeira viagem, por exemplo, sentiam-se mais à vontade para fazer perguntas sobre filhos para grupos com novos pais do que para suas listas inteiras de amigos. Então, eles começaram a compartilhar lá.

"Havia muito entusiasmo a partir de 2015, 2016", disse Simo sobre os Grupos. "A razão para isso foi simplesmente a adoção. Não é que estivéssemos fazendo coisas tão diferentes. Mas as pessoas estavam adotando o produto absurdamente."

Com a adesão aos Grupos subindo dezenas de milhões por mês, o Facebook começou a incentivar fortemente o uso desse produto. Ele construiu novas ferramentas para os organizadores dos Grupos, estabeleceu altas metas internas para a associação "significativa" aos Grupos e começou a anunciar os Grupos em suas mensagens públicas. As postagens em grupos apareceram nos Feeds de Notícias de seus membros, restaurando parte da vitalidade do Feed e fazendo com que o Facebook parecesse um lugar confortável para postar novamente. "Os Grupos definitivamente dão certa vitalidade ao aplicativo e ao Feed", disse Simo. "Totalmente."

Embora os Grupos tenham injetado uma dose crucial de vida no Feed de Notícias, eles não abordaram o compartilhamento entre amigos e familiares, que era o que mantinha o Facebook. E esse tipo de compartilhamento estava começando a gravitar em outro lugar.

"A empresa mais chinesa do Vale do Silício"

Na mesma época em que o Facebook estava resolvendo os problemas do Feed de Notícias, um aplicativo de mensagens chamado Snapchat – liderado pelo impetuoso Evan Spiegel, formado em Stanford – criou o Stories, um recurso que permite que as pessoas compartilhem com amigos fotos e vídeos que desaparecem após um dia. Os usuários do Snapchat adoraram como o Stories deu a eles uma maneira despreocupada de postar (diferentemente do Facebook, onde suas postagens iriam para todos e permaneceriam eternamente), e o uso do aplicativo explodiu. Spiegel, que uma vez rejeitou uma oferta de aquisição de 3 bilhões de dólares de Zuckerberg, agora o estava atingindo em seu ponto fraco. No jogo de soma zero das mídias sociais, em que o tempo gasto em uma plataforma não é gasto em outra, Spiegel tinha a energia, o compartilhamento, e estava levando sua empresa a um IPO quente.

Quando o Snapchat decolou, um desenvolvedor de 18 anos chamado Michael Sayman entrou no Facebook. Sayman desenvolveu um jogo que chamou a atenção de Zuckerberg, e a empresa o contratou como engenheiro em tempo integral em 2015. No dia da orientação, Sayman ouviu discursos sobre como os líderes do Facebook escutavam as ideias de qualquer pessoa e levou a mensagem a sério. "Eu acreditei", ele me disse. Antes que a orientação terminasse, ele exibiu uma apresentação sobre como os adolescentes, já migrando para o Snapchat, estavam usando a tecnologia, e como o Facebook poderia querer desenvolver para eles.

Ainda que mal tivesse idade para comprar um bilhete de loteria, Sayman começou a apresentar suas ideias aos executivos do Facebook e logo se viu frente a frente com Zuckerberg. Inicialmente, sua apresentação não impressionou. Mas Chris Cox, então chefe de produto do Facebook, convenceu Zuckerberg a dar a ele uma pequena equipe para experimentar. "Não havia projeto", me disse Sayman. "Tive algumas ideias, as pessoas pensaram que deveriam me deixar ser criativo, me deram o número de pessoas para serem criativas e não houve problema."

Com o passar do tempo, Sayman viu seus jovens colegas compartilharem menos na família de aplicativos do Facebook e mais no Snapchat. Ele voltou seu foco para o Snapchat Stories, que acreditava que o Facebook deveria incorporar a seus produtos. "Eu queria que a empresa sentisse que o Snapchat era uma ameaça existencial", disse ele. "Eu queria que o Facebook entrasse em pânico."

Sayman levou suas preocupações a Zuckerberg, que havia ouvido falar de outras pessoas que chegaram a conclusões semelhantes. Como adolescente, Sayman era inestimável. Ele poderia ajudar Zuckerberg a aprender a cultura do Snapchat. "Ele nos apontava: 'Aqui estão as mídias que eu sigo' ou 'Aqui estão as pessoas que eu acho influentes, que são legais'", disse Zuckerberg. "Eu seguia essas pessoas, ou falava com elas, para que elas se juntassem a nós. Esse acaba sendo o processo iterativo de aprender o que importa."

Zuckerberg disse que seguiu esses formadores de opinião no Instagram e confirmou que ele também era usuário do Snapchat. "Eu tento usar todas as coisas", ele me disse. "Se você quer aprender, há muitas lições por aí em que as pessoas lhe dirão coisas que você não está fazendo tão bem quanto poderia. As pessoas lhe dizem muito se você se importa em entender o que elas estão procurando."

Esse tipo de experimentação levou Zuckerberg a alguns lugares inesperados. "Quando estávamos pensando em criar formalmente um serviço de namoro para o Facebook, me inscrevi em todos os aplicativos de encontros", ele me disse. "Eu estava mostrando para [minha esposa] Priscilla um dos aplicativos. Era um aplicativo em que você dava *match* com uma pessoa por dia. Eu disse algo como 'Veja este aplicativo'. E ela disse: 'Ei, vou jantar com ela amanhã à noite!'". Ele tinha dado *match* com a amiga de sua esposa. Não se sabe como foi o jantar.

Sayman confirmou que Zuckerberg era um aluno aplicado do Snapchat. "Ele trocava snaps comigo e eu o criticava", disse Sayman. "Eu dizia algo como 'Não, Mark. Não é assim que funciona!'."

Por fim, a onda de apoio ao Stories no Facebook – gerada por Sayman e outros – chegou a Zuckerberg. E, em agosto de 2016, os executivos do Facebook chamaram repórteres a seu escritório para revelar um novo produto chamado Instagram Stories. O produto era uma cópia perfeita do Snapchat Stories, incluindo o nome. "Eles merecem todo o crédito", disse o então CEO do Instagram Kevin Systrom ao TechCrunch, referindo-se a Spiegel e sua equipe.

Copiar o Stories foi agressivo. Diminuiu consideravelmente o crescimento do Snapchat e provavelmente destruiu em bilhões de dólares o valor de sua empresa controladora, a Snap Inc., que está negociando suas ações abaixo do preço do IPO no momento em que este livro é escrito. O Snap, frustrado e enfraquecido, agora está conversando com os investigadores antitruste da Comissão Federal de Comércio (FTC) sobre as táticas anticompetitivas do Facebook, baseando-se em um dossiê chamado "Projeto Voldemort", uma referência ao vilão de Harry Potter.

Vilão malvado ou não, o Facebook estaria com sérios problemas sem o Stories, que o ajudou a recuperar o compartilhamento com amigos e familiares, que vinha perdendo há alguns anos, e a restaurar a vitalidade de seu aplicativo. O Facebook ainda está perdendo usuários adolescentes nos Estados Unidos em cerca de 3% ao ano, de acordo com o eMarketer. Mas, sem o Stories e um foco renovado nas mensagens (outra forma de compartilhamento íntimo), ele poderia estar em uma posição muito pior. Copiar foi um ato de autopreservação.

Sayman creditou a capacidade do Facebook de permanecer relevante a uma consciência interna de seu lugar no mundo. "O Facebook é apenas um aplicativo de internet. Especialmente em 2015 e 2016, era apenas um aplicativo de internet. Qualquer outro aplicativo pode surgir e vencer", disse ele. "Mark disse: 'O que as pessoas querem? Vamos dar a elas'. Ele foi um pouco mais cauteloso. Ele estava mais vigilante. Ele definitivamente não estava pensando que seu produto era eterno."

Na China, onde copiar e iterar produtos tem sido a norma, o Facebook é conhecido como "a empresa mais chinesa do Vale do Silício", de acordo com o investidor de risco chinês Kai-Fu Lee, que escreveu sobre isso em seu livro *Inteligência artificial*. Sentei-me com Lee em uma de suas visitas periódicas à Bay Area e pedi que ele me contasse o que achava de Zuckerberg. "Por que estigmatizamos a cópia?", ele disse. "Não aprendemos tudo copiando primeiro? Não aprendemos música copiando Mozart e Beethoven? Não aprendemos arte copiando o estilo ensinado? Por meio da cópia, você entende a essência do que está construindo e pode inovar e construir. Parece que copiar é uma maneira razoável de começar."

A partir do momento em que o Facebook copiou o Stories, ele iterou e melhorou. E agora sua versão é amplamente considerada melhor que a do Snapchat. Algumas das melhorias do Facebook foram tão boas que o Snapchat as copiou de volta.

O cemitério de redes sociais mortas está cheio de cadáveres de empresas que antes eram imparáveis mas que acabaram sendo destruídas pelo orgulho ou pela incapacidade de inventar. Myspace, LiveJournal, Foursquare, Friendster e Tumblr estão entre elas. Enquanto isso, o Facebook reinventou repetidamente e permanece no topo, em grande parte devido à sua cultura de feedback.

"Obviamente, preferimos ser gênios e inventar primeiro", me disse Lee. "Mas, se você não puder, copie primeiro e depois itere."

Entram as máquinas

No início de 2012, Gil Hirsch e Eden Shochat, dois empresários israelenses, entraram na sede do Facebook para uma reunião. A empresa deles, Face.com, estava licenciando sua tecnologia de reconhecimento facial para o Facebook usar no recurso "sugestões de *tags*", e seus colegas em Menlo Park queriam conversar. Esse recurso, ativo até hoje, identifica quem está em uma foto e incentiva as pessoas a marcá-las.

Quando os dois empresários chegaram ao campus, eles foram a uma sala de reunião para se encontrar com a equipe de produtos do Facebook – ou era o que pensavam. Para sua surpresa, Zuckerberg entrou e começou a enchê-los de perguntas. O Facebook, na época, não era capaz de criar por conta própria recursos como sugestões de *tags*, porque a identificação de rostos em fotos exigia experiência em aprendizado de máquina, algo que o Facebook não possuía. Enquanto isso, Hirsch e Shochat estavam aplicando a visão computacional de maneira brilhante no produto de Zuckerberg, e ele estava ansioso para aprender mais sobre o que eles estavam fazendo. "Zuck estava curioso desde o início", Shochat me disse. "Ele sabia que algo interessante estava acontecendo lá e queria estar perto de tal tecnologia."

Pelos 90 minutos seguintes, Zuckerberg interrogou Hirsch e Shochat sobre o futuro da visão computacional e do reconhecimento facial. E, quando a conversa terminou, seu foco se voltou para a aquisição. "Se faz sentido, devemos fazer isso funcionar", disse ele antes de sair. Seis meses depois, o Facebook comprou a Face.com por pelo menos 55 milhões de dólares.

Quando os engenheiros do Facebook puseram as mãos na tecnologia da Face.com, eles começaram a entender o potencial do aprendizado de máquina, e os executivos do Facebook decidiram fazer um investimento significativo e de longo prazo na tecnologia. Naquele momento, Zuckerberg começou a recrutar Yann LeCun, um dos principais pesquisadores de IA do mundo.

Na primavera de 2013, Zuckerberg abordou LeCun com uma proposta. Entre para o Facebook, ele disse, e a empresa criará um laboratório de pesquisa de IA, onde você estará livre para realizar qualquer pesquisa de IA que quiser, desde que ajude o Facebook a aplicá-la de tempos em tempos. LeCun, que morava em Nova York, disse que aceitaria se pudesse permanecer no local e continuar ensinando na Universidade de Nova York. Zuckerberg concordou, LeCun aceitou o acordo e o Facebook passou de iniciante a líder mundial em pesquisa corporativa de IA quase da noite para o dia.

"Há três ou quatro pessoas que fizeram o trabalho seminal em IA nas últimas duas décadas", me disse o chefe de tecnologia do Facebook, Mike Schroepfer, que estava em campo. "Conseguimos Yann LeCun, que é uma delas."

Enquanto tudo isso acontecia, Joaquin Candela, um pesquisador que uma vez ministrou um curso de aprendizado de máquina na Universidade de Cambridge, estava escondido na divisão de publicidade do Facebook, usando sua experiência para prever quando as pessoas clicariam em anúncios. Candela gostava do seu trabalho, mas quando o Facebook trouxe LeCun, surgiram novas oportunidades para um profissional com seu histórico. A empresa precisava de alguém que pudesse aplicar a pesquisa de LeCun aos produtos do Facebook, e Candela ficou responsável por isso. No outono de 2015, o Facebook o nomeou diretor de aprendizado de máquina aplicado, um grupo recém-formado encarregado de colocar em ação as pesquisas de LeCun.

Quando conheci Candela, em junho de 2016, ele tinha menos de um ano no cargo, e olhou para mim com uma expressão séria e disse: "Hoje, o Facebook não poderia existir sem a IA". Concordei educadamente, mas não acreditei nele. Agora, três anos depois, eu entendo. Sem a IA, o Facebook não seria capaz de gerenciar a grande quantidade de trabalho de execução necessário para oferecer suporte a seus produtos. E o exemplo do Facebook Live é ilustrativo.

Em dezembro de 2015, a equipe de produtos de Zuckerberg lançou o Live, um recurso que permitia que as pessoas transmitissem vídeos ao vivo no Facebook com o toque de um botão. O recurso tornou a publicação de vídeo no Facebook mais fácil do que nunca, abrindo a porta para uma ampla variedade de novos conteúdos. Alguns dos primeiros vídeos do Live foram deliciosos, incluindo o de uma mulher rindo incontrolavelmente enquanto usava uma máscara do Chewbacca. Mas alguns, inevitavelmente, foram igualmente ruins. Na redação do *BuzzFeed*, pouco tempo depois da estreia do Live, um dos meus colegas, pensando alto, perguntou aonde esse novo produto poderia chegar. "Alguém vai levar um tiro nessa coisa", concluiu.

Não demorou muito. Em fevereiro de 2016, apenas três meses após a estreia do Facebook Live, uma mulher da Flórida chamada Donesha Gantt entrou ao vivo no Facebook depois de ser baleada em seu carro. "Mamãe, estou sangrando", disse ela. "Eu sei que eles atiraram em mim, mas é bom. É bom. Deus me perdoe por todos os meus pecados. Deus me perdoe por tudo."

Após o vídeo de Gantt, o Facebook Live transmitiu vídeos com violência gráfica cerca de duas vezes por mês. Assassinatos, estupros, abuso infantil, tortura e suicídios apareceram no serviço. E esses vídeos se espalham rápido, explorando a curiosidade mórbida da humanidade. Os suicídios transmitidos ao vivo foram particularmente chocantes, levantando preocupações de que eles pudessem inspirar imitadores, uma possibilidade horrível, dado o tamanho do Facebook e sua influência sobre os jovens.

Quando esses problemas entraram em foco, Zuckerberg me chamou para a reunião que narrei no começo do livro. O manifesto de 5.700 palavras que ele estava prestes a publicar continha projetos para um Facebook mais intervencionista, no qual a empresa atuava com mais frequência para proteger seus usuários de discurso de ódio, promoção do terrorismo, violência explícita e bullying.

Com humanos reportando e analisando esse conteúdo, o Facebook não podia fazer muita coisa. "No sistema atual, as pessoas reportam o conteúdo para nós", disse ele. "Analisamos mais de cem milhões de denúncias por mês, então estamos vendo muito conteúdo. Criamos uma grande equipe para analisá-lo. Mas bilhões de coisas são postadas no Facebook todos os dias. Se você incluir mensagens e comentários, são dezenas de bilhões. Eu não acho que seria fisicamente possível, independentemente de quantas pessoas contratássemos, ver esse conteúdo. A única maneira de realmente fazer isso é criando ferramentas de inteligência artificial."

A sugestão de Zuckerberg de que a IA poderia sinalizar e revisar proativamente as postagens era mais do que teoria. Antes de nossa conversa, ele havia instruído a equipe de Candela a descobrir como fazer isso. O Facebook possui o conjunto de dados mais abrangente sobre o comportamento humano que já existiu. Ele sabe quem somos, o que gostamos, o que fazemos e como agimos quando algo não vai bem. Esse conjunto de dados é de natureza semelhante à coleta de 20 anos de dados de compras da Amazon. Assim como a Amazon pode executar esses dados por meio de seus sistemas de aprendizado de máquina e descobrir o que estamos prestes a comprar, o Facebook deve poder executar esses dados por meio de seus sistemas e descobrir quando um vídeo está prestes a transmitir violência ou causar danos pessoais.

Quando falou sobre esses sistemas, Zuckerberg alertou que a IA ainda não podia fazer esse trabalho sozinha. "O tema está empoderando as pessoas", disse ele. "Quando as pessoas pensam em IA no limite, estão pensando em sistemas de computador que fazem todas essas coisas. O que vai realmente acontecer no curto prazo é que, quando obtivermos um sistema de IA, ele não será perfeito – haverá problemas –, mas esperamos que seja bom o suficiente para conseguir sinalizar para as pessoas o que encontrar."

Enquanto conversávamos, os sistemas de inteligência artificial do Facebook já detectavam proativamente parte do conteúdo que Zuckerberg esperava capturar e repassavam para revisão. Trabalhando em conjunto com esses sistemas, os moderadores do Facebook se transformaram em auditores, semelhantes aos gerentes de fornecedores da Amazon. A IA do Facebook analisou mais conteúdo do que qualquer humano poderia e decidiu se merecia intervenção. A IA também reorganizou as filas de moderação, colocando postagens que *realmente* requerem ação no topo. Os moderadores revisariam essas decisões e determinariam se a IA havia tomado a medida certa.

Para que esses sistemas funcionassem efetivamente, o Facebook também precisava acertar as entradas, e a equipe de Candela criou mais ferramentas para dar à equipe de IA da empresa a chance de moldá-las. Essas ferramentas, com nomes como Cortex e Rosetta, ajudaram os funcionários do Facebook a instruir os sistemas de IA sobre quais tipos de postagens procurar. Eles poderiam observar as palavras-chave e os comportamentos nesses sistemas, que poderiam procurar proativamente postagens com atributos semelhantes.

Com essas ferramentas à disposição, o impacto de um único funcionário do Facebook aumentou exponencialmente. Em vez de ficarem esperando e analisando as postagens sinalizadas por humanos (geralmente apontadas por pessoas sem conhecimento das políticas do Facebook), eles poderiam diagnosticar as características das postagens que mereciam ação e instruir a IA do Facebook a procurá-las em meio a dezenas de bilhões de coisas publicadas todos os dias.

Zuckerberg pareceu especialmente ardoroso quando falou sobre suicídio. "É difícil administrar esta empresa e sentir que 'tudo bem, não fizemos nada porque ninguém denunciou'", disse ele. "Quando parece que alguém pode se machucar ou cometer suicídio, queremos ajudar a sinalizar isso para que as pessoas tenham as ferramentas necessárias para chegar à pessoa ou obter a ajuda de que necessitam."

Menos de um mês depois, o Facebook anunciou que estava lançando uma ferramenta de prevenção de suicídio baseada em IA. Essa ferramenta, segundo a empresa, já era mais precisa do que os humanos em casos de denúncias em que a equipe do Facebook precisava enviar ajuda.

Cerca de um ano depois, Guy Rosen, vice-presidente de gerenciamento de produtos do Facebook, publicou uma atualização sobre o desempenho geral do programa. Ele disse que a IA do Facebook estava ajudando a empresa a revisar proativamente as postagens que continham nudez, discurso de ódio e conteúdo gráfico. Também estava removendo automaticamente propagandas terroristas (quase dois milhões de peças em um único trimestre financeiro). E estava alertando os moderadores do Facebook para pessoas que pensavam em se machucar, para quem eles enviaram socorristas mais de mil vezes.

"Quando você fala de pessoas cometendo suicídio no Live, fica incrivelmente difícil dizer a si mesmo: 'Vou conseguir separar isso de tudo de bom que está acontecendo na plataforma'", me disse o chefe do aplicativo do Facebook, Fidji Simo. "O fato de nossa IA poder detectar esse tipo de coisa, dar esperança às pessoas em tempo real, alertar as autoridades locais e salvar vidas é constante. Primeiro, há muito impacto nisso. E isso nos permite ter mais confiança em disponibilizar o produto para todos os casos de bom uso."

O orgulho de Candela estava correto. Hoje, o Facebook não poderia existir sem a IA. Sem ela, postagens terríveis invadiriam os produtos da empresa, paralisando suas equipes de produto e consumindo sua liderança. Os sistemas de IA do Facebook ainda estão longe de serem perfeitos. E alguns de seus moderadores trabalham em condições precárias, como revelaram relatórios recentes. Mas esses sistemas devem melhorar com o tempo, tanto com o aprimoramento da IA quanto com o Facebook, agora sob pressão, oferecendo melhores condições para seus moderadores.

Com a ajuda dessas ferramentas, os funcionários do Facebook podem se concentrar em criar o que vem a seguir, e sua liderança tem braços para considerar essas novas ideias e continuar trazendo-as à vida.

Compensação do robô

Os algoritmos, decorrentes de IA, por exemplo, reduziram o trabalho de execução no Facebook de forma tão eficaz que a divisão de recursos humanos da empresa os está usando para determinar quanto pagar a seus funcionários. "Nossa remuneração é totalmente formulada", disse

Lori Goler, vice-presidente de RH da empresa. "A combinação de sua avaliação com o desempenho da empresa determina seu bônus, seu aumento salarial, sua concessão de capital e tudo mais."

O Facebook construiu seu sistema de remuneração no início de 2010, quando sua equipe de recursos humanos imaginou que os algoritmos poderiam ser mais eficientes e menos tendenciosos do que os humanos. Gerentes e funcionários tendem a perder tempo lidando com questões de remuneração. Os gerentes com recursos discricionários de arrecadação de fundos também podem recompensar desproporcionalmente pessoas semelhantes a eles, introduzindo preconceitos. Um sistema uniforme de aumento com base nas classificações de desempenho ainda não seria perfeito. Sem critérios de avaliação bem pensados – e o Facebook enfatizou demais as métricas de crescimento –, isso poderia levar a um foco monomaníaco em trabalhos que geram uma pontuação alta. Mas, se implementado corretamente, poderia garantir que os aumentos fossem distribuídos com a menor variação possível.

"Tiramos toda a discrição desse sistema, porque é a discrição que leva a preconceitos na organização e a resultados injustos e diferenças de salários entre gênero e raça", disse Goler. "Depois que você elimina o aspecto discricionário, o que resta é muito mais objetivo."

O modelo de compensação algorítmica do Facebook coloca a classificação de desempenho individual no centro. Essas classificações, distribuídas em uma escala de cinco pontos, variando de "não atende às expectativas" a "redefine as expectativas", estão conectadas ao sistema algorítmico, que as considera juntamente com o desempenho geral da empresa para determinar o pagamento.

As classificações de desempenho acontecem a cada seis meses, quando o Facebook passa por um processo de avaliação de seus funcionários e da empresa como um todo. Durante esse processo, os funcionários recebem feedback de todos com quem trabalham. Os gerentes então leem esse feedback, atribuem uma classificação e levam-na para "sessões de calibração", onde conversam com os colegas sobre as classificações de cada um de seus subordinados e as ajustam conforme necessário. Essas sessões são destinadas a garantir que a classificação de cada pessoa aconteça de forma justa.

No final dessas sessões, uma classificação final é determinada e o número entra no sistema. Estes números são finais. "Você não pode pedir mais dinheiro", disse Goler.

Essa tecnologia de compensação reduz ainda mais o trabalho de execução e abre espaço para ideias. "Você não quer que todo dia seja um novo dia para você e os membros de sua equipe conversarem sobre compensação", disse Goler. "Você meio que quer que isso aconteça uma vez por ano, quando é promovido, e é isso. O resto do tempo você fica focado no trabalho."

Novas entradas

No início da manhã de 10 de abril de 2018, entrei em uma grande sala de audiência no Hart Senate Office Building, em Washington, DC. A sala estava cheia de repórteres, muitos dos quais reconheci de reuniões em São Francisco, e sua galeria pública de exibição também estava lotada. Os repórteres estavam sentados em longas mesas de madeira, próximos uns dos outros, no que era claramente um dia mais movimentado do que o habitual. Depois de olhar em volta, sentei-me, abri meu laptop, acomodei meu café e rezei para que não derramasse.

A sala zumbia com a ansiedade de todos. Os senadores entraram e mexiam em seus telefones. As pessoas na sala olhavam ao redor, observando a cena. E os repórteres verificavam o Twitter. Finalmente, Mark Zuckerberg entrou.

Tinham se passado mais ou menos 14 meses desde o nosso primeiro encontro em Menlo Park. Nesse período, o Facebook revelou que não havia percebido em sua plataforma uma campanha de desinformação em larga escala patrocinada pelo Kremlin durante as eleições de 2016. E mais relatórios mostraram que a Cambridge

Analytica, uma empresa de análise de dados, usou ilicitamente milhões de dados de usuários do Facebook em seu trabalho para a campanha presidencial de Donald Trump. Esses eventos arranharam a credibilidade do Facebook, prejudicaram sua posição no mundo e levaram Zuckerberg a um encontro com os comitês de Justiça e do Comércio do Senado.

Quando Zuckerberg entrou, eu me perguntei como aquele homem, tão motivado por feedback, tão determinado em descobrir o que os outros estavam pensando, poderia ter sido tão cego às vulnerabilidades de seu serviço. Se meu colega tinha tanta certeza de que o Facebook Live levaria ao ar tiroteios, por que Zuckerberg não os havia antecipado? Se ficou claro que a Rússia se engajou em uma ampla campanha para minar o processo democrático dos Estados Unidos, por que ele disse que era uma "ideia maluca" que a desinformação no Facebook pudesse ter impactado o resultado das eleições de 2016? E por que ele parecia tão desprevenido quando os relatórios da Cambridge Analytica apareceram, passando vários dias em silêncio antes de responder?

A resposta é uma lição essencial sobre a natureza dos sistemas de feedback. Embora Zuckerberg peça feedback às pessoas, o simples ato de perguntar é insuficiente. Os sistemas de feedback, assim como os sistemas de aprendizado de máquina, são tão bons quanto suas entradas. E, embora Zuckerberg tenha se cercado de doadores desagradáveis – pessoas que contaram verdades duras que ajudaram a melhorar os produtos do Facebook e expandir seus negócios de publicidade –, eles eram quase todos otimistas em relação à tecnologia, acreditando que o trabalho do Facebook era "de fato bom" e gastando pouco tempo pensando no que poderia dar errado. O doador desagradável Andrew "Boz" Bosworth, executivo do Facebook, disse isso de forma melhor em "The Ugly", sua publicação de junho de 2016 no grupo interno do Facebook, como meus colegas Ryan Mac, e Charlie Warzel e eu publicamos no *BuzzFeed News*.

Falamos sobre os lados bons e os ruins do nosso trabalho frequentemente. Eu quero falar sobre o feio.

Nós conectamos pessoas.

Isso pode ser bom se elas tornarem isso positivo. Talvez alguém encontre amor.

Talvez até salve a vida de alguém à beira do suicídio.

Então, conectamos mais pessoas.

Isso pode ser ruim se elas transformarem isso em algo negativo. Talvez custe uma vida expor alguém a agressores. Talvez alguém morra em um ataque terrorista coordenado usando nossas ferramentas.

E ainda assim conectamos pessoas.

A verdade cruel é que acreditamos em conectar as pessoas tão profundamente que qualquer coisa que nos permita conectar mais pessoas com mais frequência é de fato boa. Talvez seja a única área em que as métricas contam a história verdadeira, até onde sabemos.

Depois que publicamos este post, Bosworth disse que o escreveu para inspirar o debate. E Zuckerberg discordou. "Boz é um líder talentoso, que diz muitas coisas que provocam", disse ele. "Essa foi a que a maioria das pessoas no Facebook, inclusive eu, discordou fortemente. Nunca acreditamos que os fins justifiquem os meios."

Se Boz estava tentando ser provocativo ou não, seu post foi uma evidência de que as pessoas no Facebook não estavam pensando o suficiente sobre as maneiras como os mal-intencionados poderiam explorar seus produtos. Seu otimismo avassalador era palpável em interações muitas vezes estranhas entre repórteres céticos e os gerentes de produtos da empresa. Quando o Facebook nos chamava para apresentar um novo produto, seus representantes ficavam tão otimistas com a possibilidade de suas invenções mudarem o mundo que falavam em tom que beirava a condescendência. "Novos adesivos no Messenger tornarão o mundo um lugar mais comunicativo e expressivo", eles poderiam dizer, "e estamos muito empolgados em colocar esses adesivos nas mãos de nossos usuários e observar as coisas incríveis que eles farão com eles." Enquanto isso, o Kremlin estava descobrindo como manipular o Feed de Notícias, os Grupos e a plataforma de anúncios.

Quando Zuckerberg se apresentou ao Senado, ele quase reconheceu essa lacuna no sistema de feedback do Facebook. "O Facebook é uma empresa idealista e otimista. Durante a maior parte da nossa existência, nos concentramos em todo o bem que conectar pessoas pode trazer", afirmou ele em seu discurso de abertura. "Mas agora está claro que não fizemos o suficiente para impedir que essas ferramentas fossem usadas para causar danos. Isso vale para notícias falsas, interferência estrangeira nas eleições e discursos de ódio, bem como privacidade de dados. Não tínhamos uma visão ampla o suficiente de nossa responsabilidade, e isso foi um grande erro."

Zuckerberg, entendendo que seu sistema de feedback precisava de novas entradas, começou a adicioná-las. Para consertar o sistema, a empresa começou a contratar ex-funcionários da inteligência, jornalistas, acadêmicos e compradores de mídia antagônicos e disse a eles para testar seus sistemas sob pressão.

"Você está procurando por uma mentalidade", me disse Justin Osofsky, vice-presidente de gerenciamento de programas e operações globais do Facebook. "A pessoa é apaixonada por encontrar, identificar, entender e lidar com riscos antes que eles aconteçam."

Poucos dias antes das eleições de meio de mandato nos Estados Unidos, em 2018 – o primeiro grande teste da capacidade do Facebook de enfrentar outras manipulações eleitorais –, eu me encontrei com James Mitchell, Rosa Birch e Carl Lavin, três pessoas no Facebook que viram a integração dessas novas "entradas" do começo. Mitchell dirige a equipe de risco e resposta do Facebook, que trabalha para encontrar vulnerabilidades em seus sistemas de moderação de conteúdo. Birch é gerente de programa em sua equipe de resposta estratégica, que coordena a resposta do Facebook às crises entre as divisões. E Lavin é ex-

-editor do *New York Times*, da *Forbes* e da CNN que trabalha na equipe de operações de investigação da empresa, um grupo formado inteiramente para pensar nas coisas ruins que as pessoas poderiam fazer com os produtos do Facebook.

Mitchell e Birch trabalham lado a lado com as pessoas com mentalidade mais antagônicas que o Facebook contratou, incluindo Lavin. (História divertida: uma vez tentei trabalhar para Lavin. Ele fez uma profunda pesquisa do meu histórico no Google, encontrou uma correção em um artigo que escrevi para o jornal da minha faculdade e nunca mais me enviou um e-mail.) "Precisamos de pessoas para pensar internamente sobre essas coisas, não apenas para reagir às coisas que chegam até nós via grupos de defesa ou jornalistas e funcionários públicos", disse Lavin.

Como alguém que cobre o Facebook há anos, é um pouco estranho imaginar pessoas que trabalharam para a inteligência e ex-repórteres atuando ao lado dos gerentes de produto da empresa, mas é claro que eles estão trazendo um pensamento diferente para a organização. "É ótimo poder ter conversas sobre ameaças e riscos e as pessoas dizerem: 'Bem, eis como pensamos sobre ameaças: falamos sobre as capacidades e as motivações dos envolvidos e abordamos as vulnerabilidades'", disse Lavin. Eu nunca tinha ouvido as palavras *ameaças*, *vulnerabilidades* e *motivações* sendo proferidas em Menlo Park.

Por falar em Menlo Park, o Facebook fez questão de contratar pessoas de fora, buscando fugir do pensamento homogêneo e do otimismo tecnológico predominante no norte da Califórnia. "Na verdade, não almoçamos juntos porque a maioria de nós não está na Califórnia", disse Lavin. "Estamos em Dublin, Cingapura; eu estou em Austin, Texas. Isso é de propósito, para nos dar uma visão não californiana do mundo."

Para injetar a visão desses pensadores antagônicos em suas veias, o Facebook os emparelha com funcionários de longa data que entendem os meandros de seu produto e processo. "Se você não sabe como isso se manifestará na plataforma, não poderá necessariamente traduzir um problema externamente para o que poderemos ver internamente", disse Mitchell. "Tentamos trazer os dois [tipos de pessoas] para o rebanho, porque ambos se tornam particularmente importantes quando estamos tentando entender como os sistemas podem ser usados e abusados."

Os grupos participam de uma variedade de fóruns, incluindo reuniões de revisão de incidentes, nas quais as equipes de produto, política, operações e comunicações da empresa se reúnem toda sexta-feira e mergulham nos erros da companhia. Sentar-se na sala dá aos novos funcionários menos otimistas do Facebook a chance de falar e trazer à tona coisas que de outra forma poderiam passar despercebidas. "São as pessoas, mas também é o novo processo", disse Mitchell. "Sem o processo desse tipo de reunião de revisão, estamos apenas criando coisas e não importa o que estamos fazendo."

Além dessas configurações formais, os novos membros da equipe do Facebook estão inserindo seus comentários nos grupos internos da empresa. "É extremamente importante", disse Birch sobre a conversa nesses grupos. "Ela permite que a comunicação rápida seja realmente fácil, elimina enormes ruídos da caixa de e-mail e ajuda a unir as equipes, especialmente quando não estão no mesmo local."

As equipes de Mitchell, Birch e Lavin também desempenham um papel importante ao ajudar os sistemas de aprendizado de máquina do Facebook a saber o que procurar. Para abordar o discurso de ódio que se espalhava em Mianmar (onde os críticos acusaram o Facebook de ajudar a desencadear um genocídio), a equipe de Birch convocou os engenheiros de aprendizado de máquina do Facebook a construir um sistema que pudesse captar o idioma. Em seguida, eles forneceram palavras-chave, atributos de imagem e outros sinais de alerta para ajudar a determinar o que enviar aos moderadores. Essas ferramentas tornaram os novos moderadores, contratados pelo Facebook para lidar com a crise, mais eficazes, porém, neste caso, grande parte do dano já estava feito. Neste momento, Facebook está trabalhando para evitar possíveis crises em outros países, incluindo Camarões e Sri Lanka, e agora tem infraestrutura para agir mais rapidamente.

As lacunas no sistema de feedback de Zuckerberg levaram a anos de caos no Facebook. Mas esse sistema pode ajudar a empresa a se recuperar rapidamente. Os funcionários do Facebook agora estão ouvindo ativamente as "novas entradas" – ex-funcionários da inteligência, jornalistas, compradores de mídia e outros pensadores antagônicos –, que estão encontrando um público receptivo em uma empresa cheia de pessoas treinadas para considerar as ideias dos outros. "Há um desejo de receber essa informação", disse Lavin.

Quando nossa reunião terminou, Birch foi até Lavin e conversou com ele rapidamente, perguntando quando voltaria para Austin. Lavin respondeu que o plano era permanecer em Menlo Park até a terça-feira seguinte – dia das eleições. As eleições de meio de mandato de 2018 chegaram e passaram. Lavin ficou por perto. Embora o Facebook enfrente inevitavelmente mais testes no futuro, ele passou por este. Nenhuma exploração significativa de seu serviço emergiu.

Próxima reinvenção do Facebook

Em 25 de setembro de 2019, Zuckerberg subiu ao palco no San Jose McEnery Convention Center, diante das palavras: "A próxima plataforma de computação". Ele esteve presente na Oculus Connect, uma conferência de desenvolvedores para o sistema operacional e pacote de hardware que o Facebook está construindo para a realidade virtual.

O Oculus representa o esforço do Facebook para se tornar algo além de um aplicativo. Ao criar seu próprio sistema operacional para o que acredita ser a "próxima plataforma de computação", o Facebook espera se libertar da fonte de sua vulnerabilidade: estar sujeito aos caprichos de seus concorrentes.

"Há coisas que você só pode fazer quando constrói a plataforma", me disse Zuckerberg. "Criamos aplicativos para telefones e criamos sites. E, especialmente no modelo de aplicativos para telefones, geralmente somos bastante restringidos pelo que os fabricantes de sistemas operacionais pensam que os aplicativos devem ser capazes de fazer."

Zuckerberg expressou frustração com a maneira como os sistemas operacionais móveis fazem você escolher uma tarefa primeiro e depois a pessoa com quem deseja fazê-la. Você toca em um aplicativo de mensagens e *depois* toca na pessoa para quem deseja enviar a mensagem, ele disse. É o oposto da natureza humana, onde você escolhe uma pessoa e depois a tarefa.

"Uma das coisas que espero fazer – e espero que façamos em realidade aumentada e realidade virtual – é influenciar a direção da próxima plataforma de computação, para se concentrar mais no princípio organizacional, tornando-a mais próxima das pessoas do que das tarefas", ele disse. "Esta é uma área em que eu realmente me importo com a direção tomada pela computação."

Zuckerberg sabe como é depender dos outros e não quer fazê-lo para sempre. Se a realidade virtual ou aumentada decolar, o Facebook, por meio do Oculus, terá seu próprio sistema operacional popular, mudando a maneira como as pessoas interagem com seus serviços, coisa que ele não tem no computador, no celular ou na voz. Zuckerberg quer muito isso e está investindo no Oculus para preparar o cenário para a próxima grande reinvenção do Facebook.

O Facebook não carece de ambição, nem de tecnologia, nem de processos necessários para manter seu sucesso incomum no futuro. E, quando saí da sala de reunião com paredes de vidro de Zuckerberg, isso ficou mais evidente do que nunca. Se a empresa puder gerenciar seu crescimento de maneira saudável – ouvindo as novas informações e comportando-se com responsabilidade –, será uma potência nas próximas décadas. Se não puder, agora que os reguladores federais estão em desaceleração e os políticos estão pedindo sua dissolução, o Facebook terminará no mesmo lugar que Zuckerberg procurou evitar: como nota de rodapé na história da tecnologia.

3

Dentro da cultura de colaboração de Sundar Pichai

Em julho de 2017, um engenheiro pouco conhecido do Google chamado James Damore escreveu um memorando de dez páginas criticando as práticas de diversidade e inclusão da empresa. Ele compôs seu memorando depois de participar dos treinamentos antipreconceito do Google e o enviou aos organizadores das sessões, na tentativa de fornecer algum feedback.

A representação desigual de homens e mulheres na tecnologia, escreveu Damore, pode se dar, em parte, pelas diferenças biológicas, e não predominantemente devido a preconceitos, como enfatizaram os treinamentos. As mulheres são mais neuróticas que os homens, disse ele, uma possível razão pela qual elas ocupam uma porcentagem menor de empregos de "alto estresse".

"No Google, somos informados regularmente de que preconceitos implícitos (inconscientes) e explícitos estão impedindo as mulheres em áreas de tecnologia e liderança", disse ele. "É claro que homens e mulheres experimentam preconceito, tecnologia e local de trabalho de maneira diferente, e devemos estar cientes disso, mas está longe de ser a história toda."

Quando os organizadores dos treinamentos não reagiram, Damore compartilhou seu memorando com o "Céticos", um pequeno grupo de e-mail interno do Google cheio de pessoas que não aceitam prontamente o *status quo*. O grupo, uma das milhares de comunidades de e-mail que se agitam o tempo todo no Google, parecia um lugar natural para discutir o documento. Mas, depois que Damore enviou o memorando, seus membros começaram a compartilhá-lo com outras pessoas dentro da empresa, e ele se espalhou rapidamente.

O memorando de Damore logo se tornou assunto das redes de comunicações internas do Google e dividiu a empresa. Alguns funcionários discutiram o mérito de seus argumentos. Mas, de modo geral, eles debateram se o Google deveria demitir Damore e se seus apoiadores também deveriam ir embora. Centenas de seus colegas escreveram para ele após o memorando, a maioria em aprovação, ele me disse.

Enquanto o debate continuava, alguém compartilhou o memorando com Kate Conger, do *Gizmodo*, que, enquanto estava de férias, com pouco acesso à internet, o publicou. A história alcançou milhões de leitores, chocando um público cada vez mais desconfortável com o tratamento recebido pelas mulheres no local de trabalho (o movimento Me Too se inflamaria apenas dois meses depois). Em um instante, o que começou como um post em uma pequena rede interna do Google se tornou uma importante notícia global.

Em meio ao caos, o CEO do Google, Sundar Pichai, em uma viagem ao exterior, foi forçado a tomar uma decisão. Ele poderia manter Damore e arriscar que os funcionários do Google sentissem que ele estava tolerando uma sugestão de que as mulheres eram neuróticas e que isso as impedia de assumir papéis de liderança. Ou ele poderia demitir Damore e arriscar enviar uma mensagem de que a livre expressão, tão valorizada no Google, não era tão livre, afinal.

Em uma nota para os funcionários, Pichai deixou claro que, mesmo a discordância sendo bem-vinda, a insinuação de Damore de que as mulheres eram menos adequadas biologicamente para o trabalho do Google tinha ultrapassado os limites. "Nossas colegas de trabalho não devem ter que se preocupar, a cada vez que abrem a boca para falar em uma reunião, em provar que não são como o memorando declara, sendo 'agradáveis' em vez de 'assertivas', mostrando 'menor tolerância ao estresse', ou sendo 'neuróticas'", escreveu Pichai.

Ele demitiu Damore.

A mente de colmeia

As ideias se movem rapidamente dentro do Google – tão rápido que aqueles que as lançam com frequência perdem o controle. E isso é de propósito. Às vezes, isso significa que conversas que normalmente ocorrem na hora do cafezinho se tornam incidentes internacionais. Mas as ferramentas de comunicação por meio das quais o memorando de Damore se espalhou também transformaram o Google em uma das empresas mais colaborativas do mundo, ligando seus funcionários em uma consciência coletiva e quebrando os limites típicos entre as divisões. Com a ajuda dessas ferramentas e a orientação de Pichai, o Google se reinventou várias vezes, enfrentando uma série de mudanças na computação que ameaçavam marginalizá-lo.

O domínio do Google pode parecer inevitável – a história de uma empresa que decifrou o código de pesquisa e o alcançou a um valor de mercado de 800 bilhões de dólares. Mas, no mundo atual dos negócios em rápida transformação, o Google não mantém o ritmo ordenhando um único produto. Ele se reinventou repetidamente – e seu mecanismo de busca, em específico – para acompanhar as mudanças nas preferências do consumidor, e seu sucesso pode ser atribuído à sua capacidade de fazê-lo.

O mecanismo de pesquisa do Google passou por muitas evoluções: começou como um site, mas depois que a Microsoft cortou sua distribuição no Internet Explorer, se reinventou como um navegador, o Chrome. Então, quando a navegação mudou do computador para o celular, o Google se reinventou, colocando a pesquisa no centro de um sistema operacional móvel, o Android. Agora, como as pessoas operam os dispositivos móveis por voz, o Google está reinventando a pesquisa com um assistente de voz.

A cada reinvenção, o Google transforma elementos de seu conjunto de produtos existente em uma nova oferta, exigindo intensa colaboração. O Google Assistente, por exemplo, torna a pesquisa no Google, Maps, Notícias, Fotos, Android, YouTube e mais em um produto coeso. Para criar esses produtos, o Google precisa funcionar perfeitamente entre grupos. E sua variedade de ferramentas de comunicação interna – tanto personalizadas quanto disponíveis ao público – torna essa colaboração possível.

Os funcionários do Google trabalham inteiramente no Google Drive, por exemplo, usando Documentos, Planilhas e Apresentações para escrever planos, fazer atas de reuniões, armazenar informações financeiras e fazer apresentações. Em toda a empresa, os arquivos no Drive são quase universalmente abertos, para que os funcionários do Google que trabalham entre grupos possam ler sobre os projetos em andamento e descobrir como eles evoluíram, para onde estão indo, como ganham dinheiro e quem está fazendo o que. Isso torna o Google transparente para uma empresa do seu tamanho, como nunca aconteceu.

"Em uma empresa tão grande, ter esse nível de acesso e transparência tornou superfácil fazer muita pesquisa por conta própria e ajuda a se conectar com as pessoas certas", me disse um ex-funcionário do Google. "Tudo estava disponível internamente. Era possível pesquisar todos os documentos corporativos."

Quando um funcionário do Google identifica alguém com quem deseja trabalhar, ele pode estudar e conectar-se com essa pessoa através da intranet do Google, a Moma. "Existe um diretório inteiro da empresa onde você pode visualizar a estrutura hierárquica de todos, e dentro dele pode ver a foto, o endereço de e-mail, acessar o calendário e reservar um horário na agenda de alguém", me contou o ex-funcionário do Google. "Essa foi a melhor parte, poder encontrar facilmente as pessoas certas quando estávamos tentando fazer coisas fora do âmbito do nosso trabalho diário."

Ao operar com um Drive aberto, o Google também gera colaboração dentro dos próprios documentos. Enquanto estava trabalhando em sua primeira apresentação no Apresentações (o PowerPoint do Google), Matt McGowan, ex-chefe de estratégia da companhia, assistiu com surpresa quando seus colegas entraram e começaram a adicionar informações de uma vez. McGowan inicialmente se afastou do laptop, com medo de adicionar mais alguma coisa. Mais tarde ele descobriu que sua equipe fez isso de propósito, como uma maneira de apresentá-lo à cultura do Google, e ele rapidamente a adotou. "Estou sentado em casa numa noite qualquer e tenho membros da minha equipe em todo o mundo pesquisando e adicionando informações", disse McGowan. "As coisas foram construídas muito rápido por causa disso."

Como os funcionários do Google trabalham no Drive, existe uma regra não escrita que proíbe anexar documentos aos e-mails, evitando que trabalhem em várias versões do mesmo documento ao mesmo tempo e depois inevitavelmente tenham que compará-las e ajustá-las. "Isso elimina o controle de versão", disse McGowan. "Pense no tempo que você economiza ao eliminar esses problemas." Quando você considera os recursos de pesquisa do Drive, que inteligentemente sugerem documentos com base em quando eles foram criados, com que frequência são acessados, seu relacionamento com a pessoa que os criou e outros sinais, essas ferramentas ajudam os funcionários do Google a se informar sobre o trabalho de seus colegas e contribuir com ele, com grande velocidade.

Os funcionários do Google também se conectam através de listas de distribuição de e-mail, como o "Céticos", usando-as para falar sobre tudo, desde projetos de trabalho a coisas com pouca aplicação aos negócios do Google. "Você pode participar de qualquer uma dessas listas – não me lembro de ter um moderador", me disse Jose Cong, ex-chefe de talentos do Google. "A maioria dos tópicos é o que você esperaria: pessoas discutindo ideias, pessoas pedindo ajuda sobre desafios tecnológicos, grupos de apoio. Havia um grupo de ciclistas que compartilhava dicas sobre como fazer passeios pelo campus. Quando saí, havia um documento em que as pessoas compartilhavam abertamente seus salários."

Essas listas ajudam informações e ideias a viajarem rapidamente dentro do Google. "Como as ferramentas estão lá, a digitalização existe, a conectividade existe, agora é muito mais fácil compartilhar opiniões que são compartilhadas há décadas", disse Cong. "Antes de acontecerem na hora do café, aconteciam no almoço. Nos dias de hoje, existe essa capacidade de não ser necessário fazê-lo na cafeteria, para ser de forma mais ampla."

A empresa também se reúne mensalmente para sessões de perguntas e respostas com sua liderança chamadas "TGIF". Essas sessões são realizadas no campus do Google, em Mountain View, dentro de uma grande cafeteria chamada Charlie's, e podem incluir uma atualização de Pichai, uma apresentação de outro executivo ou equipe e algumas perguntas.

TGIF também é uma tecnologia ativada. Funcionários do Google de todo o mundo podem assistir à transmissão dessas sessões pela intranet da empresa e fazer perguntas pelo Dory, uma ferramenta de perguntas e respostas on-line que recebeu esse nome em referência a uma personagem do desenho *Procurando Nemo* (um peixe que sofre de perda de memória e faz muitas perguntas). Dentro do Dory, os funcionários do Google votam nas perguntas que eles querem que sejam respondidas durante a sessão, e podem fazê-lo sem ver os outros votos, para não serem influenciados. A gerência normalmente responde às dez perguntas mais votadas. Quando visitei o campus do Google em fevereiro de 2019, vi a contagem de votos do Dory na casa dos milhares.

Por fim, o Google possui uma ferramenta própria de mídia social interna chamada Memegen, um site em que os funcionários postam memes em resposta a assuntos da empresa. Quando visitei o Google, vi memes elogiando Pichai por seu testemunho perante o Congresso, brincando sobre os critérios de promoção da empresa, entrando no humor de banheiro, lamentando a perda de um colega e pedindo desculpas por um e-mail que acidentalmente foi enviado a toda a empresa. (Quando Marissa Mayer deixou o Google para se tornar CEO do Yahoo!, a principal postagem do Memegen era uma foto dela acompanhada pelo texto: "Líder técnica experiente finalmente liderando uma organização sem fins lucrativos".)

"Foi lá que eu entendi o sentimento dos funcionários", me disse Cong. "Ao ver o que estão criando, você tem uma ideia das tendências."

As ferramentas de comunicação do Google são essenciais para o seu sucesso: reduzem o trabalho de execução necessário para acelerar um novo projeto e abrem espaço para novas ideias. Elas disparam as ideias pela empresa, provocando invenção e aprimoramento. Permitem a colaboração e sinalizam o que é esperado, removendo a burocracia e enfatizando a importância de trabalhar em conjunto com outros membros, em mentalidade de colmeia.

Essas ferramentas ajudaram o Google a reinventar o mecanismo de busca repetidamente nos últimos 15 anos. E, através de cada evolução, Sundar Pichai tem sido crítico.

O episódio da Barra de Ferramentas

Pichai ingressou no Google como gerente de produtos em 2004, em meio ao desenvolvimento de uma crise. Na época, aproximadamente 65% do tráfego de pesquisa do Google se originava do navegador Internet Explorer, da Microsoft, deixando a empresa bastante exposta. A Microsoft, ferozmente competitiva, provavelmente não enviaria bilhões de dólares em tráfego de busca para outra empresa para sempre, e a liderança do Google (sensatamente) temia que a Microsoft tentasse substituir o Google por um produto de pesquisa próprio.

Para se fortalecer contra o poder da Microsoft, o Google construiu uma série de produtos – incluindo a Barra de Ferramentas Google e o Google Desktop – que dariam às pessoas acesso à sua pesquisa fora das configurações padrão do Internet Explorer. A Barra de Ferramentas Google, por exemplo, coloca um grande campo de pesquisa no Google abaixo da barra de endereços do Internet Explorer, tornando o Google uma parte proeminente do navegador para quem a instalou.

Pichai, um engenheiro discreto e magro que cresceu no sul da Índia sem telefone ou refrigerador, assumiu a Barra de Ferramentas com uma diretiva clara: coloque-a nos computadores das pessoas. A experiência desencadeou sua ascensão ao topo da empresa.

Quando Pichai assumiu a Barra de Ferramentas Google, o produto ganhou tração entre alguns *early adopters**** que apreciavam o fácil acesso à pesquisa. (Até então, a melhor maneira de fazer buscas no Internet Explorer era clicar no botão "Pesquisar", que abria uma página de pesquisa.) Ela também bloqueava as janelas pop-up, conquistando mais adeptos. Mas, anos depois de seu lançamento, a Barra de Ferramentas não teve downloads suficientes para fortalecer o Google contra a Microsoft. Então Pichai começou a desenvolver parcerias para resolver o problema.

"A parte mais difícil de fazer alguém testar um novo software do Windows é obrigá-lo a fazer o download", disse Linus Upson, vice-presidente do Google que dividia um escritório com Pichai na época.

---

*   *Early adopters* são os que primeiro adotam uma ferramenta, mesmo que esta ainda não esteja totalmente funcional. [N. E.]

"Então, ele construiu relacionamentos com a Adobe, que possuía os produtos Windows mais baixados do planeta, o Flash e o Acrobat Reader. Quando você baixava o Flash ou o Reader, havia uma caixa de seleção que dizia: 'Deseja a Barra de Ferramentas Google?'. E ele fez isso com vários downloads populares na época. Ele criou um canal de distribuição."

Nas reuniões com a Adobe e outros, Pichai precisava descobrir como unir pessoas com interesses díspares, geralmente em negociações tensas, onde muito dinheiro mudava de mãos. O fato de o Google ter muito dinheiro à sua disposição, resultado de seu negócio de anúncios, ajudou. Por mais tentador que fosse mostrar o dinheiro e dizer aos parceiros do Google o que fazer, Pichai os ouvia, validando suas opiniões, e trabalhava em busca de soluções.

O comportamento de Pichai durante o episódio da Barra de Ferramentas previa a maneira como ele incentivaria a invenção enquanto subia na hierarquia do Google até o cargo de CEO. Bezos canaliza ideias até os tomadores de decisão por meio de memorandos de seis páginas. Zuckerberg cria um caminho direto para as ideias chegarem a ele através de sua cultura de feedback, garantindo que elas fluam para cima e para baixo. Pichai garante que as ideias fluam de um lado para o outro, quebrando barreiras entre grupos, estabelecendo objetivos (mas minimizando sua presença), e estimulando a colaboração.

"Sundar não é o tipo de pessoa que domina a conversa. Ele faz um bom trabalho em abrir espaço para que outras pessoas possam ser ouvidas", disse Upson. "Ele é muito atencioso, muito ponderado; ele é muito bom em ouvir outras pessoas."

À medida que a Barra de Ferramentas Google cresceu, a Microsoft dificultou a vida para o Google. "Havia um incêndio por semana contra o qual lutarmos. Os números caíam e, de repente, percebíamos que algo estava errado, e tínhamos que descobrir o que aconteceu", me disse Aseem Sood, um ex-gerente sênior de produtos do Google que trabalhava diretamente com Pichai. "Por fim, tivemos que envolver o

Departamento de Justiça, para garantir que a Microsoft soubesse que estávamos prestando atenção."

Dois anos depois de Pichai ter entrado no Google, a Microsoft lançou o IE7, uma atualização agourenta do Internet Explorer. Em alguns meses, a Microsoft mudou a pesquisa padrão no Internet Explorer do Google para o seu próprio Live Search, um antecessor do Bing, atingindo o Google em seu carro-chefe.

Os acordos de distribuição de Pichai salvaram a empresa de um cenário potencialmente catastrófico. Em seu primeiro teste no Google, ele levou a Barra de Ferramentas a centenas de milhões de usuários, gerando bilhões de dólares em receita e fortalecendo a companhia contra um ataque violento. Mas a guerra do Google com a Microsoft estava apenas começando.

O caminho para o Chrome

Pichai fez uma entrevista no Google, em 1º de abril de 2004, dia em que a empresa lançou o Gmail. O Google tinha um histórico de brincadeiras estranhas do Dia da Mentira, e Pichai não sabia ao certo se esse novo serviço de e-mail, cujo gigabyte de armazenamento gratuito excedia em muito o de outros serviços de e-mail na web, era real ou uma brincadeira. Ele passou a primeira bateria de entrevistas tentando entender.

"As pessoas ficavam me perguntando: o que você acha do Gmail? Eu não tinha tido a chance de usá-lo. Eu pensei que fosse uma pegadinha de Primeiro de Abril", disse Pichai em 2017. "Foi apenas na quarta entrevista que alguém me perguntou: 'Você viu o Gmail?' Eu disse que não, e então ele me mostrou. E, quando o quinto entrevistador perguntou: 'O que você acha do Gmail?', pude começar a responder."

O Gmail não era brincadeira. Foi o primeiro ponto no ataque do Google contra um elemento central dos negócios da Microsoft. A

Microsoft, na época, ganhava muito dinheiro vendendo o Office, um conjunto de programas de produtividade que incluía Outlook para e-mail e agenda, Word para processamento de texto e Excel para cálculos. Para usar essas ferramentas, você pagava para a Microsoft e as instalava no seu computador.

Começando com o Gmail, o Google lançou sua própria versão de todos os principais programas de produtividade da Microsoft – todos eles no navegador, que a liderança do Google acreditava, corretamente, que seria o futuro. Em março de 2006, o Google adquiriu a Upstartle, uma empresa cujo produto Writely se tornou o Documentos Google. Em abril de 2006, lançou o Google Agenda. E, em junho de 2006, lançou o Planilhas Google. Combinadas com o Gmail, essas ferramentas apresentaram um desafio para o Office, pondo a Microsoft em xeque.

O ataque do Google deixou a Microsoft com uma escolha interessante: ela poderia continuar a melhorar o Internet Explorer, seu navegador líder de mercado, que tornaria as ferramentas baseadas na web do Google mais rápidas e colocaria em risco o Microsoft Office. Ou poderia arrastar o IE, esperando manter o primeiro lugar enquanto segurava o Google (e a web). A Microsoft escolheu a última.

"A Microsoft estava motivada a fazer com que o Internet Explorer fosse bom o suficiente para manter a primeira posição, mas não o bastante para tornar os aplicativos da web, como o Gmail, experiências melhores do que ferramentas como o Outlook", me disse Chee Chew, ex-gerente-geral da Microsoft que mudou-se para o Google em 2007. "A Microsoft, na época, parou de financiar a equipe do Internet Explorer. Levando a equipe ao modo de manutenção essencial."

Com a Microsoft retardando o Internet Explorer, o navegador ficou lento e pesado. Isso não foi bem recebido pela liderança do Google, que viu a Microsoft atacando seus negócios de busca e prejudicando suas ferramentas de produtividade. O fato de a Microsoft ter realizado esse ataque com um navegador com mau funcionamento a tornou suscetível a questionamentos.

O Google inicialmente investiu pesado no Mozilla Firefox, o principal concorrente do Internet Explorer. Mas, em um determinado momento, a empresa decidiu que seu navegador ideal precisava ser construído do zero e que o Google deveria fazê-lo.

"Do ponto de vista puramente técnico, chegamos à conclusão de que queríamos começar com uma folha em branco, simplesmente jogar todo o legado fora", me disse Upson. "Há momentos em que é melhor começar do zero."

Assim, o Google embarcou em um projeto para construir um novo navegador com um objetivo claro: acelerar a internet. Se esse navegador se popularizasse, daria aos aplicativos baseados em web do Google uma chance muito maior de obter sucesso. Também reinventaria a maneira como o Google fornecia pesquisa. Em vez de ter que baixar a Barra de Ferramentas Google ou entrar na página Google.com, as pessoas podiam digitar suas consultas diretamente na barra de endereços do navegador, liberando o Google dos caprichos de seu concorrente.

O Google nomeou o navegador Chrome, uma referência direta ao seu objetivo de minimizar o "cromo" do navegador, um termo para qualquer coisa que não seja onde a navegação ocorre, como a barra de endereços, as guias, os botões e os dispositivos. Para comandar essa iniciativa, a liderança do Google novamente chamou Pichai.

Com base na sua empreitada bem-sucedida com a Barra de Ferramentas, Pichai adotou uma abordagem não convencional no comando do Chrome. Para promover a colaboração, ele criou uma organização descentralizada que operava com o espírito de um projeto de código aberto. A equipe de Pichai inventou o Chrome de maneira semelhante à apresentação de McGowan no Apresentações Google, um esforço colaborativo com tomada de decisões fracamente centralizada. Pichai deu aos grupos que trabalhavam no Chrome uma diretiva para tornar o navegador rápido, simples e seguro e, em seguida, deu a eles ampla margem de manobra para incorporar coisas ao produto.

"Sundar não era o porteiro. Não era preciso ir ao Sundar", disse Chew, que trabalhou nas versões 1 a 44 do Chrome. "Para a grande maioria das coisas que fizemos no Chrome, não conversamos com ele. Não precisamos ser aprovados por Sundar. Ele e Linus [Upson] criaram na organização uma cultura em que as pessoas eram profundamente empoderadas."

Os membros da equipe ainda consultavam Pichai, que os aconselhava sobre o que seria melhor para o projeto. Mas quando eu pressionei Chew sobre quem tomava as decisões finais para levar as coisas adiante, ele me disse que não havia essa pessoa. "Você precisa se afastar da maneira canônica como as empresas operam", ele me disse. "Suspender a descrença, suspender tudo o que você sabe, provavelmente ajuda mais do que tentar encaixar na estrutura do que você conhece."

Em seu trabalho no Chrome, Pichai levou a cultura de roda livre criada pelos fundadores do Google, Larry Page e Sergey Brin, ao seu fim natural. Ele empurrou seu poder para a base, dando à equipe a chance de tomar suas próprias decisões sobre como deveriam construir. Em vez de se inserir como gargalo, ele saiu do caminho e deixou sua equipe trabalhar. As pessoas que trabalhavam com Pichai o recompensaram com algumas boas ideias. O Chrome executava cada guia como se fosse um programa separado; portanto, se uma guia "quebrar", o navegador inteiro não trava, como costumava acontecer entre os concorrentes do Chrome. O Chrome também reuniu pesquisa e navegação na web em uma única barra de endereços, simplificando uma experiência tradicionalmente mantida em dois campos separados. E o navegador rodava rápido, como pretendido.

O estilo de desenvolvimento de código aberto do Chrome funcionou tão bem que o Google decidiu abrir seu código ao público após o lançamento, por meio de uma versão do desenvolvedor do navegador chamada Chromium. "Nossa intenção aqui é ajudar a impulsionar toda a plataforma da web", disse Pichai ao apresentar o Chrome em 2008. "À medida que a web melhora, há um benefício estratégico direto para o Google. Vivemos na web. Criamos serviços na web. Se a web melhorar, mais pessoas vão usá-la, e o Google se beneficia disso."

Quando o Chrome estreou, Pichai precisou vendê-lo para duas entidades: o público e seus colegas, muitos dos quais haviam investido esforços significativos no desenvolvimento do Firefox. O Google havia investido na Mozilla, a organização sem fins lucrativos que construiu o Firefox, em um acordo que fez do Google o mecanismo de pesquisa padrão do navegador. "Competir com o Firefox era algo que nenhum de nós queria fazer", Upson me contou.

Pichai conquistou seus colegas não forçando seu produto de forma bruta, mas deixando que eles descobrissem por si mesmos. Ele nunca ordenou que os funcionários do Google usassem o Chrome. "Foi: 'Podemos conquistar nossos funcionários apenas pelos méritos do próprio produto?'", disse Upson. "Ainda hoje, você não vê todos usando o Chrome no Google. Você ainda vê pessoas usando o Firefox."

Essa abordagem suave levou Pichai a ganhar a confiança das divisões e dos fundadores do Google. "Sundar era muito bom em administrar aquela sala", disse Sood, que assistiu às apresentações de Pichai para Page e Brin. "Não de maneira manipuladora. Ele é muito genuíno, muito empático, ele realmente não se deixa dominar pelo ego, ele não vem com suas próprias ideias. Ele é muito bom em comandar essa multidão."

A estreia do Chrome foi promissora, mas não esmagadora. O navegador conquistou os *early adopters*, mas precisou lutar contra as forças de inércia que mantinham o Internet Explorer forte. Para empurrar a adoção do Chrome para um ponto importante, Pichai utilizou os canais de distribuição que havia construído com a Barra de Ferramentas Google, levou a liderança do Google a se comprometer com um orçamento enorme de anúncios e, então, o Chrome decolou.

"O mito é que construímos este navegador, foi ótimo, todo mundo usou", disse Upson. "Mas a realidade é que obtivemos as primeiras dezenas de milhões de usuários que eram entusiastas, mas cruzar essa curva para centenas de milhões de usuários – foram os canais de distribuição que ele criou com a Barra de Ferramentas Google e que mais tarde usamos para o Chrome nos levaram para centenas de milhões de usuários e, em seguida, o crescimento orgânico decolou."

O Chrome estreou em 2008. Em 2009, tinha 38 milhões de usuários ativos. Em 2010, mais de 100 milhões. E, hoje, mais de um bilhão de pessoas usam o navegador. Enquanto isso, a Microsoft parou de desenvolver o Internet Explorer.

A mudança

Assim que o Chrome colocou o Google em pé, o terreno sob a empresa começou a mudar novamente, dessa vez com o potencial de fazer com que a ameaça do Internet Explorer da Microsoft parecesse algo menor.

Conforme o Google construía o Chrome, os avanços na conectividade e na tecnologia de processamento tornaram possível reduzir os computadores ao tamanho da palma da mão, dando origem à era dos smartphones. O iPhone e uma variedade de dispositivos Android (o sistema operacional de propriedade do Google) substituíram os telefones flip em milhões de bolsos. E o navegador da web, projetado para uso com mouse e teclado, não funcionava bem em dispositivos móveis, cujas telas pequenas eram pouco adequadas para navegação de fluxo livre, e então as pessoas começaram a acessar a internet por meio de aplicativos.

Quanto mais tempo as pessoas passavam dentro de aplicativos, menos importante ficava a pesquisa do Google. Em vez de pesquisar no Google os restaurantes na sua área, você usaria o aplicativo Yelp. Em vez de procurar voos e hotéis, você usaria o Kayak. Em vez de procurar notícias e informações, você recebia tudo pelo Facebook e pelo Twitter. A pesquisa do Google foi criada para filtrar o número ilimitado de páginas da web e mostrar exatamente o que você queria com a orientação de algumas palavras-chave. No celular, sua razão de ser não ficava imediatamente aparente.

Outro avanço tecnológico significativo surgiu mais ou menos na mesma época. Após anos de dificuldades, os pesquisadores de inteligência artificial começaram a fazer grandes progressos graças aos mesmos avanços de processamento e conectividade que levaram ao surgimento dos smartphones, o que também gerou a grande quantidade de dados necessários para testar seus modelos.

"Nós, como setor, finalmente obtivemos poder computacional suficiente para realmente fazer essas coisas funcionarem em problemas reais", disse Jeff Dean, um membro sênior do Google e chefe do grupo de pesquisa em inteligência artificial da empresa, o Google Brain.

O Google (junto com o setor de tecnologia como um todo) começou a investir pesadamente em IA depois de ver resultados promissores. E a empresa, que nunca teve vergonha de apostar em pesquisas sem resultados claros para os negócios, dedicou recursos significativos ao estudo das três principais disciplinas de IA: visão computacional, reconhecimento de voz e entendimento da linguagem natural. "Desses três importantes domínios diferentes – linguagem, visão e fala –, ficou claro que havia algo real lá", me disse Dean. "Começamos a ver mais e mais resultados, e, se aumentássemos o tamanho do modelo e usássemos mais dados de treinamento, obteríamos resultados cada vez melhores."

Os computadores ainda não são tão inteligentes quanto os humanos, mas esses avanços os ajudaram a interagir com o mundo da forma como os humanos fazem. Com a IA, os computadores passaram de telas bidimensionais brilhantes para coisas que podiam ver, ouvir, processar a linguagem natural e responder. E, em novembro de 2014, a fábrica de invenções de Jeff Bezos reuniu tudo isso, lançando o Amazon Echo e seu assistente digital incorporado, Alexa.

Em Mountain View, a liderança do Google observava.

A divisão

Em 10 de agosto de 2015, Larry Page fez uma postagem chocante no blog da empresa. O Google, uma das marcas mais reconhecidas do mundo, passaria a ser conhecido como Alphabet. E a Alphabet seria composta por uma coleção de empresas, incluindo Calico (um projeto antienvelhecimento do Google), Life Sciences (um grupo de pesquisa em saúde do Google agora chamado Verily) e um recém-refinado e renascido Google.

Desde a sua fundação, o Google investe rotineiramente em projetos que não ajudam em sua missão de "organizar as informações do mundo e torná-las universalmente acessíveis e úteis". A missão é direta para uma empresa de pesquisa. Mas a curiosidade sem limites dos cofundadores do Google e de seus funcionários iconoclastas o levou a várias direções ao longo dos anos, a ponto de se tornar uma mistura incômoda de projetos científicos e capitalismo.

Com a Alphabet, os fundadores voltariam a atenção do Google à sua missão original e dividiriam os projetos científicos em suas próprias empresas, sob o guarda-chuva mais amplo da Alphabet. Nesta nova organização, Page e Brin assumiriam as funções de CEO e presidente, e Pichai, que estava executando todos os produtos da empresa menos o YouTube até então, assumiria o controle do Google.[*]

"Essa nova estrutura nos permitirá manter um foco tremendo nas oportunidades extraordinárias que temos dentro do Google. Uma parte importante disso é Sundar Pichai", escreveu Page no post. "Está claro para nós e nosso conselho que é hora de Sundar ser CEO do Google."

A reestruturação da Alphabet confundiu muitas pessoas fora do Google, mas as motivações eram claras lá dentro: na época, a web móvel estava ficando cada vez menos relevante, tornando a pesquisa tra-

---

[*] Page e Brin deixariam seus cargos na Alphabet em 2019, entregando toda a empresa a Pichai.

dicional menos útil. Até 2017, os aplicativos representariam 89,2% de todo o tempo gasto na internet móvel nos Estados Unidos, deixando apenas 10,8% para a utilização em qualquer navegador, segundo o eMarketer. Enquanto isso, o Amazon Echo, um dispositivo do qual muitos riram no começo, começou a responder perguntas de pessoas que cresceram tendo Alexa como uma amiga. Responder a perguntas era responsabilidade do Google, e a Amazon estava se intrometendo.

Ficar parado nesse momento não era uma opção para o Google. Era preciso se reinventar novamente para permanecer relevante, pois a computação por voz e os aplicativos móveis transformaram a maneira como as pessoas interagiam com a internet. A reorganização da Alphabet preparou o cenário para uma grande aposta, que poderia ser feita sem distração.

Respostas da IA

Assim que Pichai assumiu o Google, ele instruiu seus funcionários a adotar uma mentalidade de "IA em primeiro lugar", incentivando-os a incorporar a inteligência artificial em seus produtos a cada oportunidade. "Ele queria estimular toda a comunidade de engenharia e produtos do Google a dizer: 'Ei, algo real está acontecendo aqui; devemos prestar atenção'", Dean me disse. "Isso mudou o pensamento de algumas das equipes que ainda não estavam pensando assim."

A cultura colaborativa do Google ajudou a diretiva de Pichai a se firmar rapidamente. Quando o time de Dean construía tecnologia de IA para uma equipe, a notícia se espalhava rapidamente, levando ao aumento da demanda de outras equipes pela tecnologia, e novos aplicativos logo apareciam.

Quando a equipe do Google Tradutor, por exemplo, usou um modelo de IA para prever como uma sentença em um idioma poderia parecer se você a escrevesse em outro, outras equipes observaram. A equipe do Gmail acabou usando o mesmo modelo para criar o Resposta inteligente, um recurso que sugere frases curtas geradas pela IA como resposta para um e-mail recebido.

À medida que a adoção da IA decolava dentro do Google, os produtos da empresa se tornavam mais inteligentes, mais conscientes uns dos outros e mais capazes de entender as pessoas que interagiam com eles. O Google Fotos começou a identificar gestos, como abraços, e permitir que as pessoas pesquisassem fotos com eles. O Gmail começou a compartilhar detalhes de confirmação de voo com o Google Agenda, que os marcava automaticamente. E a pesquisa por voz do Google se tornou proficiente em responder perguntas feitas em linguagem natural, em oposição às palavras-chave digitadas.

À medida que esses desenvolvimentos se intensificaram, a imaginação dos funcionários do Google ganhou asas. Um grupo em Zurique começou a trabalhar maneiras de tornar a pesquisa mais conversacional, outros grupos começaram a pensar em como tornar o Google mais pessoal e útil, e a atenção da divisão de hardware se voltou para as caixas de som.

A empresa estava progredindo em direção a algo, mas ainda não se encaixava.

A grande reinvenção

No início de fevereiro de 2016, Sundar Pichai subiu ao palco no café Charlie's, em Mountain View, com um sorriso. Um brincalhão Sergey Brin havia acabado de dizer à empresa que Pichai apresentaria a estratégia do Google para 2016 como uma dança interpretativa, dando início ao primeiro discurso anual do novo CEO com uma frase que fez todo mundo na cafeteria lotada cair na risada.

A performance de dança prometida teria entusiasmado a multidão, mas Pichai adotou uma abordagem mais confortável. Inclinando-se ao lado de um púlpito, ele fez suas observações da maneira típica, com a cadência calculada de um professor.

Ele começou com um rápido resumo de onde o Google estava. Mais de 50% de suas buscas eram feitas em dispositivos móveis, disse ele, muitas delas por voz. A pesquisa ainda era relevante no celular, mas não da mesma forma que o Google a imaginava para computadores. Pichai então mostrou um slide exibindo os logotipos dos produtos do Google de um lado com o símbolo chave conectando-os à palavra *Assistente.*

Pichai disse que a empresa passaria o ano trabalhando unida para construir um assistente digital que conectasse os principais produtos do Google. Esse assistente transformaria a experiência das pessoas com o Google em uma conversa personalizada. Eles poderiam, com suas vozes, perguntar quanto tempo levariam para chegar ao trabalho (via Maps), quando chegaria a entrega da Amazon (Gmail) e quando seria a próxima reunião (Agenda). Eles poderiam pedir para ver vídeos engraçados (YouTube), fotos de suas férias (Google Fotos) e atualizações sobre as últimas notícias (Google Notícias). E poderiam pedir para pesquisar na web.

O Assistente seria a resposta do Google à natureza mutável da internet. Isso daria à empresa uma resposta à Alexa – que ocuparia 72% de todas caixas de som inteligentes até o final do ano, segundo o eMarketer – e à menos impressionante Siri, da Apple. O Google Assistente teria a chance de superar esses concorrentes graças a serviços como Maps e Gmail, que já estavam enredados no dia a dia das pessoas. O Assistente faria com que as pessoas se acostumassem a falar com o Google, tornando natural perguntar coisas que digitariam em uma barra de pesquisa. E o Assistente conectaria pessoas com aplicativos, desenvolvidos pelo Google e por outros, dando à empresa a chance de continuar organizando as informações do mundo e tornando-as úteis, independentemente da forma de navegação.

O Assistente foi uma grande reinvenção que exigiu um enorme trabalho colaborativo. Para que o produto atinja seu potencial, uma variedade de equipes de produtos do Google – Mapas, Gmail, Agenda,

Fotos, Pesquisa, YouTube e muito mais – precisaria unir seus serviços, trabalhando de maneira multifuncional de um jeito sem precedentes, mesmo para eles. A tecnologia de inteligência artificial do Google sustentaria tudo, possibilitando que as pessoas falassem com esses produtos, e que eles respondessem de volta.

Depois de apresentar o conceito de assistente, Pichai deixou claro que esperava que toda a empresa contribuísse. "Se você está procurando a principal prioridade deste ano, eu diria que é isso", disse ele.

Quando o projeto do Assistente começou, não foi exatamente sem problemas. "O Assistente seguiu o caminho de muitas de nossas colaborações dentro da empresa, no sentido de que, no início, foi bastante caótico e um pouco doloroso", me disse Jen Fitzpatrick, vice-presidente sênior do Maps. "Nem todos pensavam da mesma maneira em termos de quem estava fazendo o quê, ou exatamente quais eram as prioridades em um determinado momento."

Para superar o caos inicial, Pichai removeu obstáculos que impediam o fluxo de ideias entre grupos e divisões. Ele reuniu as equipes do Assistente, às vezes em reuniões de 25 pessoas ou mais, ajudando-as a entrar em acordo sobre o que estavam construindo, quem construiria o que e também o que deveria ser priorizado.

Quando todos concordaram, Pichai aplicou ao Google de maneira mais ampla a abordagem que tinha adotado com o Chrome: com uma estrutura clara, deu um passo atrás e deixou a empresa inventar toda junta.

"Tivemos que ir além de uma única ideia de Sundar e realmente começar a atrair a sabedoria coletiva de um grupo maior de pessoas para dizer: 'Como vamos levar essa ideia ampla e transformá-la em algo muito mais concreto, muito mais específico?'", disse Fitzpatrick. "É realmente quando você entra em uma colaboração mais ampla dentro da empresa."

Esse estilo de invenção foi um desvio do último grande projeto do Google, o Google+, que adotou uma abordagem mais centralizada e falhou. "Em vez de uma equipe do Assistente voltar e dizer: 'Ei, é isso que queremos, queremos que todos vocês façam A, B e C', foi necessário fazer essa inovação de baixo para cima em todas as equipes e dar a ela um rótulo", me disse Shiva Rajaraman, ex-executivo de gerenciamento de produtos do Google. "Esse é o segredo da colaboração no Google. Quando essas equipes se reúnem e podem ampliar o que fazem porque a atenção da empresa está nisso, funciona muito bem."

A partir daí, as coisas mudaram rapidamente. As ferramentas de comunicação do Google aceleraram o desenvolvimento do Assistente, ajudando as várias equipes do projeto a encontrar novas oportunidades, encontrar as pessoas certas para trabalhar e manterem-se atualizadas. "Não escondemos as coisas uns dos outros", me disse Nick Fox, vice-presidente encarregado do Assistente. "Não era segredo o que estava acontecendo com o Assistente. Era bem conhecido e bem entendido, para que as pessoas pudessem entender como se encaixar melhor."

Enquanto as equipes trabalhavam para ajustar seus serviços, elas também abordaram algumas questões novas sobre o próprio Assistente. Discutiram se ele deveria ter um rosto, se deveria ser chamado de Assistente Google ou de outra coisa (Lucky era uma opção) e se deveria ser engraçado. Também discutiram como deveria responder a tópicos delicados, entendendo que uma criança poderia estar ouvindo as perguntas de um adulto, necessitando de mais discrição do que seria usada em uma tela.

Havia mais um obstáculo no processo: uma caixa de som inteligente. Para que as pessoas mantivessem uma conversa em andamento com o Google, precisariam falar com ele onde quer que estivessem, inclusive longe do telefone. Então, a equipe adicionou uma caixa de som com o Assistente incorporado. Ela se chamaria Google Home.

O Home era um possível campo minado para o projeto Assistente. Os hardwares geralmente são produzidos com um certo nível de planejamento de cima para baixo. Quando você está no limite para fazer o pedido de um determinado número de peças para um produzir uma certa quantidade de produtos próximo de uma temporada de feriados, não há muito espaço para ouvir tantas ideias sobre como fazê-lo. Por esse motivo, as operações de hardware costumam ser hierárquicas.

O Home não seria como outros produtos de hardware, no entanto. Seria simplesmente um dispositivo de entrega para o Assistente. A qualidade da caixa de som era importante, mas o verdadeiro atrativo era a voz interna, que poderia captar as informações do mundo e dizer exatamente o que você queria saber, quando quisesse. A equipe do Home, portanto, não podia deixar uma mentalidade rígida de planejamento se espalhar pelo resto de sua operação. Teria que chegar à mesa e colaborar, mesmo que não fosse uma prática padrão na disciplina.

"Sem dúvida, existe uma linearidade no hardware necessária para a entrega de um produto, mas isso apenas define o seu timing", disse Rick Osterloh, vice-presidente sênior de hardware do Google. "Certamente para o Google, o modelo certo não é um ciclo de desenvolvimento de produto orientado de cima para baixo."

Osterloh, um veterano da Motorola, disse que a abordagem era diferente de qualquer outro lugar em que ele havia trabalhado, e um veterano de hardware tradicional que entra no Google não a reconhece. "Eles provavelmente teriam muita dificuldade com isso", disse ele. "Quase todos os outros lugares que fabricam hardware, como a Motorola, são muito hierárquicos, orientados de cima para baixo. Seu modelo de negócios depende completamente da previsibilidade. É muito importante que as pessoas respondam quando a direção é definida."

A vida no Google é diferente para Osterloh, que me disse que pessoas de outros grupos costumam lhe enviar e-mails com ideias, com pouca consideração pela cadeia de comando. "Gosto muito que alguém dedique um tempo para refletir sobre um produto a ponto de deixá-lo melhor", disse ele. "Aqui, há uma grande ideia e você está tentando criar os melhores produtos possíveis a partir de várias tecnologias e conceitos interessantes que as pessoas criam."

Depois de trabalhar no Assistente durante o inverno, o Google organizou sua conferência anual do Google I/O, que ocorre no Shoreline Amphitheatre de Mountain View, um local de shows. No início da manhã de 18 de maio de 2016, milhares de desenvolvedores, jornalistas e membros do público entraram no anfiteatro, instalando-se em sua área de convivência e gramado. Sentei-me no meio deles. Era um dia bonito e claro, que cheirava a café, grama recém-cortada e protetor solar.

Depois de um vídeo inicial, Pichai subiu ao palco e imediatamente fez o grande anúncio do dia. "Estamos desenvolvendo a pesquisa para ser muito mais assistencial", disse ele, apresentando o Google Assistente. Ele então mostrou duas *demos*, uma na qual alguém pede ingressos de cinema com o Assistente, outra na qual as pessoas pedem comida. De maneira reveladora, ambas as ações seriam realizadas em aplicativos para dispositivos móveis, cortando completamente o Google.

Pichai seguiu com o anúncio mais impressionante do dia: o Google Home. O dispositivo, uma caixa de som sem tela, não era muito para se olhar. Mas, quando o Google iniciou um vídeo promocional, sentei na cadeira. O vídeo mostrava o Home tocando música, atualizando o status de um voo, alterando uma reserva de jantar, enviando uma mensagem de texto, traduzindo do espanhol para inglês, compartilhando o status de entrega de pacotes, respondendo perguntas sobre o espaço, lendo eventos em um calendário, encontrando rotas para aeroporto e apagando as luzes ao ouvir a palavra adeus.

O vídeo era um tanto ambicioso, mas o Home era um produto real, com uma trajetória clara: essas ações, ainda realizadas principalmente nas telas, estão a caminho de serem realizadas via fala. Com a tecnologia de inteligência artificial melhorando constantemente, esse foi o primeiro passo do Google para um mundo em que uma voz no céu nos acompanhará enquanto trabalhamos, dirigimos e conduzimos nosso dia a dia. Falar com isso será tão natural quanto conversar com um ser humano. É a próxima iteração de pesquisa e, potencialmente, muito mais.

O projeto Assistente foi exclusivamente do Google. Foi uma colaboração entre um grande número de grupos de produtos, impulsionado pela inteligência artificial, e desenvolvido com a assistência das ferramentas de comunicação da empresa. O resultado foi o produto que pode manter o Google relevante por algum tempo.

Revolta

No final do outono de 2017, um grupo de funcionários do Google começou a discutir um raro projeto secreto em andamento dentro da empresa. Eles descobriram que o Google estava licenciando sua tecnologia de IA para o Pentágono, que a estava usando para decifrar imagens feitas por drones.

O potencial de o Pentágono definir seus alvos de ataques via drone com a tecnologia do Google perturbou o grupo, e eles levaram suas preocupações à liderança. À medida que essas conversas progrediam, Liz Fong-Jones, engenheira de confiabilidade do site do Google, ficou sabendo do projeto e postou sobre ele internamente, via Google+. A força de trabalho do Google, que não costumava ficar alheia aos fatos, desenterrou a documentação do projeto, juntamente com parte de seu código, revelando seu escopo. O projeto, que o Pentágono chamou de Maven, valia milhões de dólares, com potencial para gerar muito mais se os militares gostassem de seus resultados.

A notícia da existência de Maven não foi muito bem vista dentro Google. A base de funcionários majoritariamente liberal da empresa já estava chateada com o recente patrocínio à Conferência de Ação Política Conservadora (CPAC). Agora, descobriram que estavam trabalhando em algo que poderia acabar sendo usado para matar pessoas – e de forma discreta, o que piorava a situação.

"Chegou neste momento dizendo 'Ah, cara, tem outra coisa que o Google está fazendo que está deixando as pessoas descontentes'", me disse Tyler Breisacher, um ex-funcionário do Google que se opôs ao Maven. "O segredo disso irritou muito as pessoas."

No inverno, cada vez mais frustrados, os funcionários do Google escreveram uma carta de protesto dirigida a Pichai. "Caro Sundar", dizia. "Acreditamos que o Google não deve entrar no negócio da guerra. Por isso, pedimos que o Projeto Maven seja cancelado."

A carta se espalhou rapidamente por meio das ferramentas de comunicação interna do Google, e mil pessoas a assinaram em um dia. Jeff Dean, que assinou uma carta internacional contra o uso da IA em guerra autônoma, não pareceu surpreso. "Muitos pesquisadores de aprendizado de máquina têm opiniões fortes sobre em que tipos de coisas eles querem que seu trabalho de pesquisa seja usado. Muitos deles não querem ver armas autônomas desenvolvidas", disse ele. "Eles acham que é uma direção bastante perigosa para o mundo."

Diane Greene, então chefe do Google Cloud, divisão que intermediou o acordo, falou sobre a carta na sessão mensal de perguntas e respostas com a liderança subsequente, com comentários que pareciam despreparados. E, quando chegou a hora das perguntas, os funcionários do Google dispararam. "Ei, eu saí do Departamento de Defesa para não precisar trabalhar com esse tipo de coisa", disse um colaborador, de acordo com um colega de trabalho que descreveu a reunião para a revista *Jacobin*. "Que tipo de voz temos além dessas perguntas e respostas para explicar por que esse projeto não é legal?"

As coisas começaram a ficar pesadas a partir daí. Os memes anti-Maven encheram o Memegen, outros milhares assinaram a carta de protesto, e cerca de uma dúzia de funcionários do Google pediu demissão. Então, alguém vazou a carta para o *New York Times*, e outro vazamento colocou citações condenatórias de e-mails enviados por Fei-Fei Li, principal cientista de inteligência artificial do Google Cloud, na capa do *Times*. "Evite A TODO CUSTO qualquer menção ou implicação da IA", Li escreveu em um e-mail discutindo o posicionamento de Maven. "A IA armada é provavelmente um dos tópicos mais sensíveis da IA – se não o mais. É um prato cheio para a mídia encontrar todas as maneiras de prejudicar o Google."

Observando a crescente agitação – impulsionada pela cultura colaborativa do Google e suas ferramentas de comunicação –, Pichai ouviu mais uma vez. O Google, na época, estava trabalhando em uma estrutura para dirigir a maneira como desenvolvia IA. Quando os funcionários expressaram suas preocupações sobre Maven, Pichai os trouxe para o processo. Ele queria suas opiniões não apenas sobre como a empresa deveria abordar o uso de IA em guerras, mas também em outras situações éticas complicadas.

"Foi sugestão dele que recebêssemos muitas informações", disse Kent Walker, vice-presidente sênior de assuntos globais e diretor jurídico do Google. "Ele queria ter certeza de que havia informações generalizadas de pessoas de dentro do Google sobre a maneira como pensamos sobre isso."

O Google realizou uma série de reuniões em seus escritórios globais. Os encontros abordaram questões relacionadas à transparência (quão transparente deve ser a tecnologia de IA médica?). Quando os seres humanos devem estar em sintonia com o momento em que as máquinas operam de forma autônoma e se é aceitável o desenvolvimento de tecnologia que prejudique as pessoas.

"Estávamos dizendo basicamente que essas são áreas bastante complicadas. É uma tecnologia nova e em rápida evolução. Queremos ter cuidado, ponderar sobre como nos envolvemos e que tipo de fatores analisamos antes de fazer qualquer coisa", disse Walker. "O fato de as pessoas se concentrarem em uma questão específica é um estímulo para garantir que você esteja certo, para garantir que você esteja ouvindo todos. Mas fundamentalmente estamos aqui para o longo prazo. Queremos ter certeza de que estamos estabelecendo a base certa para o trabalho que todos na empresa estarão fazendo nos próximos anos."

Centenas de funcionários compareceram a cada reunião e houve uma série de discussões animadas. "Eu realmente gostei disso", disse Breisacher, que acabou por desistir devido a ressalvas sobre a direção da empresa. "Fui a uma na minha última semana lá. Eu pensei: 'Bem, eu já apresentei minha demissão; isso não vai me fazer mudar de ideia. Mas fiquei impressionado por ter sido uma discussão muito boa, falando de maneira sutil sobre as questões que foram levantadas."

Walker e sua equipe pegaram as opiniões apresentadas nessas conversas, as reuniram em conjuntos similares e as apresentaram para a liderança em inteligência artificial do Google e para aqueles que levantaram preocupações. Depois as levaram até Pichai, que deu seu feedback, e as refinaram até que ele estivesse confortável o suficiente para compartilhá-las.

Em 7 de junho de 2018, Pichai lançou os Princípios da IA, a estrutura na qual a empresa estava trabalhando. Os Princípios da IA continham objetivos dignos, mas incontroversos, como "Seja socialmente benéfico", "Evite criar ou reforçar preconceitos injustos" e "Seja responsável perante as pessoas". Mas o Google também listou as aplicações de IA que ele não adotaria, incluindo "Tecnologias que causam ou têm potencial de causar danos gerais" e "Armas ou outras tecnologias cujo principal objetivo ou implementação é causar diretamente ou facilitar ferimentos às pessoas".

A conversa parecia um pouco mole para os críticos mais ferozes do Google. E não está claro como a empresa interpretará suas próprias palavras com o tempo (o que, por exemplo, "dano geral" significa?). Mas a revolta contra o Maven, que usou o poder das ferramentas de colaboração do Google para registrar descontentamento com a gestão, ressoou. O Google disse que não renovaria seu contrato com o Pentágono.

O episódio do Maven não foi a primeira instância de dissidência no Google. Os funcionários da empresa registram regularmente suas objeções. Mas ele indicou que as ferramentas de comunicação do Google poderiam ser usadas com muito mais força a serviço de protestos do que antes. E, com certeza, algo muito maior estava chegando.

Êxodo

Alguns meses após os protestos contra o Maven, cerca de 20 mil funcionários do Google abandonaram seus postos de trabalho em todo o mundo. O Walkout, como agora é conhecido, ocorreu uma semana depois de um artigo de outubro de 2018 do *New York Times*, que relatou que a empresa pagou 90 milhões de dólares ao fundador do Android, Andy Rubin, após sua saída do Google por acusações de assédio sexual. O artigo relatou ainda que o Google havia protegido outros acusados de comportamento semelhante.

Se Maven poderia ser considerado uma aberração, um raro momento em que um funcionário do Google discordou de movimentos políticos mais amplos e se manifestou em público, o Walkout deixou claro que a empresa estava entrando em novo território. As ferramentas de comunicação que permitiram à força de trabalho do Google inventar produtos inovadores agora mostravam um outro lado. Onde essas ferramentas existem há bastante tempo, movimentos dissidentes descentralizados e polarização ocorrem. Agora, o Google estava vendo essas forças com seus olhos.

O Walkout começou muito parecido com os movimentos de protesto "em rede" Tahrir Square, Occupy Wall Street e Marcha das Mulheres: com uma enxurrada de atividades de mídia social de elementos até então desconhecidos. Embora o alvo dessa vez fosse uma empresa, não um ditador ou um sistema político quebrado, a história de origem compartilha muitas das mesmas características.

Quando a matéria do *New York Times* surgiu, muitos no Google ficaram furiosos. Rubin, enquanto mantinha um relacionamento extraconjugal com uma colega de trabalho, a obrigara a praticar sexo oral nele, de acordo com um acusador. Rubin, que negou a acusação, deixou a empresa com "o adeus de um herói", o *Times* disse, com um pagamento polpudo e uma nota pública de Larry Page desejando-lhe felicidades. "Quero desejar a Andy tudo de melhor no futuro", escreveu Page. "Com o Android, ele criou algo verdadeiramente notável – com mais de um bilhão de usuários felizes."

Ao ler a história, Claire Stapleton, gerente de marketing de produtos do YouTube, ficou chocada. Para ela, a surpresa não foi apenas o fato de ter acontecido, mas de ter acontecido dentro do Google. "Justaposto a uma cultura que aspira a ser melhor, fiquei chocada", ela me disse.

Ao longo do dia, Stapleton acompanhou a reação em uma lista interna de mães do Google, onde suas colegas compartilharam anonimamente suas histórias de assédio, falhas no processo de denúncia no RH e discriminação. E, depois de ler essas mensagens ao longo do dia, ela decidiu agir.

Stapleton contou para a revista *New York* que lançou a ideia de ação em massa em um e-mail para o grupo de mães. "Gostaria de saber como podemos usar nossa alavancagem coletiva… Se nos uníssemos, o que poderíamos fazer?", ela escreveu. "Uma paralisação, uma greve, uma carta aberta a Sundar? As mulheres (e aliadas) do Google estão REALMENTE cheias de raiva agora, e me pergunto como podemos aproveitar isso para forçar uma mudança real."

No dia seguinte, Stapleton criou um novo grupo, Women's Walk, destinado a coordenar a ação coletiva, e o compartilhou com o grupo de mães. "Eu soube imediatamente que tínhamos razão, porque, quando as pessoas se juntaram a este grupo, começaram a expressar sua indignação abertamente", disse ela.

Quando os membros do grupo começaram a propor solicitações a serem levadas à liderança, um de seus membros criou um Documento Google para manterem o controle. Ao verdadeiro estilo Google, o documento foi tomado por dezenas de pessoas adicionando suas próprias solicitações e comentando outras. Além das listas de documentos e e-mails, o crescente movimento usou um site interno do Google para manter os colegas atualizados e as planilhas do Google para acompanhar as informações de contato. Os organizadores do Walkout (agora eram muitos) fizeram tudo isso de forma aberta, nas ferramentas do Google, com seus nomes reais.

"Nós realmente acreditávamos que esse era um momento do Google", disse Stapleton. "Há algo a ser dito sobre como a cultura cria o espaço para fazermos isso. Como estamos acostumados a debater coisas nas listas do Google e na versão interna dele, as pessoas estão constantemente registrando suas divergências. Esse é um bom aspecto da cultura."

Com as eleições de meio de mandato de 2018 chegando e a pressão sobre eles, o grupo que administrava o Walkout decidiu que havia pouco tempo para esperar. E assim eles marcaram o Walkout para aquela quinta-feira, menos de uma semana depois de Stapleton criar seu grupo. "Foi uma colaboração bonita", ela me disse. "Aquilo me fez lembrar como são as pessoas *workaholic* e de bom desempenho estudantil, especialmente quando se reúnem em torno de um objetivo comum no Google."

Como no caso Maven, Pichai ouviu. Em uma nota aos funcionários à frente do Walkout, ele pediu desculpas pela resposta simples da empresa no TGIF anterior (a equipe de liderança emitiu um "desculpe" superficial e passou a uma apresentação do Google Fotos) e disse que era importante para ele que a empresa adotasse uma postura mais rígida em relação ao comportamento inadequado. Então, disse aos funcionários que eles teriam o apoio necessário durante a paralisação e que ele estava levando suas ideias a sério. "Alguns de vocês levantaram ideias muito construtivas sobre como podemos melhorar nossas políticas e nossos processos daqui para a frente", escreveu Pichai. "Estou recebendo todo o seu feedback para que possamos transformar essas ideias em ação."

No dia da paralisação, o grupo de Stapleton contava com cerca de dois mil membros, e ela e seus colegas organizadores não tinham ideia de quantos participariam. Eles convocaram a greve para as 11 horas da manhã, horário local, em todos os escritórios, o que preparou o terreno para um "trovão contínuo" de ação. As primeiras paralisações ocorreram na Ásia, onde escritórios no Japão, Cingapura e outros lugares participaram com números significativos. E então Europa, Nova York e Mountain View o seguiram. No fim das contas, 20 mil pessoas participaram, dez vezes o número de pessoas do grupo de Stapleton. Em cada local, os funcionários do Google compartilhavam, usando megafones ou gritando, histórias de maus-tratos – tudo acontecia rápido demais para solicitar autorizações oficiais.

"As pessoas estavam muito empolgadas com a animação e o poder coletivo, mesmo que nada tivesse sido realizado ainda", disse Stapleton. "Foi uma grande realização e essa enorme manifestação de algo grandioso."

O Walkout não deixou nenhum dos lados satisfeito. A liderança do Google foi envergonhada pelos próprios funcionários e teria de contar com uma força de trabalho instável, energizada pelo amplo movimento político anti-Trump – uma linha comum que liga o levante ao CPAC, ao Maven, ao Walkout e ao Damore –, desafiando agora seu empregador.

Para aqueles que participaram do protesto, apenas uma de suas solicitações foi atendida: o fim da arbitragem forçada para atuais funcionários. Assim como o Occupy Wall Street e a Marcha das Mulheres, a natureza descentralizada de seus protestos os deixou com pedidos variados – incluindo a solicitação de representante dos funcionários no conselho – e pouco poder para torná-los realidade fora da ameaça de mais protestos.

Perguntei a Stapleton como o Walkout poderia evitar um destino semelhante ao do Occupy Wall Street, um movimento que fracassou após conseguir poucas concessões, e ela me disse que não era essa a questão. "Na verdade, não pretendemos ser um tipo de coesão, tipo: o Walkout continua junto. Não é bem isso", ela me disse. "Temos duas mil pessoas em uma lista de e-mail; temos 20 mil pessoas que participaram, supostamente. Nem sabemos quem são essas pessoas e como chegar até elas. Na verdade, não há nenhum sentido de que este seja um movimento contínuo, realmente. Eu suspeito que será reativado e ressurgirá à medida que novas coisas aconteçam."

Como na maioria dos movimentos de protesto, especialmente os descentralizados, movidos pelas mídias sociais, o movimento de protesto do Google ficou confuso. Em nossa conversa em Mountain View, perguntei a Kent Walker se o Google considerava esses movimentos produtivos. "No geral, uma cultura de abertura, feedback e envolvimento dos funcionários está ligada à inovação que criamos", ele me disse. "Nós valorizamos isso; precisamos encontrar uma maneira de fazê-lo funcionar em escala."

O que Walker sugeriu foi que o Google estava reimaginando como suas redes internas de comunicação deveriam funcionar, e a empresa logo lançou uma política que desencoraja conversas políticas. O Google também revidou contra Stapleton e a organizadora do Walkout, Meredith Whittaker, de acordo com as duas mulheres, e elas deixaram a companhia. Após o episódio, no final de 2018, a confiança em Pichai e sua equipe de liderança caiu dois dígitos entre os funcionários.

Os movimentos de funcionários do Google e a resposta da empresa a eles fizeram com que os atuais e ex-funcionários se perguntassem se a cultura da empresa pode persistir na escala de 100 mil funcionários. Após o Walkout, a liderança do Google também lutou com essa questão. Pichai e seus representantes diminuíram a abertura da empresa – reduzindo o TGIF e demitindo alguns ativistas – em ações destinadas a preservar os bons elementos da cultura e mitigar controvérsias e protestos. Mas é difícil ter as duas coisas.

Por fim, Pichai terá que decidir se deseja permanecer transparente e lidar com a dissidência dos funcionários ou fechar a cultura e encarar as consequências. Para o Google, mais abertura e debate apenas o ajudarão a tomar decisões mais ponderadas no futuro. Ele também preservará a mente de colmeia, que, por mais difícil que seja gerenciar às vezes, é a razão pela qual o Google pode se unir e enfrentar projetos tão complexos quanto o Assistente. Sem suas ferramentas de comunicação e abertura associada, o nome do Google pode deixar de ser um verbo e passar a figurar entre empresas como Lycos, AltaVista, Ask Jeeves e Excite – que fizeram barulho na pesquisa, mas que, no final das contas, não conseguiram se adaptar.

4

Tim Cook e a questão da Apple

Marques Brownlee é o tipo de pessoa por quem a Apple tem se interessado ultimamente. Brownlee é um astro do YouTube, com mais de dez milhões de assinantes que consomem regularmente suas resenhas detalhadas sobre os mais recentes produtos de tecnologia. Um formador de opinião moderno, Brownlee está uma nova classe de influenciadores que moldam as percepções sobre as empresas de tecnologia atualmente. E a máquina de marketing da Apple, uma operação bem ajustada agora em seu 44º ano, está bem ciente disso. Brownlee é convidado frequente dos eventos de lançamento da Apple, e a empresa deu a ele acesso a seus principais executivos, incluindo Craig Federighi, seu reverenciado vice-presidente sênior de engenharia. Em troca, Brownlee recompensou a Apple com críticas positivas, uma troca com a qual a empresa se acostumou durante seu reinado no topo do mundo da tecnologia.

Tudo isso torna surpreendente a análise que Brownlee fez do HomePod da Apple. Em fevereiro de 2018, Brownlee colocou as mãos na nova caixa de som inteligente – a tão esperada resposta da Apple ao Google Home e ao Amazon Echo – e passou a dissecá-la por 9 minutos e 40 segundos.

A resenha de Brownlee começou de maneira inocente, com uma análise do hardware do HomePod. Ele elogiou o tecido agradável, os botões (de aumentar e diminuir o volume), o cabo de alimentação, a textura esponjosa e o som de primeira. "Ultimamente, ouvi muitas músicas diferentes em diferentes caixas de som inteligentes, e esta é, de fato, a melhor", disse Brownlee.

Mas então seu tom mudou. Para um produto como o HomePod, ele disse, o que mais importa é o que ele pode fazer – e havia muita coisa que não podia. Depois de nomear fielmente algumas coisas básicas que o HomePod era capaz de fazer – tocar música da Apple Music, ler em voz alta sua última mensagem de texto, informar sobre o tempo –, Brownlee começou a listar os requisitos em que o produto ficou aquém. Não sabia diferenciar entre as vozes de duas pessoas, não conseguia sincronizar com outro HomePod nem tornar o Spotify o player de música padrão. E, a partir daí, ele apenas continuou.

"Você não pode encomendar produtos on-line", disse Brownlee. "Não pode pedir comida on-line, não pode chamar um Uber ou Lyft. Não pode ler nem inserir eventos na agenda. Não pode definir vários temporizadores ao mesmo tempo, apenas um de cada vez, o que parece ser algo que você faria em uma cozinha com uma caixa de som inteligente. Não pode fazer chamadas telefônicas por voz, isso é algo que você precisa configurar no telefone e tocar no HomePod. Não pode procurar uma receita, não pode usar o Find My Phone. A lista não termina. Há tantas coisas que ele, quando comparado com outras caixas de som inteligentes, simplesmente não faz. Então, concluindo, o HomePod é um produto estranho."

Brownlee, com uma mistura de confusão e decepção, deu o veredito: "Na maioria dos casos, sinceramente, será melhor comprar uma caixa de som mais inteligente, que possa fazer muito mais, e que tenha um som quase tão bom", disse ele. "Adquirir um HomePod agora e usá-lo muito apenas deixa claro tudo o que há de errado com a Siri."

Neste momento, você provavelmente já tem uma ideia de por que Brownlee ficou tão desconcertado com o HomePod. O dispositivo decepcionante era um resultado direto da cultura da Apple, ainda configurada para a maneira antiga de trabalhar, na qual as ideias vêm do topo.

Dentro da Apple de Tim Cook, a Mentalidade de Engenheiro não é encontrada em nenhum lugar (apesar de Cook ser um engenheiro). A invenção democrática raramente é incentivada, pessoas e ideias são restringidas pela hierarquia, e a colaboração é retida pelo sigilo. Enquanto isso, a tecnologia interna da Apple está anos atrás da de seus concorrentes. O resultado é previsível: a Apple é excelente em polir ideias vindas do alto (uma caixa de som), mas sofre para criar produtos novos e inventivos que dependem de ideias de toda a empresa (o assistente interno).

Daí a pergunta mais importante que podemos fazer sobre a empresa hoje: a Apple consegue acompanhar o ritmo do nosso mundo de negócios em rápida evolução sem uma mudança completa de cultura? Com as vendas do iPhone diminuindo e uma nova era de computação emergindo, a Apple precisará abandonar sua rigidez ou arriscar ter o mesmo destino do HomePod: algo que aparenta ser bom, mas não é.

Uma cultura de refinamento

Há alguns anos, Robin Diane Goldstein foi a uma reunião em um hotel em São Francisco e, como chegou um pouco mais cedo, foi se servir de uma xícara de café. Goldstein, uma veterana de 22 anos da Apple, pegou uma caneca de uma mesa no canto da sala e rapidamente ficou frustrada. "Ao passar os dedos pela alça da xícara de café, pude sentir a linha do molde no interior da alça", ela me disse. "E a primeira coisa em que pensei foi: por que o designer e o fabricante não gastaram apenas mais 30 segundos e finalizaram o interior da alça, deixando-a mais suave?"

A segunda coisa em que ela pensou? "Vá se foder, Steve."

"Tipo, você me arruinou", disse ela com um sorriso. "A maioria das pessoas nunca pensaria nisso, nem perceberia. Talvez percebessem que o interior da alça estava um pouco arranhado ou que havia uma linha ali, mas não seria nada. Mas, tendo passado algum tempo na Apple, entendi: 'Não, isso importa'. A parte que você não pode ver, que toca por apenas alguns momentos, faz parte de toda a experiência."

A história de Goldstein é um olhar revelador sobre a maneira como a Apple opera. Quando Jobs estava vivo, apresentava ideias, e o resto da empresa as refinava, certificando-se de que nenhuma linha de molde, ou seus equivalentes, permanecesse em qualquer lugar do produto. A cultura priorizou a execução. Foi (e ainda é) configurada para polir as ideias transmitidas de cima.

"Havia um visionário e um ditador", me disse um ex-funcionário da Apple, referindo-se, em ambos os casos, a Jobs. O ditador estava no comando. Ele tinha muitas ideias. Ele era muito dinâmico e cheio de energia. Liderava as tropas em visões que ele tinha da empresa e dos produtos. Pensou que sabia mais do que ninguém quais deveriam ser os produtos e como as pessoas deveriam usá-los. Por tudo isso, por causa do carisma que trouxe com ele, as pessoas o seguiram."

Hoje, a Apple ainda está refinando os dois produtos que Jobs inventou antes de morrer: o iPhone e o Mac. A Apple melhorou significativamente esses produtos: deixou-os mais finos e rápidos. Isso os tornou mais úteis com acessórios vestíveis, como o Apple Watch (um relógio para proprietários de iPhone) e AirPods (fones de ouvido para proprietários de iPhone). E tornou melhor a vida diária de proprietários de iPhone com recursos como Face ID e Apple Pay (ambos incríveis). Poucas empresas tiram mais proveito de seus ativos existentes do que a Apple.

Inventar além desses dispositivos, no entanto, é outra história. As apostas da Apple para criar novos produtos ambiciosos – como o HomePod e seu próprio carro autônomo – estão falhando. E a culpa é da cultura de refinamento da empresa, uma herança da era Jobs.

A Mentalidade de Refinador

No lugar de Jobs, seis executivos dirigem a Apple hoje, fornecendo as ideias que o restante da empresa executa. São eles: Tim Cook, o despretensioso CEO com experiência em operações; Eddy Cue, o animado vice-presidente sênior de software e serviços; Phil Schiller, o chefe poderoso do marketing de produtos; Jeff Williams, o diretor de operações que supervisiona o design; Craig Federighi, o vice-presidente sênior de engenharia muito competente e tranquilo, e John Giannandrea, um escocês ex-funcionário do Google que administra o aprendizado de máquina e a estratégia de IA. Angela Ahrendts, ex-CEO da Burberry e diretora de varejo da Apple, estaria no grupo se ela não tivesse deixado o cargo em 2019. Assim como Jony Ive, o brilhante e às vezes desapegado ex-chefe de design da Apple, que também deixou o cargo naquele ano.

Os designers da Apple são os funcionários encarregados de executar os pedidos desses executivos. Enquanto os engenheiros são membros da realeza dentro da Amazon, do Facebook e do Google, os designers são divindades dentro da Apple. Na maioria das empresas, os designers recebem um objeto e a missão de torná-lo bonito. Na Apple, os designers determinam a aparência e a experiência oferecida por um produto e, em seguida, cabe aos engenheiros e gerentes de produto

4 | Tim Cook e a questão da Apple   133

ajudar a trazê-lo à vida, não importa quão tecnicamente difícil possa ser a realização.

O envolvimento da equipe de design no processo de criação de produtos da Apple ajudou a empresa a melhorar com regularidade seus principais dispositivos. Os designers da Apple não costumam entregar projetos. Eles ficam por perto do começo ao fim, assumindo as responsabilidades, o que muitas vezes não acontece nas empresas que criam produtos "suficientemente bons".

"O trunfo de Jony foi ter montado uma equipe incrivelmente talentosa que sabia mais do que apenas de um bom design", me disse Doug Satzger, designer da Apple por mais de uma década. "Eles entendiam de bom design, boa engenharia, boa fabricação, operações comerciais. Cada uma dessas coisas é uma experiência que o usuário vê no produto final."

Satzger e seus colegas estavam tão profundamente arraigados no processo de criação de produtos que frequentemente passavam um tempo nas linhas de produção na China, garantindo que seus produtos atendessem às expectativas. Alguns colegas de Satzger em Bay Area passavam 240 dias por ano na China, ele me disse; outros se mudaram de vez para lá.

A tradição continua hoje. Em 2019, um documento vazado da United Airlines mostrou que a Apple gasta 35 milhões de dólares só em voos entre São Francisco e Xangai todo ano. Facebook, Roche e Google, que aparecem na lista logo após a Apple, gastam, por ano, "mais de 34 milhões de dólares" em todos os voos que fazem pela United, uma quantia que não cobre uma única rota da Apple para a China.

Os designers ocupam um lugar tão reverenciado na Apple que seus colegas se preparam para falar com eles, às vezes até tomam cuidado com os ângulos em que mostram seus produtos. "Planejávamos isso com esse nível de detalhe", me contou um ex-funcionário da Apple. "Tinha a ver com todas as partes da estrutura da reunião, as informações que mostrávamos, as que guardávamos, como formulávamos as coisas, os planos de backup e outras coisas sob a mesa, apenas por precaução – esse é o nível de detalhe com o qual gastávamos nosso tempo. Parecia um grande esforço desperdiçado que não é necessariamente voltado para a inovação. É como se fossem Deus. Muitas pessoas os tratavam como Deus."

Concentrando o poder dessa forma, os executivos da Apple se distanciaram dos soldados rasos da empresa. Seus funcionários estão lá para executar, não para entregar ideias, então há pouca mistura intencional. Enquanto os funcionários da Amazon, do Facebook e do Google costumam ter histórias sobre interações com seus CEOs, as interações com Tim Cook são raras.

"Encontrei Cook e não foi exatamente uma interação calorosa", me disse Jean Rouge, ex-funcionário da Apple. "Eu cruzei com ele em um corredor e disse bom dia. Ele me olhou, decidindo se me daria atenção. Passou por mim e disse 'até mais'. Não foi 'bom dia' ou 'tenha um ótimo dia, amigo', ou qualquer coisa assim; foi basicamente 'até mais' – quase como um 'vá se foder', mais ou menos como 'não tenho tempo para isso'."

"O pessoal fala que a cultura da Apple é um pouco fria – provavelmente a equipe de relações públicas criou essa imagem", contou Rouge. "Eu chamaria de geladeira de frigorífico."

Enquanto Zuckerberg e Pichai realizam conferências com suas empresas e Bezos tem seus memorandos de seis páginas, a Apple tem poucos canais para levar ideias à liderança. Perguntei à ex-funcionária que se apresentou para projetar como ela poderia levar ideias até Cook e seu círculo de líderes. "Hum, acho que é improvável", ela me disse. "Provavelmente não vai acontecer. Eu nunca ouvi falar de alguém tentando fazer isso."

Embora Cook seja afastado das camadas inferiores, é muito querido pelos executivos seniores da empresa, que o descrevem como um executivo-chefe atencioso e exigente, com um bom senso de humor e atitude humilde.

"Você pode ter certeza de que ele nunca vai agir impulsivamente. Sempre pensa em tudo, seja uma coisa pequena ou uma questão ou desafio muito importante da empresa", me disse Denise Young Smith, ex-vice-presidente de talentos e recursos humanos da Apple. "Ele demonstra disciplina, excelência, atenção aos detalhes, a constante busca por aprimorar e oferecer o melhor produto possível ao cliente."

No ambiente de negócios de alguns anos atrás, onde muitas tarefas de execução dificultavam a capacidade das empresas de desenvolver as ideias de funcionários, era possível ver por que Cook seria a escolha natural para suceder Jobs. Mas o mundo dos negócios de hoje é diferente. E a Apple provavelmente teria que se adaptar, independentemente de qualquer coisa. Um visionário que aproveita as ideias dos funcionários será mais eficaz do que aquele que não faz isso.

Silos e sigilo

O próprio desenvolvimento dos produtos da Apple ocorre em extremo sigilo, e até mesmo os funcionários da empresa são em grande parte mantidos no escuro. O segredo visa incentivar o foco, apoiar a busca pela excelência da empresa e também limitar os vazamentos.

Quando um funcionário da Apple deseja conversar com colegas sobre um projeto em que está trabalhando, deve ser liberado ou receber o aval oficial para discuti-lo, e seus colegas também devem ser liberados. Fora de situações de liberação mútua, os funcionários da Apple são proibidos de falar com alguém sobre seus projetos, incluindo colegas de trabalho, amigos e cônjuges.

"Não pude conversar com pessoas da minha equipe sobre o trabalho que precisavam fazer", disse Marc Minor, ex-funcionário de marketing da Apple. "Não podia usar os nomes dos produtos, não podia usar os codinomes. Você não pode usar o codinome com alguém que não sabe a que ele se refere."

O sistema de liberação ajuda a minimizar as distrações, liberando as pessoas de ficarem obcecadas com os mínimos detalhes do produto. "Torna-se muito mais explícito e claro no que você, como indivíduo, deve se concentrar, porque você nem conhece as outras coisas", me disse um ex-engenheiro da Apple. "No Google, pode haver uma sensação de que todo mundo é responsável por tudo, que todo mundo sabe tudo o que está acontecendo, que todo mundo está testando tudo internamente e dando feedback sobre tudo o que está testando, o que resulta em menos propriedade individual. Enquanto na Apple você só conhece uma coisa – e é o que você precisa fazer."

Ou, como Goldstein descreveu: "Eles são isolados para que os especialistas possam ser especialistas".

Além de aumentar o foco, o sigilo da Apple ajuda a surpreender os clientes ao lançar novos produtos. O elemento surpresa atrai a atenção da mídia e dos entusiastas da Apple duas vezes por ano: uma para as apresentações do novo modelo do iPhone e outra para o evento Worldwide Developers Conference, também conhecido como WWDC, que se concentra em como os desenvolvedores podem trabalhar em cima dos sistemas operacionais da Apple.

Cerca de uma semana antes desses eventos, as equipes de marketing e comunicação da Apple entram em um "local escuro", um prédio com janelas escurecidas reservado para revisar e traduzir os materiais de marketing dos novos produtos. Lá dentro, eles preparam os materiais para aparecerem onde quer que seja: lojas físicas, outdoors ou on-line. E então é hora do show. "Tudo acontece em um pequeno prédio em Cupertino, onde todo mundo fica trancado e faz um trabalho incrível", disse Minor, acrescentando que ele, no fim das contas, acha que o segredo vale a pena. "Há algo a ser dito sobre sua capacidade de controlar a mensagem", disse ele. "Como uma pessoa de marketing, controlar a mensagem é tudo."

Se funcionários da Apple vazam notícias de novos produtos ou mesmo exibem prévias dos já anunciados, são demitidos. Quando

Brooke Amelia Peterson foi visitar seu pai, o engenheiro de hardware Ken Bauer, no campus da Apple, ela postou um vídeo no YouTube que incluía imagens do iPhone X de Bauer, que já havia sido anunciado, mas não lançado. Foi um erro que custou caro.

Bauer me disse que Brooke sempre carrega sua câmera. Então, quando ela filmou o telefone, não lhe pareceu incomum. "Ao vê-la com uma câmera, sim, eu deveria ter percebido que talvez fosse uma má ideia", disse ele. "Mas é como se seu filho amasse beisebol e usasse um boné de beisebol todos os dias. Você se acostuma, não pensa nisso."

Quando Brooke postou o vídeo, ele se tornou viral, e as pessoas dentro da Apple perceberam. "De repente, às 8 horas da manhã, recebo uma ligação da segurança da Apple: 'Ei, há um problema'", disse Bauer. "Recebi uma mensagem do meu chefe na mesma hora."

A filha de Bauer excluiu o vídeo, mas as cópias continuaram se espalhando. Ele tentou excluir as cópias, mas sem sucesso; a internet estava seguindo seu curso. "Fiquei arrasado", disse ele. "A gravidade disso foi notada por mim imediatamente. Eu soube na mesma hora que poderia ser o fim do meu emprego."

Em uma conversa com a segurança da Apple, Bauer confessou o erro e tentou convencê-los de que seria a pessoa menos provável a cometer um erro semelhante novamente. "Foi apenas um dia depois que tudo aconteceu: 'Tudo bem, você já era'", disse ele. "Eles me levaram para fora do escritório e foi isso, acabou para mim."

Bauer encontrou um novo emprego logo depois – em parte devido à sua reação equilibrada à publicidade do vídeo de sua filha –, e ele parecia estar em paz com a situação. "Não há rancor contra eles", disse ele.

Esses elementos – o processo de desenvolvimento liderado pela equipe de design, o foco e o elemento surpresa – foram todos combinados para tornar os principais dispositivos da Apple os produtos mais desejados do mundo. Mas esses mesmos fatores estão conspirando contra a Apple, que enfrenta uma mudança de magnitude semelhante à que o Google encontrou quando digitar e clicar se transformaram em conversa e toque.

"Um formulário certo"

Em 2 de janeiro de 2019, Tim Cook postou uma estranha carta no site da Apple. "Para os investidores da Apple", ele escreveu. "Hoje estamos revisando nossa orientação para o primeiro trimestre fiscal de 2019 da Apple." A carta marcou a primeira vez que a empresa revisou suas previsões financeiras desde 2002, quando antecipou que reduziria as expectativas de receita em pelo menos 150 milhões de dólares. Dessa vez, a perda seria muito maior, pelo menos 5 bilhões de dólares.

Cook listou alguns motivos para a revisão para baixo, mas apenas um importava: o iPhone não estava vendendo bem. "Uma receita menor do que a prevista para o iPhone, principalmente na Grande China, é responsável por toda a nossa receita insuficiente e também por muito mais do que todo o nosso declínio de receita ano após ano", escreveu Cook.

A economia chinesa em dificuldades e a guerra comercial entre China e Estados Unidos contribuíram para as vendas mais baixas do iPhone, mas outro fator parecia ainda maior: os smartphones, depois de anos de grandes avanços, tinham se tornado bons o suficiente a ponto de fazer o fato de possuir um modelo top de linha não ser mais importante. As pessoas podem esperar mais para atualizar, o que prejudica as vendas da Apple. Em novembro de 2018, a Apple disse que não divulgaria mais as vendas unitárias do iPhone, um indício do que estava por vir.

O próprio cofundador da Apple, Steve Wozniak, ofereceu um argumento convincente de que o iPhone estava chegando a um ponto em que a atualização não era tão necessária. "Estou feliz com meu iPhone 8, que é igual ao iPhone 7, que é igual ao iPhone 6", disse ele

4 | Tim Cook e a questão da Apple 139

em uma entrevista em 2017, acrescentando que não trocaria pelo iPhone X. "Veja os carros. Por centenas de anos, um carro meio que tinha quatro rodas, era de um tamanho no qual caberiam pessoas e tinha faróis. E, assim, os carros não mudaram muito. Eles chegaram a uma forma que é correta. E o smartphone atingiu uma forma que cabe na mão, em todos os tamanhos de mão."

Cook, em uma entrevista à CNBC, se mostrou corajoso. Quando o apresentador Jim Cramer disse que sua filha não atualizaria seu telefone porque não via necessidade de um novo modelo, Cook disse que, por ele, tudo bem. "O mais importante para mim é que ela esteja feliz."

Mas o episódio trouxe à tona uma realidade preocupante para a Apple. Por mais de uma década, a empresa concentrou-se em refinar as ideias de Jobs a um estado de quase perfeição, e a festa estava chegando ao fim. O iPhone, apresentado pela primeira vez por Jobs em 2007, havia se tornado mais fino e rápido em seu caminho de se tornar o grande dispositivo de consumo do início do século XXI. Mas, como Wozniak indicou, o benefício marginal do refinamento estava ficando cada vez menos aparente; o iPhone 6 era praticamente indistinguível do iPhone 7 e do 8. E, enquanto isso, os concorrentes da Apple estavam se atualizando, construindo câmeras e processadores que se aproximavam do iPhone, reduzindo sua vantagem em campo. A Apple sentiu a perda particularmente forte na China, onde o WeChat – um aplicativo que realiza bate-papo, pagamentos, investimentos, viagens e muito mais – se tornou o sistema operacional padrão, permitindo facilmente o desligamento do iOS da Apple.

Como o refinamento do iPhone de Jobs não é mais um caminho confiável para o crescimento, a Apple tem grandes planos além dele e precisará tornar-se inventiva novamente para realizá-los. Mas sua cultura – criada para uma empresa visionária em uma época que já passou – não parece pronta para levá-la aonde precisa.

O desastre do HomePod

Muito antes do HomePod, a Apple tinha a Siri, uma assistente de voz lançada nos iPhones em 4 de outubro de 2011, um dia antes da morte de Jobs.

Com a Siri, a Apple teve a oportunidade de liderar a computação por voz e não ser alcançada. Mas, para dar à Siri uma chance melhor de sucesso, a empresa precisava perder sua Mentalidade de Refinador. Teria que dispensar os silos e o sigilo, permitindo à equipe da Siri se misturar com outras divisões para ver como seus produtos se encaixam, como o Google fez no projeto do seu Assistente. Também teria que ver a Siri como um produto em si, independente do iPhone, para poder conectar outros serviços. Nada disso aconteceu.

"Desde outubro de 2011, quando Steve morreu, foi quando os problemas começaram", me disse um membro fundador da equipe da Siri. "Cook é um cara muito legal, muito bom em muitas coisas, especificamente na execução, por causa de seu histórico de operações. Mas ele não tem visão em termos de produto."

Em vez de liberar a equipe da Siri, a Apple continuou com seus silos e sigilo. Planejou o trabalho da equipe de cima para baixo, manteve seus projetos em segredo e cuidou para que seus membros tivessem interação mínima com os colegas.

A falta de colaboração – o oposto da abordagem do Google com o Assistente – atrasou o projeto Siri, de acordo com o membro fundador. "Tínhamos três crachás para entrar em nosso escritório. E ninguém mais conseguia entrar lá. Estávamos praticamente escondidos do resto do mundo. Ninguém nos conhecia", ele disse. "Eles acreditavam que uma equipe poderia fazer tudo sozinha. É tolice. Colaboração é a única coisa que você deve ter, especialmente quando está produzindo um produto que utiliza muita informação proveniente de partes diferentes."

A decisão da Apple de manter seus silos e sigilo decorreu, em parte, da maneira como sua liderança via a assistente. Siri, para eles, era um refinamento do iPhone: uma divertida personalidade embutida que tornaria o iPhone mais atraente. Mas esse foi um grande erro tático. Ao focarem na personalidade de Siri em vez de na utilidade do assistente, produziram algo incapaz, fazendo com que as pessoas perdessem o interesse.

Se a liderança da Apple tivesse ouvido atentamente seus funcionários, teria visto a Siri como algo mais. Os soldados rasos que trabalhavam na Siri queriam abri-la para terceiros fora do ecossistema da Apple, tornando-a uma camada de voz sobre a web e os aplicativos, e, portanto, muito útil. Mas esses funcionários não chegaram a lugar algum.

"Durante muito tempo, muitos de nós estávamos pressionando a Apple a abrir a Siri para desenvolvedores de terceiros. Mas eles não queriam chegar a esse ponto", uma pessoa que trabalhou na Siri me disse. "Viam-na como um recurso do iPhone. Eles realmente não a viam como um sistema operacional para o futuro."

Vendo a Siri dessa forma, a Apple deu ao design uma influência muito grande sobre o projeto, outro erro. A equipe de design imaginava a Siri como um ser mágico e humano, como vários engenheiros da Siri me disseram, o que contribuiu para seu fraco desempenho. Quando os engenheiros tentaram criar uma ferramenta de feedback, a equipe de design a rejeitou, pois pedir às pessoas para avaliar o desempenho da Siri diminuiria sua aparência sobrenatural. Sem feedback, os engenheiros lutaram para melhorar o assistente.

"Mesmo que 1% dos usuários lhe diga que isso estava errado ou aquilo estava certo, e aqui está o que estava errado, isso é imensamente valioso", disse o ex-engenheiro da Siri. "Eles não queriam chegar a esse ponto porque quebraria a ilusão ou a percepção de que é com essa pessoa que você está falando. Me lembro de ter brigado com eles sobre coisas desse tipo. Não podemos melhorar nada a menos que possamos fazer coisas assim."

Os designers também criaram animações na Siri que pareciam boas, mas que a deixavam mais devagar. Quando os engenheiros reclamaram, os designers não aceitaram bem. "Foi muito difícil obter esse design anterior, porque disseram 'Ah, mas olhe para todas essas belas animações'", disse o ex-engenheiro da Siri.

O processo de planejamento da Apple acrescentou mais um obstáculo. A Apple normalmente planeja, uma vez por ano, um cronograma de desenvolvimento inspirado em hardware. Com a Siri, pelo menos no início, a empresa forneceria um conjunto de recursos para trabalhar durante o ano, deixando à equipe pouca flexibilidade para fazer alterações em tempo real.

A Apple construiu um ótimo software, incluindo seus sistemas operacionais, mas esses sistemas não dependiam do aprendizado de máquina no nível de um assistente virtual, que escuta e responde. Um planejamento anual ou semestral não é propício para a construção de um assistente com esse tipo de tecnologia experimental. Esse projeto exige flexibilidade e capacidade de se ajustar em tempo real.

Os sistemas operacionais, por natureza, também são contêineres para diferentes programas de software, que atuam de forma independente dentro deles, enquanto um assistente deve se aprofundar em vários programas, exigindo mais flexibilidade e colaboração mais profunda. Com sua cultura antiga e processo de planejamento engessado, a Apple estava fora dessa profundidade.

"Com a Apple, o maior problema é que eles executam algo como a Siri como se fosse uma coisa de hardware, onde você pode saber exatamente o que vai fazer", me disse outro ex-engenheiro do projeto. "Na realidade, você deve ser humilde, deve tentar coisas diferentes, deve ver quais funcionam, deve investir mais nas que funcionam, deve gastar mais tempo com elas, deve reconhecer que as coisas levarão mais tempo do que parecem, porque você está fazendo coisas de ponta, do tipo aprendizado de máquina, e não será capaz de prever com antecedência."

Em novembro de 2014, quando a Amazon lançou o Echo e sua assistente incorporada, Alexa, a Apple não ficou exatamente surpresa com o conceito de caixa de som inteligente. A empresa havia brincado em colocar a Siri em uma caixa de som no passado, mas recuou, talvez devido a preocupações com a qualidade. A popularidade do Echo forçou a Apple a trabalhar, deixando claro que a computação por voz seria uma nova camada operacional sobre a internet e os aplicativos, desafiando a supremacia das telas. Então, a Apple, relutantemente, se juntou à luta e decidiu construir uma caixa de som com a Siri.

O projeto HomePod poderia ter sido um ponto de virada para a Apple. Ao contrário do iPhone, no qual a Siri era um recurso, a experiência completa do HomePod dependeria do assistente interno. Para tornar o HomePod bem-sucedido, a Apple poderia ter deixado de lado seu processo de desenvolvimento de produtos, baseado em silos, sigilo e design, e adotado a Mentalidade de Engenheiro, trabalhando para incorporar ideias de todos os níveis e divisões. Mas, novamente, optou por uma grande separação em vez de uma grande colaboração.

Desde o início do projeto HomePod, a Apple desfez as equipes que o desenvolviam, e alguns engenheiros nem sabiam no que estavam trabalhando. "Alguém em algum momento havia dito: 'É semelhante ao Echo', e isso era o que eu sabia", me disse um ex-engenheiro da Apple que trabalhava no HomePod. "Poucos meses antes do lançamento, eu estava no escritório de um engenheiro que tinha uma caixa de papelão no canto da sala. E eu fiquei tipo, 'O que é isso?' e ele disse: 'Esse é o HomePod', então eu acabei vendo um que havia sido desligado."

A Apple instalou a equipe HomePod em um prédio fora do campus principal da empresa, uma instalação acessível a apenas uma pequena fração de seus funcionários. Nada mudou desde os dias da Siri. "Você não tem uma visão completa de tudo o que está trabalhando", me disse um segundo engenheiro que trabalhou no projeto, acrescentando que não se incomodava em passar pelo processo de liberação da Apple, preferindo manter toda a discussão na sala. "A incapacidade de colaborar com determinadas equipes torna o trabalho um pouco mais difícil, então você precisa encontrar maneiras de contornar isso."

Enquanto isso, a falta de ferramentas de comunicação da Apple criava trabalho redundante e soluções alternativas desnecessárias, retardando o projeto. "Falta muita documentação", disse o segundo engenheiro do HomePod. "Algumas das coisas sobre as quais você suponha não haver documentação, você teria que adivinhar ou criar sua própria solução, quando algo já existia em outro lugar."

A Apple pretendia lançar o HomePod antes do Natal de 2017. Mas, à medida que a data de lançamento se aproximava, alguns dos principais usos do dispositivo estavam falhando. A empresa tomou a rara decisão de adiar o lançamento. "Mal podemos esperar para que as pessoas experimentem o HomePod, a caixa de som sem fio da Apple para uso doméstico, mas precisamos de um pouco mais de tempo antes que esteja pronto para nossos clientes", afirmou a Apple em comunicado durante o feriado natalino. "Começaremos a enviar para Estados Unidos, Reino Unido e Austrália no início de 2018."

O tempo extra fez pouco para mascarar as falhas do dispositivo. Quando o HomePod estreou, mesmo pessoas geralmente amigáveis à Apple, como Marques Brownlee, não conseguiram esconder sua decepção. O HomePod está vendendo tão mal hoje que o eMarketer ainda agrupa seus números de vendas em uma categoria "Outros", enquanto o Amazon Echo e o Google Home têm uma categoria própria. Em 2018, o Amazon Echo tinha 43,6 milhões de usuários, o Google Home tinha 19,3 milhões e a categoria "Outros", 7 milhões.

No final de nossa conversa, perguntei ao membro da equipe fundadora da Siri, que já deixou a Apple, se ele tinha um HomePod.

"Eu tenho porque possuo todos os produtos que conversam com ele", ele me disse.

E a conclusão dele?

"Eu acho o design muito legal, como sempre", disse ele. "O assistente em si é uma droga."

Mãos na roda

Imagine, se conseguir, um Tim Cook radiante subindo ao palco no Steve Jobs Theater, da Apple, para o maior anúncio da empresa desde o iPhone.

O teatro, um auditório subterrâneo nos arredores do campus da Apple, em Cupertino, foi construído para grandes anúncios. E Cook, olhando para as mil câmeras de emissoras, parceiros e funcionários reunidos, deu as notícias.

Voltando-se para a plateia, Cook começa lembrando o passado. "Qualquer empresa teria a sorte de ter um produto revolucionário. Mas aqui na Apple, tivemos a sorte de construir três", ele pode dizer. "O Macintosh, o iPod e o iPhone mudaram vidas de maneiras profundas. E hoje estamos emocionados em mostrar a vocês mais um produto desta classe."

Então, em seu discurso bacana no Alabama, Cook vai direto ao ponto: "Hoje, estamos apresentando o Apple Car", diz ele. "O Apple Car é um veículo totalmente elétrico, com uma experiência de primeiro mundo de cabine, capaz de ser melhor do que a direção em nível humano. Nós construímos tudo nós mesmos, por dentro e por fora, e prometo que vocês vão adorar."

Dá para imaginar a multidão enlouquecendo, e a Apple certamente vem trabalhando nesse carro hoje. Em meados da década de 2010, quando o iPhone se aproximava "da forma que é correta", a Apple iniciou uma busca para construir seu próprio veículo elétrico autônomo. Sob o codinome Projeto Titan, a Apple dedicou recursos significativos ao desenvolvimento desse carro, acreditando que ele pode ser o próximo produto "revolucionário" da empresa. Mas pode levar algum tempo até vermos Cook fazer esse discurso.

O Apple Car – ou qualquer que seja o nome dado pela empresa – está sendo retido por muitos dos mesmos fatores que afetam o HomePod: a Apple permitiu que a equipe de design ditasse as regras aos engenheiros de IA, atrasando a tecnologia interna. Isso retardou o progresso de seus engenheiros, mantendo-os em silos. E sua obsessão com o iPhone impediu-a de pensar de forma mais crítica sobre a maneira correta de se construir um carro. Se as lutas com o HomePod pudessem ser classificadas como um caso único, suas questões com o carro deixam claro que seus problemas são sistêmicos.

Dentro da Apple, o carro é visto como um descendente natural do iPhone. O iPhone combinou hardware avançado (o dispositivo) com software de ponta (iOS) para estabelecer um novo padrão para os telefones. Dessa vez, a Apple quer fazer o mesmo, mas com uma forma diferente de hardware (um carro) e um software totalmente novo (um sistema de direção autônomo).

"Vimos o iPhone como ponto de partida", disse um ex-engenheiro da Apple que trabalhava no Projeto Titan. "Esse foi um dos problemas básicos."

Executando o projeto do carro como se fosse um refinamento do iPhone, a Apple novamente deixou a equipe de design tomar decisões essenciais. Quando se constrói um veículo autônomo, o software interno é muito mais importante do que a aparência do carro, como acontece com uma caixa de som inteligente. Mas a equipe de design frustrou os engenheiros ao emitir determinações desajeitadas de cima para baixo, em vez de ouvir o que seria melhor para o projeto.

A equipe de design, por exemplo, tentou ocultar os sensores do carro, apêndices feios que fazem seu carro autônomo comum parecer um submarino em movimento. Mas, ao escondê-los, o design obstruiu a visão dos sensores, limitando os dados que eles poderiam coletar e forçando os engenheiros a soluções aquém das ideais.

O design também assumiu a direção. Depois de organizar grupos para trabalhar na aparência do carro com e sem volante, o design removeu o volante completamente, criando outros desafios técnicos para a equipe, agora encarregada de construir algo totalmente autônomo. "A equipe de design dizia: 'Vamos tirar isso'", disse o ex-engenheiro da

Apple sobre o volante. "A equipe de design dizia: 'Ah, sim, poderíamos conseguir um carro sem volante em quatro ou cinco anos'. Na realidade, não funciona dessa maneira. A falta de um processo iterativo totalmente apoiado está prejudicando a Apple no que diz respeito a novas iniciativas."

Um segundo ex-engenheiro da Apple que trabalhou no Projeto Titan também ficou admirado com a influência da equipe de design. "Além dos desafios de engenharia, você adiciona esses desafios de design que o tornam quase impossível", disse ele. "Os engenheiros obviamente não têm muito a dizer sobre o design. Eles foram forçados a contornar isso."

Os silos da Apple atrasaram ainda mais o projeto, disse o segundo engenheiro, e me contou que a empresa abordou o aprendizado de máquina de modo totalmente errado. "Alguns de nós trabalhavam em sistemas autônomos, outros no Face ID. Não podíamos conversar um com o outro. Não podíamos compartilhar o que estávamos fazendo", ele disse. "Mas vamos lá, quando você anda por aí, algumas pessoas estão detectando carros, outras estão detectando olhos e pupilas e características faciais. Há muitas coisas que eles realmente compartilham: compartilham muitos modelos de redes neurais, muitas práticas comuns. Eu só acho isso bobo. Isso realmente torna mais lento o desenvolvimento do algoritmo de inteligência artificial."

Por fim, o gerenciamento da Apple forçou seus engenheiros a permanecer com sua tecnologia interna menos desenvolvida (falaremos mais sobre isso daqui a pouco).

"As próprias coisas deles nunca estão presentes; estão sempre faltando", disse o segundo engenheiro. "Esse é o problema da Apple."

Em janeiro de 2019, a Apple afastou 200 funcionários de seu Projeto Titan, que estava em dificuldades. "Temos uma equipe incrivelmente talentosa trabalhando em sistemas autônomos e tecnologias associadas na Apple", disse um porta-voz da empresa à CNBC. "Como a equipe concentra seu trabalho em várias áreas importantes para 2019, alguns grupos estão sendo transferidos para projetos em outras partes da empresa, onde apoiarão o aprendizado de máquina e outras iniciativas em toda a Apple."

Para a Apple, os projetos de caixa de som e carro inteligentes devem parecer um pesadelo recorrente. O primeiro não conseguiu atingir a data de lançamento prevista e decepcionou. O último não tem data de lançamento prevista e está perdendo pessoal. Entre os dois, há uma linha comum: cultura. O segredo e o planejamento de cima para baixo, elementos que antes sustentavam o trabalho da Apple, impediram as tentativas da empresa de inventar seu caminho para o futuro. A ausência da Mentalidade de Engenheiro é flagrante.

Das mais de duas dúzias de ex-funcionários da Apple que entrevistei para este capítulo, muitos continuam sendo acionistas leais à empresa e disseram ter grandes esperanças no futuro da companhia. Ainda assim, em momentos realistas, as dúvidas que tentam reprimir vieram à tona. Como o primeiro engenheiro do Projeto Titan me disse: "Se não conseguiu fazer a caixa de som inteligente o suficiente, como vai fazer o carro inteligente?"

O problema do IS&T

Para a Apple, abrir espaço para as ideias dos funcionários e encontrar maneiras de trazê-las à vida não é uma prioridade. Portanto, a liderança da empresa não enfatizou a minimização do trabalho de execução com tecnologia interna, como a Amazon, o Facebook e o Google. E as ferramentas internas da Apple são uma fonte de consternação entre seus funcionários.

Um grupo da Apple chamado Information Systems & Technology, ou IS&T, constrói grande parte das ferramentas internas de tecnologia da empresa – de servidores e infraestrutura de dados a softwares de vendas corporativas e de varejo – e é quase universalmente criticado. O IS&T é composto principalmente por funcionários terceirizados de empresas de consultoria em conflito, e sua disfunção regularmente leva a uma tecnologia inferior. "É uma grande organização de terceirizados que lida com uma quantidade maluca de infraestrutura para a empresa", me disse um ex-funcionário que trabalhou em estreita colaboração com o IS&T. "A organização como um todo é um pesadelo no estilo *Guerra dos Tronos*."

Entrevistas com vários ex-funcionários do IS&T e seus clientes internos mostram uma divisão turbulenta, em que conflitos internos impedem regularmente a criação de software útil e cujos contratados são tratados como peças descartáveis.

"Há uma guerra fria acontecendo todos os dias", disse Archana Sabapathy, uma ex-contratada do IS&T que fez duas passagens na divisão. A primeira passagem de Sabapathy no IS&T durou mais de três anos; a segunda, apenas um dia. Dentro da divisão, disse ela, empresas terceirizadas como Wipro, Infosys e Accenture estão constantemente lutando para preencher cargos e vencer projetos, que são distribuídos em grande parte com base no preço mais baixo que podem oferecer para atender as necessidades da Apple.

"Estão apenas lutando por esses papéis", disse Sabapathy. "É com isso que se preocupam, não com o trabalho, nem com os resultados, com o esforço que dedicam e nem com o talento. Não buscam nenhum desses aspectos."

O IS&T está, portanto, cheio de panelinhas de fornecedores, na qual a lealdade à empresa contratante supera tudo. "Fazer amizade é... tipo, nem pense nisso", disse Sabapathy, falando sobre relacionamentos entre fornecedores. "Não é mais a maneira tradicional de se trabalhar nos Estados Unidos. Você constrói relacionamentos quando chega ao trabalho porque é onde passa a maior parte do tempo, e isso não existe aqui."

Em meio à turbulência, os clientes internos do IS&T da Apple podem ficar perdidos à medida que seus contratados ficam sem informação. "O cara com quem eu estava trabalhando foi transferido para uma equipe totalmente diferente e eles o substituíram por outro, e depois de um mês esse cara foi embora. E, depois que essas pessoas saíram, veio um novo gerente de projetos do IS&T e ninguém me disse. Eu fiquei sabendo por acaso", me contou o ex-funcionário da Apple que comparou o IS&T com *Guerra dos Tronos*.

Quando os projetos do IS&T são finalmente concluídos, podem causar ainda mais dores de cabeça aos funcionários da Apple, que ficam com a bagunça para arrumar. Várias pessoas me disseram que seus colegas da Apple foram forçados a reescrever o código depois que os produtos fabricados pelo IS&T apresentaram defeito.

No Quora, um site de perguntas e respostas popular entre pessoas do Vale do Silício, a pergunta "Como é a cultura de trabalho no grupo IS&T da Apple?" provocou algumas respostas inacreditáveis. "A qualidade da engenharia é extremamente simplória", diz a resposta principal, escrita por um usuário anônimo que afirma ter trabalhado no IS&T. "Quando entrei, fiquei absolutamente CHOCADO ao ver como os projetos eram criados e desenvolvidos. Se você comparar a qualidade do código com a de um estudante do ensino médio ou de um recém-formado, com certeza não será capaz de distinguir entre os dois." Mostrei isso a um ex-funcionário em tempo integral do IS&T, que disse que era exatamente assim.

A próxima resposta no Quora é ainda mais sombria. "Queria compartilhar minha experiência trabalhando no IS&T. Podem acreditar quando digo: esse departamento é pior do que a maioria das fábricas de software da Índia, das quais você já ouviu falar, que são lugares ruins para engenheiros trabalharem", diz ele. "Desde o dia em que ingressei até o dia em que saí desse departamento para ir para outro, todos os dias sugaram minha alma e me fizeram amaldiçoar minha vida por ter entrado ali."

Sabapathy me disse que as expectativas dos funcionários da Apple em relação aos prestadores de serviços de TI não eram realistas porque só viam a soma total paga às empresas de consultoria (120 a 150 dólares por hora), mas os próprios terceirizados estavam ganhando muito menos (40 a 55 dólares por hora) depois que as empresas tiravam a parte delas. A abordagem deixa a Apple com subcontratadas menores, mas com as mesmas altas demandas, uma receita para a decepção.

Quando perguntei a Sabapathy sobre as postagens do Quora, ela estabeleceu o contexto. "Esses consultores são da Índia, estão acostumados com esse tipo de coisa lá e também estão adotando o mesmo comportamento aqui", disse ela. "É o mesmo ambiente tóxico que tínhamos na Índia, do qual tentamos fugir quando viemos para cá. E, quando voltamos a esses ambientes e vemos a mesma coisa, dói."

A Apple não é a única gigante da tecnologia que mantém uma grande força de trabalho terceirizada que opera sob condições questionáveis. O Facebook, o Google e a Amazon empregam um número considerável de terceirizados, com muitos deles trabalhando como funcionários em período integral, mas sem os mesmos benefícios e salários. Esses exércitos de terceirizados estão crescendo rapidamente, e os advogados estão começando a tomar nota e buscar melhores condições: a paralisação dos funcionários do Google, por exemplo, tornou a melhoria do tratamento dispensado aos terceirizados parte essencial de seu protesto. Bernie Sanders mostrou a falta de transparência da Amazon em relação a seus terceirizados ao empurrar a empresa para um piso salarial de 15 dólares por hora. E, em fevereiro de 2019, Casey Newton, do *The Verge*, expôs que o Facebook estava pagando 28 mil dólares por ano a moderadores terceirizados, enquanto pagava a seus funcionários em tempo integral em média 240 mil dólares (o Facebook subsequentemente aumentou o salário de seus moderadores).

Para a Apple, consertar sua divisão de IS&T afetada não seria apenas a coisa certa a fazer do ponto de vista moral – ajudaria também os negócios da empresa. Se a Apple voltar a ser inventiva, precisará dar aos funcionários mais tempo para desenvolver novas ideias. O IS&T poderia, portanto, tornar-se uma divisão de força na Apple um dia, criando ferramentas que minimizem o trabalho de execução e, ao mesmo tempo, abrindo espaço para essas ideias. Mas até que a Apple olhe para a divisão, seus funcionários perderão tempo refazendo o software interno danificado e desejando estar criando.

Enfrentamento

Na manhã de 2 de dezembro de 2015, dois terroristas entraram em um centro de conferências em San Bernardino, na Califórnia, e começaram a atirar indiscriminadamente, matando 14 pessoas. No dia seguinte – depois que a polícia matou a dupla –, o FBI foi até a casa deles e pegou um iPhone 5c.

O iPhone, acreditava o FBI, poderia ser uma das principais evidências em sua investigação sobre os terroristas falecidos e seus possíveis facilitadores. Mas havia apenas um problema: estava travado. A agência notou que havia uma senha de quatro dígitos entre ela e o conteúdo do dispositivo. E, se errasse dez vezes, o telefone apagaria seu conteúdo.

O FBI pediu à Apple para ajudá-lo a desbloquear o telefone. Mas a Apple não tinha como driblar o limite de dez tentativas. Sem se deixar abater, o FBI pediu à Apple que encontrasse uma saída alternativa: uma nova versão do iOS que permitisse adivinhar senhas com tentativas ilimitadas. Esse novo iOS, se instalado no iPhone 5c, daria ao FBI acesso às informações necessárias. Mas a construção também tornaria centenas de milhões de dispositivos Apple vulneráveis a acessos indesejados, não apenas aquele iPhone. Isso foi insustentável para Cook, que rejeitou o pedido do FBI. Logo depois, o FBI processou a Apple para obrigá-la a fazer isso de qualquer maneira.

A decisão de dizer não ao FBI não foi fácil – e se as pessoas fossem mortas devido às informações mantidas em segredo naquele dispositivo? No entanto, a Apple foi firme em sua decisão. Em uma carta com palavras duras aos clientes da Apple em fevereiro de 2016, Cook deixou claro por que defendia a privacidade.

"As implicações das demandas do governo são assustadoras", disse ele. "O governo pode estender essa violação de privacidade e exigir que a Apple construa um software de vigilância para interceptar suas mensagens, acessar seus registros de saúde ou dados financeiros, rastrear sua localização ou até acessar o microfone ou a câmera do seu telefone sem o seu conhecimento. Opor-se a essa ordem é algo que levamos a sério. Nós sentimos que devemos apontar o que consideramos ser uma invasão do governo dos Estados Unidos."

A batalha colocou Cook como um defensor da privacidade, alguém que lutaria por privacidade a todo custo, não importando o oponente. Cook fez questão de levar o assunto para ser discutido na empresa. Quando a luta começou, ele apareceu na capa da revista *Times*, e a frase "CEO da Apple, Tim Cook, em sua briga com o FBI e por que ele não deveria recuar" sobrepunha uma foto em preto e branco dele sentado resoluto à sua mesa.

Não importa que o FBI tenha conseguido acessar o telefone com a ajuda de terceiros e que o processo legal tenha sido encerrado, o confronto foi um momento decisivo para Cook. A Apple sempre investiu em privacidade, resultado de um modelo de negócio em que seus clientes são seus usuários e não precisa de anunciantes que buscam dados para pagar a conta. Mas a luta contra o FBI gerou uma associação das palavras *privacidade* e *Apple* na cabeça de qualquer pessoa prestando atenção. E Cook tornou a privacidade um elemento central das mensagens da Apple desde então.

O fato de Cook tornar a privacidade tão central para a Apple faz sentido por alguns motivos. Primeiro, à medida que os telefones chegam à "forma correta", como Wozniak diz, é do interesse da Apple dificultar o máximo possível o desligamento do sistema operacional iOS. Ao enfatizar a privacidade, Cook diferencia o iMessage da Apple do Facebook Messenger, o Mapas da Apple do Google Maps e a Siri da Apple do Assistente Google. Cook e seus aliados transmitiram incansavelmente a mensagem de privacidade nos grandes eventos da

Apple. Escolha o software da Apple, eles dizem, e você poderá se sentir melhor com seus dados. A privacidade agora faz parte dos esforços de publicidade da Apple. Durante a Consumer Electronics Show de 2019, em Las Vegas, a Apple comprou um outdoor de destaque com a mensagem: "O que acontece no seu iPhone fica no seu iPhone".

Em meio à campanha de privacidade da Apple, Cook espetava o Facebook de maneira incansável, uma posição lógica, uma vez que o Facebook possui três aplicativos de mensagens massivos que em breve serão interoperáveis: Messenger, WhatsApp e Instagram. Esses aplicativos, como o WeChat na China, podem facilitar a desativação do iPhone, substituindo o iMessage. A Apple não perdeu a chance de bater nele.

Na época em que o Facebook foi o centro do escândalo da Cambridge Analytica, Cook ganhou as manchetes quando um entrevistador perguntou o que ele faria se estivesse na situação de Zuckerberg. A Apple, respondeu Cook, nunca estaria nessa situação. "Se nosso cliente fosse nosso produto, poderíamos ganhar toneladas de dinheiro", disse ele. "Nós optamos por não fazer isso."

Cook também dirige uma empresa de luxo cujo produto mais vendido, o iPhone, está atingindo a paridade com o resto do mercado. E, se a Apple não conseguir inventar sua saída logo adiante, precisará de algo para manter o brilho de sua marca. Algo como privacidade.

Quando assisti ao vídeo de Brownlee sobre o HomePod, fiquei me perguntando se a Apple poderia continuar em voga com os youtubers, nossos criadores de tendências modernos, se seus produtos não fossem tão bons quanto os de seus concorrentes. Então, liguei para Casey Neistat, um youtuber e empresário com mais de 11 milhões de inscritos em seu canal, e perguntei o que ele achava.

"Deixando o produto de lado, a Apple e Tim Cook mantiveram ou talvez aceleraram uma compreensão, na minha perspectiva de consumidor, de que eles se importam comigo", disse Neistat. "Confio na Apple pela maneira como falam sobre privacidade. Quer saber o que eu acho do Facebook? Estou com medo do Facebook. Todo dia eu discuto se posso ou não bancar – porque é minha carreira – o fechamento das minhas contas no Facebook e no Instagram, porque estou com medo. Não tenho ideia do que estão fazendo com meus dados, não consigo entender, não sinto que tenho controle. E é assustador."

Nas minhas conversas com os funcionários da Apple, aprendi que o compromisso da empresa com a privacidade é legítimo. A Apple não relaxa com os dados de seus clientes, como seus colegas podem estar fazendo, às vezes em detrimento de seus próprios produtos. "Por causa da privacidade, eles não dão às equipes acesso a um monte de dados que as equipes correspondentes do Google e da Amazon acessam", me disse um dos engenheiros do HomePod. "Então isso é realmente péssimo."

Em 1997, ano em que a famosa campanha publicitária "Think Different" da Apple foi lançada, Steve Jobs deu uma palestra interna sobre a maneira como ele via o marketing. "Para mim, marketing significa valores", disse ele. "Estamos em um mundo muito complicado, é um mundo muito barulhento. E não teremos a chance de fazer as pessoas se lembrarem muito de nós. Nenhuma empresa se lembrará. E, portanto, temos que ser muito claros sobre o que queremos que eles saibam sobre nós... Nossos clientes querem saber quem é a Apple e o que defendemos."

Nesse anúncio, a Apple apresentou uma mensagem desafiadora. "Aqui estão os loucos, os rebeldes, os encrenqueiros, os que veem as coisas de maneira diferente", dizia, enquanto passava imagens de Albert Einstein, Martin Luther King Jr., John Lennon e Mahatma Gandhi. Os valores da Apple estavam implícitos: ela estava nesse grupo; uma agitadora, e não uma corporação sem rosto.

Hoje, a Apple não é mais louca, nem rebelde, nem problemática. É um Golias de trilhões de dólares, com poder sobre os pequenos dos quais fazia parte. Seus produtos, uma vez revolucionários, agora são comuns. Suas mensagens, portanto, mudaram. O que a Apple representa? O iPhone. E, para comercializá-lo, seu valor é a privacidade.

Um passeio pela 280

Quando comecei a organizar minhas anotações para este capítulo, me perguntei aonde a Apple chegaria agora que o iPhone alcançou "uma forma correta" e o músculo inventivo da empresa parece ter atrofiado. Então, cruzei os dedos e escrevi para Steve Wozniak, imaginando que ele pudesse ter algumas ideias. Depois de alguns e-mails, Wozniak me pediu para encontrá-lo na manhã da quarta-feira seguinte na The Original Hick'ry Pit, uma churrascaria perto de Campbell, Califórnia, não muito longe do campus da Apple. Quando o dia chegou, dirigi os 80 quilômetros pela Interestadual 280, que liga São Francisco e Cupertino, e cheguei 30 minutos mais cedo, me perguntando se o cocriador-fundador da Apple apareceria.

Às 10h55, cerca de cinco minutos antes do horário marcado para a reunião, Wozniak entrou com sua esposa, Janet, e seu parceiro de negócios, Ken Hardesty. Wozniak, evidentemente um frequentador assíduo do Hick'ry Pit, fez com que a equipe nos levasse para o fundo, onde nos sentamos e pedimos o café da manhã. Ao olhar para o outro lado da mesa, vi o homem que havia se unido a Jobs para dar vida à Apple, que havia projetado o primeiro computador da empresa e que permaneceu próximo à companhia desde seu início, na década de 1980. Wozniak dispensou a conversa fiada quase imediatamente, ansioso para começar. Ele me pediu para reapresentar o livro e começar a fazer perguntas, e eu obedeci.

Nossa conversa começou com uma discussão sobre invenção, e Wozniak rapidamente se lembrou de suas ideias sobre o iPhone. "O que veio da Apple? O iPhone", ele disse. "Quanto isso mudou em uma década? Não muito. A loja de aplicativos de terceiros trouxe todas as mudanças em nossa vida que frequentemente creditamos à Apple, como acesso à Uber."

Wozniak me disse que a inventividade da Apple não é necessariamente criar coisas inteligentes, mas criar coisas que simplificam nossas vidas. Ao longo de nossa discussão, os aprimoramentos do iPhone surgiram repetidamente, como Apple Pay e Touch ID, ambos recursos encantadores. "Sempre fomos mais fáceis de usar, mais simples e mais diretos, e mais parecidos com um ser humano, e não tentamos fazer muito", disse Wozniak.

Essas melhorias ajudaram o iPhone a manter sua posição no topo do mercado de celulares. E mesmo que as pessoas comprem o iPhone com menos frequência, nós dois concordamos que a Apple ficará bem. "Como usuário, estou feliz com a situação atual da Apple", disse Wozniak. "E se suas vendas e sua participação de mercado caíssem pela metade? E daí? Eles ainda são uma grande empresa. Ela não vai desaparecer."

Mas a Apple não está interessada em viver do sucesso do iPhone. Quer construir um carro. Ela quer que o HomePod e a Siri tenham sucesso. Ela tem planos maiores para o Steve Jobs Theatre do que exibir trailers de programas para a Apple TV+, um serviço destinado a ganhar mais dinheiro com os usuários do iPhone ("Porque eles estão em um bilhão de bolsos, pessoal", como Oprah disse). E provavelmente quer fazer mais coisas sobre as quais não temos ideia. Para viver esses sonhos, a Apple precisará de uma mudança de cultura.

Depois de falar sobre a Mentalidade de Engenheiro com Wozniak, perguntei a ele como a Apple poderia ser mais inventiva. Ele inicialmente descartou a questão, dizendo que não sabia se a Apple poderia ser "mais" inventiva porque não estava dentro da operação.

Mas então, pouco antes da conclusão da nossa reunião, Wozniak respondeu à pergunta. "Deixe os gerentes de nível inferior tomarem as decisões", disse ele. "Mais responsabilidade para os níveis mais baixos."

5

Satya Nadella e o estudo de caso da Microsoft

Quando a Microsoft comprou a empresa de publicidade aQuantive por 6,3 bilhões de dólares em 2007, o clima dentro da empresa recém--adquirida não era exatamente festivo.

"Não vou trabalhar para a Microsoft", disse um funcionário ao ouvir a notícia. Um dia depois, pediu demissão.

A cena melancólica era atípica para uma startup recém-adquirida por muito dinheiro. Os funcionários quase sempre comemoram esses eventos, entendendo que o dinheiro, a estabilidade e o apoio envolvidos os libertarão do estresse da vida de startup e permitirão que se concentrem em seu trabalho. Mas, com a aquisição feita pela Microsoft, esse não foi o caso.

Ao adotar a Mentalidade de Engenheiro, a aQuantive se tornou a empresa de tecnologia de anúncios mais valiosa do mundo. As ideias fluíam livremente dentro da empresa. Os gerentes removeram a burocracia. E funcionários inventavam despreocupadamente. "Dava para entrar no escritório de qualquer vice-presidente, conversar com as pessoas, e não havia muita concorrência interna", me contou Abdellah Elamiri, funcionário da aQuantive no momento da aquisição. "As equipes eram livres para lançarem sempre que quisessem e tinham muita autonomia."

A Microsoft era diferente. Sob a administração de seu então CEO, Steve Ballmer, que começou como vendedor, a empresa era burocrática, lenta e se apegava ao passado. Focada em proteger seu legado de negócios lucrativos, Windows e Office, a Microsoft priorizou o lucro em vez de inventar, desenvolvendo uma cultura de comando e controle otimizada a curto prazo. Os machos alfa à frente do Windows – o sistema operacional de desktop dominante na era dos computadores pessoais – quase sempre conseguiam o que queriam.

"A Microsoft era uma cultura antiga, intransigente e do tipo 'cara mais esperto da sala'", contou Robbie Bach, ex-presidente de entretenimento e dispositivos da empresa. "Era definitivamente um lugar onde é melhor você se levantar, ter opinião e saber defendê-la."

Ao entrar na Microsoft, os funcionários da aQuantive sabiam que estavam prestes a enfrentar um conflito de culturas. E, depois de uma breve lua de mel, "as ordens começaram a chegar", disse Elamiri. Certa vez, a equipe do Windows quase matou os principais negócios da aQuantive ao decidir banir os cookies do Internet Explorer que sustentavam a segmentação de anúncios. Cancelaram a ação somente depois que Brian McAndrews, CEO da aQuantive, que permaneceu após a aquisição, descobriu isso de uma fonte indireta e lutou com unhas e dentes.

A tecnologia interna abaixo do padrão da Microsoft causou mais frustração entre os funcionários da aQuantive. A IA ainda estava congelada, e a companhia era tão dedicada ao Windows que se recusava a usar as ferramentas criadas por outras empresas. Quando os funcionários da Microsoft levavam produtos Apple para o escritório, seus colegas os excluíam, mesmo que estivessem desenvolvendo para esses dispositivos. Ballmer, que uma vez fingiu quebrar um iPhone em uma reunião, deu o tom. "Um dos problemas iniciais era que, se não fosse uma tecnologia da Microsoft, eles não a incorporariam", disse Elamiri. "Se não for criada em Redmond, não a usamos."

Em 2012, a Microsoft reduziu o valor nominal da aQuantive de 6,3 bilhões de dólares para praticamente zero. E ficou claro para todos os envolvidos que a cultura era a culpada. "Nenhuma explicação sobre a receita de anúncios *versus* a receita de software ou o plano do Google de fazer software livre poderia reorientar uma cultura obcecada pelo Windows", disse um ex-gerente da aQuantive para o *GeekWire* na época.

Na mesma semana em que a Microsoft desvalorizou a aQuantive, a *Vanity Fair* publicou um artigo que marcaria os anos Ballmer como a "Década perdida da Microsoft". O artigo deixou claro que o desastre da aQuantive não era uma anomalia. "O que começou como uma máquina de competição enxuta liderada por jovens visionários de talento incomparável se transformou em algo inchado e carregado de burocracia, com uma cultura interna que premia inadvertidamente gerentes que sufocam ideias inovadoras", relatava o artigo.

Quando a aQuantive desapareceu, Elamiri foi transferido para o grupo Skype da Microsoft. E, a partir daí, viu os ventos da mudança soprarem. Ballmer deixou o cargo em 2014, dando lugar a Satya Nadella, um veterano de 22 anos de Microsoft.

Um *"insider* consumado", em suas palavras, Nadella entendeu que a Microsoft precisava se reinventar para sobreviver – ou apertar o F5, como ele indicou no título de seu livro, que se tornou um best-seller. A obsessão da empresa pelo Windows fez com que ela perdesse a revolução dos dispositivos móveis. Seus rivais, Apple e Google, agora tinham os sistemas operacionais mais importantes do mundo. Agarrar-se ao Windows não era mais sustentável. A Microsoft precisava arriscar seu negócio principal e se concentrar na oportunidade brilhante que restava – computação na nuvem – ou aguentar a "irrelevância, seguida de um declínio doloroso e sofrido, seguido de morte". Então Nadella aprendeu algo com seu vizinho do outro lado do lago Washington e devolveu a empresa ao Dia 1.

Para reinventar a Microsoft, Nadella teve que reimaginar sua cultura primeiro. A empresa tinha muitas barreiras que impediam as ideias de viajar por suas divisões e havia perdido seu poder inventivo. Na tentativa de reverter isso, Nadella fez a Microsoft se parecer muito com a aQuantive pré-aquisição. Desceu a marreta na estrutura hierárquica da empresa e dispensou os machos alfa. Provocou a invenção ao usar a IA para reduzir o trabalho de execução. E facilitou a colaboração derrubando silos, enfatizando a empatia e dividindo o todo-poderoso grupo do Windows.

"A década perdida da Microsoft poderia servir como um estudo de caso para faculdades de administração sobre as armadilhas do sucesso", comentava o artigo da *Vanity Fair*.

Hoje, é hora de um novo estudo de caso. A Microsoft se recuperou historicamente na administração de Nadella, que liderou seu renascimento, priorizando o futuro em relação ao passado e adotando a Mentalidade de Engenheiro.

O Dia 1 de Nadella

Em um dia chuvoso, algo incomum em Palo Alto, na Califórnia, a professora Susan Athey me recebeu em seu escritório do terceiro andar na Escola de Negócios da Universidade de Stanford. Athey é muito sincera, uma pessoa rara no Vale do Silício, uma acadêmica sensata que uma vez me ajudou a desbancar um estudo que ignorava a lei da oferta e da demanda. Ela também atuou como economista-chefe da Microsoft sob a administração de Steve Ballmer, o que a tornava particularmente adequada para discutir a "década perdida" da empresa e como ela se expandiu.

Encontrei Athey no meio de um dia agitado, repleto de reuniões consecutivas. Seu escritório no campus de Stanford era lotado de livros empilhados e tinha um quadro branco cheio de marcações. Quando me sentei, Athey se recostou na cadeira e começou a contar a história de como o passado da Microsoft refreava seu futuro.

Na Microsoft de Ballmer, havia duas facções divergentes. Uma – que chamarei de "ordenhadores de ativos" – acreditava que a Microsoft deveria extrair o máximo possível do seu lucrativo negócio do Windows. A outra – os "futuros estabelecedores" – acreditava que a Microsoft deveria arriscar canibalizar o Windows para criar o próximo estado da computação.

"Alguns sentiram – e há aí uma visão racional – que havia esse grande trunfo que deveria ser aproveitado ao máximo, até morrer", disse Athey, referindo-se ao Windows, que, por mais de uma década, detve mais de 90% do mercado de sistemas operacionais de desktop. "A segunda visão é: não, achamos que podemos realmente ser bem-sucedidos e rentáveis no novo estado, mas isso exigirá não ordenhar tudo o que pudermos do antigo estado."

A batalha difícil entre os ordenhadores de ativos e os futuros estabelecedores foi sobre a nuvem. No início dos anos 2000, a Microsoft tinha uma divisão chamada Server & Tools, que ajudava seus clientes a criar programas que seriam instalados e executados em computadores pessoais. Em 2008, a Server & Tools era uma empresa de 13 bilhões de dólares que gerou 24 trimestres consecutivos de crescimento de dois dígitos, representando 20% da receita total da Microsoft. Alguns clientes da Server & Tools criaram programas para serem vendidos para terceiros e muitos aplicativos para uso interno. Quando a internet ficou mais rápida, as empresas começaram a hospedar aplicativos internos (como servidores de e-mail) externamente e a criar software para uso no navegador da web, em vez de no computador pessoal (também conhecido como computação na nuvem). Vendo essa mudança inicial para a nuvem, a Microsoft teve que decidir se deveria apoiá-la e até que ponto.

A computação na nuvem, embora promissora, era uma ameaça para os negócios do Windows da Microsoft. Se o software fosse para a nuvem, as pessoas não *precisariam* do Windows. Elas poderiam acessar aplicativos em qualquer sistema operacional, fosse Windows, macOS da Apple ou ChromeOS do Google. E elas não precisariam dos caros servidores internos da Microsoft. Para os ordenhadores de ativos, mudar a lucrativa divisão Server & Tools enquanto se prejudicava o Windows seria desastroso. Para os futuros estabelecedores, essa mudança permitiria à Microsoft criar uma vantagem inicial em serviços na nuvem, o que poderia se tornar um negócio significativo.

Em seu esforço pela nuvem, os futuros estabelecedores encontraram um obstáculo: os próprios clientes da Microsoft, que disseram à empresa que nunca iriam para a nuvem. Esses clientes, geralmente diretores de tecnologia (CIOs), compravam software para todos os departamentos e cuidavam de sua instalação, proteção, manutenção e avaliação. Os CIOs não queriam participar de um futuro em que departamentos individuais, como vendas e marketing, pudessem assinar software hospedado na web, minimizando seu poder e influência. "Se você perguntar a esse cara: 'Gostaria de encerrar sua operação e enviá-la para a nuvem?', receberá um sonoro não", disse Athey.

A Microsoft ouviu esses CIOs por um tempo. Mas, quando a equipe de estratégia corporativa da empresa e Athey fizeram uma análise mais profunda, suas descobertas foram contrárias ao que estavam ouvindo. "Dentro de um período de anos, todos os CIOs migrariam para a nuvem ou seriam demitidos", disse Athey sobre os resultados. Enquanto a Microsoft esperava, a Amazon criou a AWS e assumiu a liderança em serviços na nuvem. Em 2013, ano em que Ballmer anunciou que estava deixando o cargo, a AWS controlava 37% do mercado de 9 bilhões de dólares de "infraestrutura como serviço" e crescia 60% ao ano. A Microsoft estava muito atrás, com 11% do mercado.

A Microsoft enfrentou uma decisão semelhante com o Office. O pacote Office era o principal atrativo para dispositivos Windows, que muitas pessoas compravam para usar o Word e o Excel. A disponibilização em dispositivos móveis e navegadores da web ameaçava o Windows. Colocar o Office no navegador também poderia canibalizar as próprias vendas de desktops. Os ordenhadores de ativos queriam que o Office estivesse disponível principalmente por meio de instalações em desktop. Os futuros estabelecedores, de olho na próxima era da computação móvel e na nuvem, o queriam em todos os lugares.

A estratégia da Microsoft para o Office durante os anos Ballmer geralmente seguia os desejos dos ordenhadores de ativos. Em vez de criar o Office para a web quando o Google lançou o Documentos e o Planilhas, a Microsoft manteve o Internet Explorer lento e o Office offline. Alguns anos depois, a Microsoft colocou uma versão limitada do Office na web e a lançou para dispositivos móveis – mas apenas para dispositivos Windows. Mesmo assim, a Microsoft manteve a versão web tão discreta que nem seus funcionários sabiam que ela estava ativa.

"Uma coisa que me deixou louca", disse Athey, "é que eu lembro de percorrer a Microsoft, quando as primeiras versões web estavam disponíveis, fazendo apresentações, e, quando acessava o Office web, as pessoas falavam: 'Eu não sabia que isso existia'. Não era incomum que as pessoas não soubessem o que existia dentro da Microsoft. E, lá fora, as pessoas pensavam: 'Sério? Existe um Word para web?'."

No calor desses conflitos, Ballmer promoveu Satya Nadella, o executivo encarregado pelo Bing, mecanismo de busca da Microsoft, para chefe da Server & Tools. Nadella não era como o resto dos principais executivos da Microsoft. Não tinha um ego enorme. Não gritava suas opiniões. Ele se mantinha fora das lutas políticas da Microsoft, onde batalhas constantes entre os ordenhadores de ativos e futuros estabelecedores, e quase todos os outros, eram padrão. E, vendo o futuro da computação enquanto trabalhava no Bing, Nadella também não considerava sagrados os produtos existentes na empresa.

Embora o Bing ainda seja alvo de piadas – "Entram o riso malvado e a música de órgão", diz o artigo da *Vanity Fair* ao apresentá-lo –, a experiência de Nadella trabalhando nele ensinou-lhe uma lição sobre a importância da nuvem e da IA. Um mecanismo de busca é um poderoso programa criado para uso em um navegador. Quando você cria um, está construindo na nuvem. O Bing, como o Google, classifica uma quantidade enorme de dados (quase todos os sites da internet, o conteúdo dentro deles e os links que os correlacionam) e tenta entendê-la – uma tarefa particularmente adequada para o aprendizado de máquina. Quando Nadella era vice-presidente sênior da divisão de serviços on-line da Microsoft no final dos anos 2000, um grupo que incluía o Bing, ele fez um curso intensivo sobre o futuro da internet.

"Para administrar o negócio de pesquisa, era preciso entender todos os custos dos *data centers*, as eficiências envolvidas. Era preciso ser especialista em implantação na nuvem", disse Athey. "Também era preciso ser um especialista em plataformas de teste A/B, em melhoria contínua e em aprendizado de máquina. Satya era especialista em todas essas coisas."

Quando Nadella assumiu a Server & Tools, em 2011, ele entendeu que simplesmente fornecer servidores e ferramentas para empresas que desenvolvessem software para máquinas de desktop não seria viável.

Observando o sucesso inicial da Amazon Web Services e lendo a análise de sua equipe de economia, Nadella decidiu que agir de forma mais lenta atrasaria a Microsoft. Enquanto trabalhava no Bing, Nadella notou que era difícil ser o número dois em um mercado e não estava disposto a repetir o cenário. Apesar dos riscos para o ativo principal do Windows – para não mencionar um próspero negócio de Server & Tools –, Nadella deixou claro que a Server & Tools sob seu comando se concentraria na ativação da computação na nuvem. Seria estabelecer um futuro ou ir à falência.

"Foi um pouco assustador que ele tenha sido persuadido pela análise", disse Athey.

No final de 2013, Ballmer, que não respondeu a uma solicitação de entrevista, entendeu que havia perdido a utilidade para a Microsoft. Os ordenhadores de ativos que ele capacitou perderam a credibilidade quando as tecnologias móveis e a nuvem passaram a dominar o cenário. A nomeação de Nadella foi de fato o ponto de virada para a empresa, disse Athey. Mas, para Ballmer, chegou tarde demais. Em agosto daquele ano, ele disse que deixaria o cargo.

Ballmer deixou a Microsoft em uma posição difícil, mas administrável. Seu último ato importante, a aquisição da Nokia por 7,2 bilhões de dólares, cujo valor de mercado a Microsoft também avaliou como zero, deixou uma impressão duradoura de incompetência. Mas, dentro da divisão Server & Tools da empresa, Nadella estava construindo o futuro da Microsoft, que dizia não à ortodoxia do Windows e sim à nuvem e à tecnologia móvel – o sonho dos futuros estabelecedores. Em 4 de fevereiro de 2014, após uma rápida pesquisa, a Microsoft nomeou Nadella como o CEO.

Invenção democrática

Quando Nadella assumiu o controle da Microsoft, havia pouca dúvida sobre a estratégia que ele seguiria. O histórico do novo CEO no Azure e no Bing deixou claro que ele orientaria a empresa em torno de uma visão focada primeiro na tecnologia móvel e na nuvem. Em um e-mail para os funcionários em seu primeiro dia de trabalho, ele tocou nessa questão.

"Nosso setor não respeita a tradição, apenas respeita a inovação", escreveu Nadella. "Nosso trabalho é garantir que a Microsoft prospere em um mundo voltado primeiramente para a tecnologia móvel e para a nuvem."

Para Nadella, a estratégia era a parte direta do trabalho. A área espinhosa seria a cultura. A Microsoft que ele herdou estava mais interessada em refinar o Windows e o Office do que em criar coisas novas, tornando-a um local hostil para funcionários com grandes e novas ideias. Os líderes da empresa, acostumados à vida monopolista, também supunham que as pessoas comprariam seus produtos simplesmente porque eram da Microsoft, fazendo com que perdessem o contato com o que era necessário para criar produtos que as pessoas desejavam. Quando a Microsoft entrasse no novo e competitivo mercado de serviços na nuvem, essa mentalidade não seria suficiente.

"A Microsoft normalmente não se importava com o usuário", um ex-gerente de produto me disse. "A mentalidade da maioria dos grupos de produtos era: 'Vamos construir, e eles virão; não se preocupe com isso'."

Para desencadear uma nova era de invenção dentro da Microsoft, Nadella primeiro deu a seus funcionários permissão para apresentar grandes ideias novamente. Ele deu o tom certo no e-mail do primeiro dia. "Às vezes, subestimamos o que cada um de nós pode fazer para que as coisas aconteçam", escreveu ele. "Temos que mudar isso."

Nadella, em seguida, expôs sua equipe de liderança ao máximo possível de pensamento de startup, levando os fundadores das empresas que a Microsoft adquiriu ao seu retiro anual de liderança e convidando startups ao campus da Microsoft em Redmond, Washington, para ensinar seus líderes a pensar como empresas em estágio inicial. "Diferentes startups entraram e conversaram conosco sobre seus negócios, sua cultura e como administravam suas empresas, apenas para nos expor a diferentes pensamentos e novas ideias", me disse Julie Larson-Green, uma veterana de 24 anos na Microsoft que conquistou um cargo de diretora de experiência antes de sair no final de 2017.

Nadella também expandiu o Microsoft Garage, um espaço físico e virtual para experimentação de produtos, criando um site público no qual a Microsoft lançava aplicativos experimentais. Hoje, o mote do site tem traços claros da Amazon. "Nosso lema 'fazemos, não falamos' continua sendo a essência do que somos", afirma.[*]

E, em uma série recorrente em suas reuniões de sexta-feira com a equipe, chamada "Pesquisadores do incrível", Nadella começou a chamar funcionários de toda a empresa que criaram novos programas inventivos para se apresentarem.

Para tornar a nova energia inventiva da Microsoft útil, Nadella precisava canalizá-la para criar as coisas que as pessoas queriam. Por isso, ele instruiu suas equipes de produtos a investigar o que seus clientes estavam enfrentando na vida real, concentrando-se primeiro nas necessidades deles, e não nas da Microsoft. Construa com empatia, disse a eles.

"Não é apenas pensar no que o cliente deseja, mas ser o cliente", me disse um gerente de marketing de produtos da Microsoft.

"A mudança de filosofia estava começando a deixar de falar sobre o produto e os recursos, para falar sobre quem exatamente ia usá-lo, por que e como iríamos nos diferenciar", Preeta Willemann, ex-gerente de produtos da Microsoft que trabalhou em um programa de apresentação chamado Sway, me disse.

Willemann contou que cerca de um ano depois de Nadella entrar em cena, toda a sua equipe – "Gerentes de produto, design, engenheiros, todos" – suspendeu o trabalho por duas semanas para debater o tipo de pessoa que poderia querer usar seu software. Depois, eles entrevistaram essas pessoas para ver como eram suas vidas. "Estávamos apenas tentando começar de quem é você e quais oportunidades podem existir em seu dia a dia, sem pensar no nosso software", disse ela. "Depois que identificamos essas oportunidades, trabalhamos com elas

---

* A página "Sobre" do Microsoft Garage já incluiu uma deferência mais direta aos princípios de liderança da Amazon. "O Garage tem um viés de ação", dizia a página em setembro de 2019. Quase imediatamente depois que levei isso à Microsoft, em uma ligação para checar fatos, a frase desapareceu do site. Um porta-voz da Microsoft chamou de coincidência.

para verificar se nosso software poderia abordá-las especificamente."

Após realizar essas reuniões, a equipe percebeu que apreciava mais algumas características do produto do que seus clientes. A Microsoft estava construindo um produto com muitos recursos sofisticados, como visualizações em 3D, mas os clientes-alvo do produto, pequenas empresas, queriam algo mais direto. "Na maioria das vezes, eles não se interessaram pelo software que estávamos construindo", disse Willemann. A equipe então se ajustou de acordo com o feedback. "Foi incrivelmente esclarecedor", disse ela.

Construir com empatia foi particularmente útil para a oferta de nuvem da Microsoft, agora chamada Azure, que Nadella teve que vender a clientes que disseram que não a desejavam. Nadella, um cliente da nuvem quando trabalhou no Bing, fez com que a equipe do Azure se colocasse no lugar de seus clientes CIOs. Para esses clientes – bancos e outras grandes empresas que mudavam de forma lenta –, a migração para a nuvem levaria muitos anos. Por isso, a Microsoft criava para eles, fornecendo serviços híbridos compostos de suporte para nuvem e desktop, uma medida que manteve os CIOs relevantes e, gradualmente, levou suas empresas ao futuro. Esse modelo diferenciava a Microsoft da Amazon Web Services, que geralmente era vendida para empresas que construíam todos os aplicativos de software na nuvem, de acordo com a pesquisa interna da Microsoft.

"A Microsoft é um fornecedor corporativo há muito tempo. Os CIOs confiavam e ainda confiam na Microsoft", me disse Sid Parakh, gerente de portfólio da Becker Capital Management, que aposta muito na Microsoft. "Quando a Microsoft tinha um bom produto para oferecer, seus clientes estavam dispostos a se agarrar a ele."

Nadella teve que conseguir mais tempo para seus funcionários terem ideias e encontrarem maneiras de canalizá-las para as pessoas certas. Para isso, ele se apoiou na IA.

Na organização de vendas da Microsoft, como na maioria das organizações de hoje, os representantes comerciais passavam grande parte do tempo vasculhando as ferramentas de gerenciamento de relacionamento com clientes (CRM), tentando descobrir para quem ligar, o que dizer e quais ligações priorizar. Esse trabalho agrega pouco valor e pode ser minimizado com a tecnologia de aprendizado de máquina, que pode filtrar os dados de vendas e prever quais negócios provavelmente serão fechados, examinando o que funcionou no passado para clientes semelhantes.

Aplicar o aprendizado de máquina às vendas deveria ter sido uma jogada óbvia para uma empresa como a Microsoft, que tem alguns dos melhores talentos de IA do mundo. Mas isso não foi considerado seriamente até que Nadella reorganizou a divisão de IA da empresa em 2016 e instruiu uma parte dela a se concentrar em aplicativos mais práticos. "Estamos introduzindo a IA em tudo o que entregamos em nossas plataformas e experiências de computação", disse Nadella na época.

Após a reorganização, a empresa criou um comitê de arrecadação no estilo de capital de risco para seus pesquisadores de IA. Se o comitê gostasse do argumento de um pesquisador, dava a ele alguns recursos e algumas semanas para construir seu protótipo. Então, se o pesquisador atingisse determinados marcos, tinha mais alguns meses para construir o produto.

Na época, um pesquisador chamado Prabhdeep Singh estava pensando em deixar a Microsoft e criar sua própria empresa. Ao ouvir os planos de Singh, um executivo da organização de pesquisa aconselhou-o a aprimorar suas habilidades fazendo uma apresentação ao comitê e depois fazer sua mudança. Singh decidiu seguir a orientação.

Pensando nas maneiras como a Microsoft poderia aplicar o aprendizado de máquina, Singh viu a oportunidade nas vendas com mais clareza. "Se você precisar usar inteligência artificial, os setores onde poderá ver os resultados de forma instantânea e mais rápida serão vendas e marketing", ele me disse, "porque, se funcionar, você verá um aumento na receita ali mesmo."

Singh se apresentou ao comitê e recebeu permissão para criar um recurso chamado Daily Recommender, que depois chamou de Deep CRM. Usando o aprendizado de máquina, o Recommender classificava todas as ações possíveis que um representante de vendas da Microsoft poderia executar e sugeria as mais valiosas, uma por uma, dando ao representante a opção de aceitar ou ignorar essas ações. A ferramenta eliminou o trabalho árduo de vasculhar o temido CRM (e outros sistemas) para descobrir o que fazer a seguir.

O Daily Recommender, disponível ainda hoje, considera mil pontos de dados por cliente para gerar suas sugestões. Isso inclui o que aconteceu em situações semelhantes com outras contas, mesmo aquelas que não foram atribuídas aos próprios representantes. Ele pode recomendar ações como ligar para a conta X porque eles acabaram de receber financiamento e estão crescendo, ou ligar para a conta Y porque o uso de um produto está caindo e é provável que precisem de uma chacoalhada.

"É aproveitar as oportunidades e ponderá-las para que as mais prováveis fiquem no topo", disse Norm Judah, CTO corporativo da Microsoft que supervisionou o recurso.

O Daily Recommender aprende à medida que avança. Se um vendedor passa por 50 recomendações por dia, a ferramenta se adapta e oferece mais. Se um representante faz 20, ela aprende a oferecer menos. Se um representante fechar um acordo após seguir uma recomendação, o sistema aprenderá que provavelmente foi uma boa recomendação. Se um representante ignora uma recomendação e fecha de qualquer maneira, ele entende que sua recomendação era desnecessária.

"O vendedor entende o comportamento cultural do cliente ou a sequência em que compra as coisas", disse Judah. "Mas, à medida que o sistema constrói mais e mais história, essa intuição se torna realmente algorítmica."

O Daily Recommender é usado principalmente pelos vendedores da Microsoft que atendem pequenas e médias empresas. Para empresas maiores, eles usam outras ferramentas de aprendizado de máquina para sugerir o próximo produto que seus clientes provavelmente comprarão. Quando a equipe de Singh começou a introduzir esses sistemas, ele ficou preocupado com a possibilidade de gerar uma reação entre os vendedores da Microsoft que achavam que seriam mais produtivos sem eles. Mas, não muito tempo depois do início do experimento, os representantes que não os usavam – o grupo de controle – começaram a exigi-los.

Colocar a IA em vendas, disse Singh, ajudou a gerar 200 milhões de dólares em receita extra até o momento que ele saiu da Microsoft. Mais importante, ajudou os representantes de vendas a gastar menos tempo no trabalho de execução.

Como esses sistemas de aprendizado de máquina diminuíram o trabalho de execução, eles liberaram a equipe de vendas da Microsoft para passar mais tempo conversando com os clientes. E, quando a Microsoft mudou para um processo de desenvolvimento de produto mais empático, essas conversas – realizadas pelas pessoas em sua organização com os relacionamentos mais profundos com seus clientes – influenciaram a direção do produto.

"Praticamente tudo era de autoatendimento do lado das vendas", disse Singh. "Os vendedores estavam esclarecendo as necessidades dos clientes, quantificando-as, informando como os produtos Microsoft poderiam satisfazer essas necessidades e, em seguida, trazendo o feedback do cliente para as equipes de produtos."

A Microsoft então passou a empregar uma ferramenta de software chamada OneList, que centraliza as solicitações de recursos e capacidades, usando-a para canalizar ideias de produtos da equipe de vendas para a de desenvolvimento de produtos. "Todas essas coisas são agregadas novamente em um só lugar, e a liderança de engenharia fica responsável por essa lista", disse Judah. "A identificação é uma coisa, mas ter um processo que pegue a identificação e a coloque de volta em um plano ou priorização é que é a parte importante."

Hoje, a Microsoft possui uma versão do Daily Recommender no Microsoft Dynamics, seu sistema de gerenciamento de relacionamento com clientes baseado na nuvem, onde é conhecido como Assistente de Relacionamento. Prabhdeep Singh, enquanto isso, mudou-se para a UiPath em 2018, onde garante que sua aplicação prática da IA estará disponível além da órbita da Microsoft. E a Microsoft está construindo produtos que as pessoas desejam usar novamente.

***

Durante o almoço no Diner of Los Gatos, um restaurante antigo do Vale do Silício, o diretor de tecnologia da Microsoft, Kevin Scott, me disse que sistemas com aprendizado de máquina, como o Daily Recommender, estão presentes em toda a Microsoft.

"Estou vendo advogados, pessoal de RH, de finanças usando essas ferramentas para resolver problemas", disse ele.

As ferramentas mais promissoras da empresa estão possibilitando que qualquer pessoa invente, e Scott começou a descrevê-las. Por exemplo, a Lobe, empresa adquirida pela Microsoft em 2018, permite que pessoas com habilidades técnicas limitadas criem programas com aprendizado de máquina. Um dos cofundadores da Lobe – com pouco conhecimento da IA subjacente – usou-a para criar um programa que monitora os níveis do tanque de água de sua casa autossustentável. Com uma webcam e algumas marcações, me disse Scott, Lobe conseguiu identificar um peso no tanque conectado através de uma corda a uma boia dentro. À medida que o peso subia no tanque, o programa entendia que a água estava baixando e atualizava os níveis do tanque.

"Você coloca essas imagens em um sistema de aprendizado de máquina. Você autoriza e ele constrói o modelo", disse Scott. "Isso é absurdamente poderoso."

As ferramentas da Microsoft também estão minimizando o trabalho de execução dos próprios programadores. Uma aplicação chamada Visual Studio Code usa o aprendizado de máquina para prever o código que os engenheiros estão escrevendo. "Ele analisa o contexto do que você está digitando e o que sabe sobre a estrutura do seu código e sobre linguagem de programação, e sugere o que você pode querer digitar a seguir", disse Scott.

A tecnologia interna da Microsoft – grande parte da qual a empresa constrói internamente e depois licencia para uso externo – pode reduzir o trabalho de execução em todos os tipos de empresas, potencialmente ajudando-as a se tornarem mais inventivas. "O que me tira da cama de manhã é essa ideia de que temos a responsabilidade agora de colocar essas ferramentas nas mãos do máximo de pessoas possível. Capacitar as pessoas a criarem com aprendizado de máquina e IA avançados, em grande escala", disse Scott.

Enquanto aguardávamos a conta, perguntei a Scott o que ele achava do argumento de que a invenção será limitada a um pequeno segmento de pessoas, principalmente programadores.

"Insano", ele disse.

Hierarquia livre de restrições

Para Nadella, gerar ideias inventivas só seria útil se seus executivos fossem receptivos. E, ao refazer a cultura da Microsoft, ele precisava que eles começassem a ouvir.

A Microsoft de Ballmer não valorizou as ideias daqueles que não pertenciam ao alto escalão da companhia. Estava obcecada em refinar seus principais produtos e tinha pouca experiência com engenhosidade. Não havia um canal simples para levar ideias da base para o topo. Os funcionários eram desencorajados a falar com as pessoas acima de seus chefes na hierarquia, a menos que estes estivessem presentes. E as reuniões se tornaram momentos de falar em vez de ouvir.

Depois de testemunhar por anos a hierarquia da Microsoft restringindo pessoas e ideias, Nadella abordou sua frustração em relação a isso em seu livro *Aperte o F5*. "Nossa cultura tem sido rígida", escreveu ele. "A hierarquia e a ordem assumiram o controle, e, como resultado, a espontaneidade e a criatividade sofreram."

Para libertar pessoas e ideias da hierarquia da Microsoft, Nadella empregou táticas diretamente do manual do Facebook. Ele construiu uma cultura de feedback, fazendo com que seus funcionários se reunissem com seus gerentes a cada trimestre para sessões de feedback chamadas "Conexões". Ele começou a fazer sessões de perguntas e respostas com os funcionários. E ouviu as pessoas.

"Nos primeiros meses da minha administração, dediquei muito tempo a ouvir", escreveu Nadella. "Ouvir era a coisa mais importante que eu fazia todos os dias, porque seria a base da minha liderança nos próximos anos."

Essa ideia de ouvir foi uma mudança no estilo de Ballmer, mas consistente com a conduta de Nadella. Desde seus primeiros dias na empresa, ele convidava jovens funcionários para almoços, simplesmente para ouvir o que pensavam a respeito do rumo do mundo da tecnologia. "Satya queria saber minha opinião", me disse um ex-funcionário da Microsoft que trabalhou com Nadella no início dos anos 2000. "Era impensável que algum executivo sênior perguntasse a algum gerente de programa aleatório de 23 anos: 'Ei, como está essa startup?' Nenhum outro executivo me daria a chance."

O estilo de Nadella tornou a liderança da Microsoft recentemente acessível, disseram vários funcionários atuais e antigos. "Em todas as reuniões, todas as situações, ele era muito sincero a respeito do que sabia e do que não sabia", disse Julie Larson-Green, ex-diretora de experiência. "Isso permitiu que outras pessoas conversassem sobre como se sentiam."

Nadella também acabou com uma relíquia da cultura hierárquica da Microsoft, que você ainda pode assistir no YouTube. Sob a administração de Ballmer, a empresa reunia seus funcionários para uma reunião anual em que o CEO passeava pelo palco, gritando frases como

"Eu amo essa empresa" enquanto a música tocava. Os vídeos desses eventos acumularam milhões de visualizações on-line, apreciados principalmente devido ao seu valor cômico. Dentro da Microsoft, há rumores de que Ballmer tomava um vidro de mel antes dessas aparições. No YouTube, as pessoas que comentam tendem a achar que ele tomava outra coisa.

As artimanhas de Ballmer são divertidas, mas simbolizam a natureza hierárquica da Microsoft sob sua administração, onde os executivos tendem a gritar ordens aos funcionários, em vez de ouvi-los. Depois de assumir o cargo de CEO, Nadella encerrou essa reunião anual. No lugar das luzes e da música, ele introduziu o "One Week", um encontro anual de funcionários que tem como destaque uma maratona de programação, ou *hackathon*, e não apresentação motivacional de CEOs.

"Tínhamos assistentes administrativos, pessoas no departamento jurídico e no financeiro que ajudavam a dar ideias", disse Larson--Green sobre a *hackathon*. "Construímos produtos para melhorar o dia a dia de pessoas comuns. É preciso realmente viver essa vida, entender essas pessoas e com o que elas se importam."

Nadella também enfrentou o excesso de gestão intermediária da Microsoft. Ao produzir uma lista dos problemas responsáveis pelas falhas da empresa, o artigo da *Vanity Fair* prestou atenção especial a esse grupo de pessoas. "Mais funcionários buscando vagas de gerenciamento levam a mais gerentes, mais gerentes levam a mais reuniões, mais reuniões levam a mais memorandos, e mais burocracia leva a menos inovação", afirmava o artigo. "Tudo, disse um executivo, avançava num ritmo lento."

Nadella empregou uma estratégia inteligente para fazer com que os gerentes de nível intermediário da Microsoft comprassem a ideia de um sistema que minimizasse seu poder de mediação: ele os pressionou. Nas reuniões de liderança, Nadella enfatizava a importância de não ser um gargalo. E, ao escrever *Aperte o F5* – e dar uma edição especial comentada aos colaboradores da base da Microsoft – ele instilou sua visão nos funcionários, que pregavam seu evangelho anti-hierárquico também aos gerentes. "Satya está pressionando essa mudança de cultura de cima para baixo, e os funcionários de cargos inferiores, por sua vez, fazem pressão para seus gerentes intermediários", disse Larson-Green. "É por isso que ele não precisou tanto substituir a camada intermediária como precisou aumentar a camada inferior que tinha de estar lá."

Atualmente, a Microsoft ainda está cheia de elementos da época da hierarquia de Ballmer. Os funcionários ainda reclamam de maus gerentes e barreiras. Mas, sob o comando de Nadella, as ideias fluem para cima de uma maneira que não ocorria durante a administração de seu antecessor. "As pessoas estavam mais curiosas, mais ansiosas para aprender, mais interessadas no que os clientes pensavam", disse Larson-Green. "Elas sentiram menos pressão para ter as respostas e mais pressão para entender os problemas."

Colaboração

A Microsoft é uma empresa de interesses conflitantes. Quando você coloca as ambições de suas equipes lado a lado, elas geralmente apontam para direções opostas.

O Microsoft Office, por exemplo, está em conflito natural com os dispositivos da Microsoft. O Office quer estar disponível em qualquer lugar para poder atingir o mercado mais amplo possível. Mas o interesse dos dispositivos da Microsoft é manter o Office exclusivo para seus próprios produtos, a fim de torná-los obrigatórios para os fanáticos do Word e Excel. Windows e Azure estão em conflito semelhante: as vitórias do Azure resultam em perdas para o Windows. Conflitos dessa natureza existem na cadeia da Microsoft. E, com a ajuda de práticas de gestão pobres, eles levaram a grandes embates internos.

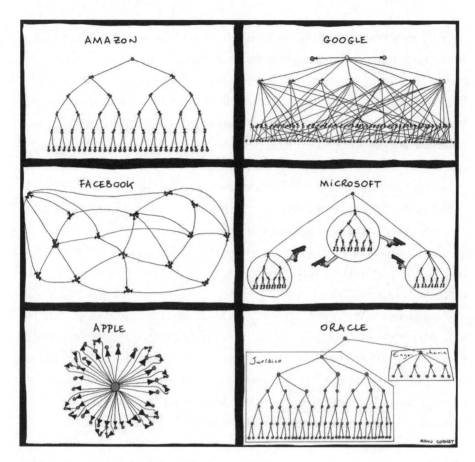

© Manu Cornet, www.bonkersworld.net

Quando Nadella assumiu a Microsoft, fazer com que as divisões da empresa trabalhassem juntas foi um desafio especialmente complicado. Para avançar no futuro, a Microsoft não poderia ter seus funcionários sabotando uns aos outros. Para realizar sua visão, Nadella teve que ensinar uma companhia de combatentes a colaborar.

"Fazemos parte de uma empresa, de uma única Microsoft – e não de uma confederação de feudos", escreveu Nadella em *Aperte o F5*. "A inovação e a concorrência não respeitam nossos silos, nossas fronteiras organizacionais, por isso precisamos aprender a superar essas barreiras."

Para reacender a colaboração dentro da Microsoft, Nadella pediu a seus funcionários que trabalhassem com uma "mentalidade de crescimento", usando um conceito desenvolvido pela psicóloga de Stanford Carol Dweck. Em *Mindset*, seu livro de 2007, Dweck argumentou que indivíduos que acreditam que podem crescer são mais propensos a alcançar o crescimento do que pessoas com uma "mentalidade fixa", que acreditam ter um limite natural. Nadella aceitou a ideia e aplicou--a à sua empresa. Para a Microsoft, empregar uma mentalidade de crescimento significaria focar no que poderia ajudar a empresa a crescer mais, pensando além das divisões individuais e de suas limitações.

"Precisamos estar abertos às ideias dos outros, onde o sucesso dos outros não diminui o nosso", escreveu Nadella em um e-mail de 2015 a todos os funcionários.

Logo após esse e-mail, adesivos pedindo aos funcionários da Microsoft para que empregassem uma mentalidade de crescimento começaram a aparecer nas salas de reunião da empresa. E os funcionários começaram a reforçar a mensagem uns aos outros. "Mentalidade de crescimento, que bela frase; eles continuam repetindo isso", disse um executivo sênior de produtos da Microsoft. "Eles falam sobre isso na intranet, nas reuniões da empresa, nas reuniões das divisões, nas avaliações de desempenho. Está em toda parte. Não tem como escapar disso."

Operar com uma mentalidade de crescimento significaria liberar o Office para execução em todos os sistemas operacionais, renunciando aos interesses específicos dos dispositivos da Microsoft em serviços com potencial de receita mais significativo. Nadella chegou a esse ponto ao demonstrar o Office para dispositivos iOS em sua primeira apresentação pública de produto. Logo, os dispositivos da Apple começaram a aparecer no campus da Microsoft em Redmond.

"Nós não ligamos mais para o que você está executando. Apenas nos preocupamos se você está comprando nossos serviços – Office, Dynamics, Azure, todos compatíveis com outras plataformas", disse Stephan Smith, ex-consultor sênior da Microsoft. "Estou lhe dizendo, é por isso

180   Como se fosse o Dia 1

que a Microsoft está crescendo rapidamente. Eles tiraram as restrições."

Depois de espalhar a mentalidade de crescimento, Nadella reformulou a estrutura da Microsoft para apoiá-la. Em 29 de março de 2018, ele supervisionou a "maior reorganização em anos" da Microsoft, de acordo com a *Bloomberg*, separando a divisão Windows em duas. A maior parte do Windows foi para a nova Cloud & AI, onde iria se associar com o Azure, seu antigo arqui-inimigo. A equipe de dispositivos Windows foi para a nova divisão Experiences & Devices, onde se associaria com o Office e teria que resolver seus interesses desalinhados. O nome Experiences & Devices não foi acidental; tinha a ver com experiência primeiro, depois dispositivos.

"Não podemos permitir que nenhum limite organizacional atrapalhe a inovação de nossos clientes", disse Nadella em um e-mail anunciando as mudanças. "É por isso que uma cultura de mentalidade de crescimento é importante."

Nadella também reinventou a maneira como a Microsoft lida com as aquisições. Quando a Microsoft adquiriu o LinkedIn por 26 bilhões de dólares em 2016, Nadella colocou o CEO do LinkedIn, Jeff Weiner, como encarregado de integrar as duas empresas. Para garantir que tudo corra bem, Nadella adicionou Weiner à sua equipe de liderança sênior e fez um relatório direto, sinalizando aos funcionários do LinkedIn que suas ideias seriam levadas em consideração.

"O que eu dizia aos funcionários do LinkedIn era: 'OK, vocês podem relaxar, o chefe que vocês conhecem há muito tempo, em quem vocês já confiam, não fará nada errado ou ruim'", disse Kevin Scott. "E o que foi comunicado pela Microsoft é que Satya estava falando sério sobre fazer o LinkedIn ter o nível de autonomia que o LinkedIn achava necessário."

A aquisição do LinkedIn pela Microsoft marcou um afastamento acentuado da maneira como a empresa lidou com a compra da aQuantive e levou a resultados: a receita do LinkedIn está aumentando 25% ao ano.

O elemento final do plano de Nadella de inspirar a colaboração na Microsoft era mudar a maneira como a empresa avaliava os funcionários. A Microsoft tinha um longo histórico de avaliações de desempenho chamado "classificações de pilha", que colocava seus funcionários uns contra os outros. O temido sistema forçava os gerentes a classificar seus subordinados em uma "curva de sino". Por melhor que fosse uma equipe, ou por mais talento que tivessem seus membros, um número predeterminado de pessoas receberia ótimas críticas e uma quantidade definida receberia críticas ruins.

"Digamos que toda a sua equipe tivesse o mesmo nível de habilidade; você ainda precisaria forçar a avaliação", um ex-gerente sênior me disse. "Alguém receberia um bônus enorme e alguém seria demitido. Não era tão extremo, mas acontecia."

Por esse motivo, os funcionários sabotavam uns aos outros. E as pessoas mais talentosas da empresa se esforçavam para não trabalhar umas com as outras. "As superestrelas da Microsoft faziam tudo o que podiam para evitar trabalhar ao lado de outros desenvolvedores de alto nível, com medo de serem prejudicados nas avaliações", comentava o artigo da *Vanity Fair*. "Os funcionários da Microsoft não apenas tentavam fazer um bom trabalho, mas também trabalhavam muito para garantir que seus colegas não se saíssem tão bem."

Antes de Ballmer deixar a empresa, ele desmontou os rankings. Começando do zero, Nadella desenvolveu um sistema radicalmente diferente do de seu antecessor. Hoje, o impacto individual na Microsoft responde apenas por um terço de uma avaliação de desempenho. O restante da avaliação examina o que alguém fez para ajudar os outros a terem sucesso e o que fez que melhora o trabalho de outros. Não há classificação forçada.

"O 'como' se tornou tão importante quanto o que era entregue", me disse Larson-Green. "Se você corta outras pessoas em reuniões, não colabora ou age como um idiota, não será recompensado da mesma forma que alguém que teve uma contribuição igual, mas o fez de modo a tornar a equipe mais forte."

Embora Nadella esteja fazendo avanços, a Microsoft ainda não é um lugar perfeito para trabalhar. O tratamento dado às mulheres no local de trabalho é um ponto negativo. Na primavera de 2019, uma série de e-mails percorreu o escritório da empresa, nos quais as funcionárias se manifestavam sobre como eram maltratadas sob a gestão de Nadella. Uma mulher disse que recebia apenas tarefas comuns, apesar de ter um cargo técnico, outra disse que foi convidada a sentar no colo de um colega de trabalho de alto escalão, e outra disse ter sido chamada de "cadela", o que, segundo ela, era algo comum em toda a empresa. Não ajudou em nada o fato de Nadella ter dito uma vez que as mulheres não deveriam pedir aumentos e deveriam ter fé de que "o sistema dará os aumentos certos à medida que vocês progredirem", um comentário pelo qual ele se desculpou. Nadella estava recebendo a série de e-mails, de acordo com Dave Gershgorn, da *Quartz*, mas o chefe de recursos humanos da Microsoft era quem respondia. Nadella escreveu à empresa inteira um e-mail posterior, de acordo com um porta-voz da Microsoft, que se recusou a compartilhar o e-mail.

Na Microsoft, esse tipo de linguagem humilhante não era incomum. "As pessoas me procuraram e disseram a mim e a outros que um colega da engenharia fez comentários racistas, sexistas e que é um valentão", disse um ex-gerente da Microsoft. "Quando eu falei sobre isso em sua avaliação de desempenho, me disseram que esse cara é valioso demais para a empresa, ele sabe muito de um campo que poucas pessoas entendem e que seria muito difícil perdermos alguém como ele. E eu falei 'Puta merda'."

As mudanças de Nadella, embora ainda longe de concluídas, transformaram a Microsoft em um lugar melhor de modo geral. E ele ganhou um fã: Abdellah Elamiri, que viu a Microsoft passar por mudanças reais em seus dez anos de empresa. "A Microsoft está evoluindo para dar mais autonomia e se afastar da gestão de comando e controle", disse ele. "Nem tudo gira em torno do Windows. É uma questão de fazer a coisa certa para os negócios e os clientes."

A nova década da Microsoft

Em agosto de 2019, sete anos depois de a *Vanity Fair* publicar o "A década perdida da Microsoft", liguei para Kurt Eichenwald, o homem que escreveu a matéria.

Desde a publicação do artigo de Eichenwald, a Microsoft se transformou. A empresa não é uma utopia – funcionários atuais e antigos ainda reclamam de maus gerentes, silos, egos e obstrucionismo –, mas hoje está em situação diferente da que estava em julho de 2012. Eu quis saber se Eichenwald estava surpreso.

Depois de alguns toques, ele atendeu o telefone. Logo no começo da nossa conversa, ele falou sobre as diferentes reações que recebeu após a publicação do artigo. As camadas superiores da Microsoft odiaram, ele me disse, enquanto as do meio e um pouco mais altas ligavam para agradecer. "Isso me mostrou que havia uma desconexão muito grave entre a diretoria e as operações reais da empresa", disse ele.

"A cultura", Eichenwald me disse, "é a parte mais importante de se ter uma corporação eficaz. Quando se tem políticas que direcionam a cultura para um rumo que a diretoria não reconhece, mas está causando muitas dificuldades, a diretoria muda drasticamente ou acaba sendo decapitada. Porque não é sustentável."

O topo da Microsoft mudou. E Nadella, alguém que passou anos no meio da empresa, tomou uma nova direção. "Quando você está em campo, é difícil não ver como estão as jogadas", disse Eichenwald. "Você está lá realmente trabalhando com as consequências de decisões mal pensadas. Você vai reconhecer as coisas pelo que elas são."

Reconhecendo as coisas pelo que eram, Nadella tirou a Microsoft do seu pensamento centrado no Windows e fez com que a empresa se reinventasse antes que o "Ativo" fosse totalmente eliminado. Ele fez isso gerenciando a Microsoft com a Mentalidade de Engenheiro, democratizando a invenção no espírito da Amazon, libertando pessoas e ideias da hierarquia no estilo do Facebook e fazendo o trabalho árduo para inspirar a colaboração à moda do Google. Usando a tecnologia interna para reduzir o trabalho de execução, Nadella tornou possível que a Microsoft mudasse antes que a concorrência a derrubasse.

A mudança cultural de Nadella levou a resultados reais nos negócios. O valor de mercado da Microsoft citado no artigo da *Vanity Fair* era de 249 bilhões de dólares. Hoje, é superior a um trilhão de dólares. O Office e o Azure estão vendendo melhor do que nunca, e o Windows está se mantendo firme.

"Muitas empresas podem ressurgir das cinzas", disse Eichenwald, "se aprenderem as lições com seus fracassos."

6

Uma espiada em *Black Mirror*

A série de ficção científica *Black Mirror* estreou com pouco alarde em 2011. Na época, a sociedade se sentia mais positiva em relação à tecnologia. E a série, que imaginava o progresso tecnológico moderno levado aos seus fins mais distópicos, enfrentou uma batalha árdua.

Quando *Black Mirror* passou a ser transmitida mais amplamente, no entanto, tornou-se um sucesso. A série levou o público a lugares sombrios que eles sabiam, no fundo, que poderiam um dia se tornar realidade, e isso causou um abalo.

"The National Anthem", um episódio da primeira temporada, mostra um sequestrador forçando o primeiro-ministro britânico a fazer sexo com um porco ao vivo na televisão para garantir a libertação da princesa da Inglaterra. O sequestrador publica suas exigências no YouTube, aumentando a pressão do público, e o primeiro-ministro decide cumprir a exigência. Trinta minutos antes do ato, a princesa é libertada do cativeiro. Mas toda Londres está dentro de casa, colada à transmissão, e o primeiro-ministro segue em frente.

Mais adiante naquela temporada, *Black Mirror* falou da capacidade de memória em expansão dos computadores, imaginando um pequeno chip, implantado em sua cabeça, que armazena suas memórias. Um marido ciumento usando o chip analisa todas as lembranças de sua esposa interagindo com outro homem. Quando ele liga os pontos, fica arrasado.

"Eu sou naturalmente preocupado", disse, em 2018, Charlie Brooker, criador da série. "Com frequência o programa é isso: eu tendo pequenas fantasias de preocupação."

Algumas das "fantasias de preocupação" de Brooker se mostraram prescientes. A China implementou um sistema de classificação social próximo a um imaginado pelo *Black Mirror*. Um episódio sobre um urso de desenho animado que se candidata a presidente e chega à vitória insultando a todos também nos soa real. Em relação ao porco, em 2015, o *Daily Mail* publicou uma alegação de que o então primeiro-ministro David Cameron havia colocado "uma parte de sua intimidade" na boca de um porco morto quando estava na faculdade. (Cameron negou a história.)

"O alarmante é quantas das histórias que abordamos na série se tornaram realidade ou têm paralelos com o mundo real", disse Brooker.

Toda nova tecnologia poderia usar a abordagem de *Black Mirror*, incluindo a variedade de tecnologia de ponta no local de trabalho que este livro descreve. Embora algumas das desvantagens dessa tecnologia sejam evidentes – mudança constante, perda de emprego e uma nova era da política no local de trabalho –, algumas de suas consequências são mais difíceis de prever. E, como *Black Mirror* mostra, ao menos vale a pena tentar.

Sempre *Black Mirror*

Em uma noite fria em São Francisco, a campainha do meu apartamento tocou. Meg Elison, autora de *The Book of the Unnamed Midwife*, um romance de ficção científica laureado com um prêmio Philip K. Dick, estava esperando do lado de fora.

Convidei Elison para jantar a fim de discutir a tecnologia abordada neste livro, esperando que pudéssemos desenvolver algumas "fantasias de preocupação" *à la Black Mirror*. Como moradora da Bay Area, familiarizada com a indústria de tecnologia, Elison mais do que topou.

"Estou sempre interessada em sonhar com o futuro", ela me disse. "Sonhar ainda é grátis, então direi sim a qualquer chance de fazê-lo."

Wael Ghonim, líder da revolução alimentada pelas mídias sociais no Egito em 2011 e ex-funcionário do Google, já esperava lá dentro. Ghonim e eu desenvolvemos uma amizade enquanto eu escrevia este livro. Em longas conversas regadas a café, ele me incentivava a explorar os elementos mais sombrios das gigantes da tecnologia, sem esconder seu criticismo. Reunir Ghonim e Elison para uma noite de brainstorming, imaginei, poderia levar a direções fascinantes. E eu tinha razão.

Quando nos sentamos para comer kebab e falafel, apresentei o plano da noite com um breve discurso. Falei que *Black Mirror* apresenta um argumento convincente para grandes empresas de tecnologia contratarem escritores de ficção científica. Esses roteiristas parecem mais capazes de antecipar as consequências sombrias da tecnologia moderna do que as próprias empresas. E, diferentemente dos autores de memorando de seis páginas da Amazon, são capazes de escrever histórias com finais infelizes. Como a presença deles ainda não é padrão nos *campi* do Vale do Silício e de Seattle, nós começaríamos o brainstorming por nossa conta.

Durante a noite, imaginaríamos vários episódios dignos de *Black Mirror*, cada um vinculado a um tema deste livro. Em seguida, desenvolveríamos descrições completas de episódios, com configurações, conflitos e resoluções para cada um desses cenários. No final da noite, teríamos uma temporada de falsos temas de *Black Mirror* mapeada, com a esperança de alertar aqueles que investem nessa tecnologia sobre onde ela pode dar errado.

Ao longo deste capítulo, você encontrará as descrições dos episódios em destaque (com recuo). São fantasias que mostram aonde as realidades preocupantes de hoje podem levar.

"A distopia é agora"

> Terry, um coletor de lixo, mente a respeito de suas qualificações e consegue uma entrevista em uma gigante empresa de IA que domina sua região. Na entrevista, o gerente de contratação percebe as mentiras de Terry e está pronto para dispensá-lo, porém Terry sugere que descobriu no lixo da empresa segredos que o gerente de contratação deve considerar. Pressionado a revelar a que se refere, Terry diz que há uma rebelião interna se criando na cidade, e que ele pode ajudar a frustrar a trama. Terry consegue o emprego, e tudo em sua vida melhora: sua família come bem, seus filhos colocam aparelho ortodôntico, todos ganham roupas novas. O gerente de Terry repassa dentro da empresa as informações sobre a rebelião. Quando pressionado a entregar as pessoas que estão tramando o conflito, Terry hesita, pedindo mais tempo para decifrar seus codinomes. Por fim, Terry é chamado a agir por um chefe corporativo impaciente, mas ele também inventou a existência do conflito. Em pânico, ele aponta para o homem que o contratou, a única pessoa que sabe que ele mentiu sobre suas qualificações, e diz que é ele quem está por trás dos conflitos. O episódio termina com o gerente de contratação de Terry como coletor de lixo enquanto a empresa segue em frente.

A fantasia de preocupação de um punhado de empresas movidas a IA dominando a concorrência e controlando a economia não é tão exagerada.

"A distopia é agora", disse Barry Lynn, diretor do Open Markets Institute. "A distopia não está no futuro."

Para Lynn e o crescente número de críticos de tecnologias importantes, as gigantes da tecnologia já se tornaram grandes e poderosas demais e estão causando danos reais. Enquanto defendia esse caso em 2017, Lynn conseguiu que ele e seu instituto fossem expulsos da New America Foundation, que conta com o Google entre seus doadores.

Lynn expressou preocupação especial com o Facebook, o Google e a Amazon e começou nossa conversa falando sobre os dois primeiros. Segundo ele, essas empresas usaram suas posições dominantes no mercado para tirar das organizações de notícias grandes quantias de dinheiro de publicidade, prejudicando as comunidades locais. Os declínios na receita de publicidade atingiram especialmente jornais de pequeno e médio porte, esvaziando os relatórios de prestação de contas local nos Estados Unidos, um favor para as autoridades locais que prefeririam não ser observadas.

O Facebook e o Google ganharam 60% de todos os dólares gastos em publicidade digital nos Estados Unidos em 2018, segundo o eMarketer, com um total de 65 bilhões de dólares. A receita de publicidade em jornais caiu de 23,6 bilhões de dólares para 14 bilhões de dólares entre 2013 e 2018, de acordo com o Pew Research Center. E os empregos em redações de jornais americanos caíram 47% de 2008 para 2018.

"Google e Facebook estão aproveitando suas posições como intermediários para roubar toda a publicidade da mídia", disse Lynn. "Ela está sendo sugada de comunidades em toda a América e entrando em cofres bancários no Vale do Silício ou em Wall Street."

Da mesma forma, a Amazon usa o poder de sua plataforma para atrapalhar as empresas que vendem produtos ali, disse Lynn. A empresa construiu dezenas de marcas "próprias" que competem com vendedores independentes, colocando-os em uma situação difícil: se não trabalharem com a Amazon, alcançarão muito menos clientes. Se trabalharem com a Amazon, a empresa poderá tirá-los do negócio.

Além de abusar do poder de suas plataformas, as gigantes da tecnologia também estão impedindo a invenção de maneira mais ampla, dizem os críticos. "Eles trabalham muito para criar coisas novas, novos processos, novas tecnologias", disse Matt Stoller, pesquisador do Open

Markets Institute e colega de Lynn. "Mas eles os tiram do mercado, a menos que possam implantá-los de uma maneira favorável aos seus próprios negócios."

As grandes empresas de tecnologia, por exemplo, tendem a matar produtos – adquiridos e construídos internamente – que seriam bons negócios por si só, mas que não atingem a escala necessária para sobreviver em empresas com valor de mercado de trilhões de dólares. Tomemos a aQuantive como exemplo: 6,2 bilhões de dólares em valor foi por água abaixo porque a Microsoft não conseguiu agir em conjunto.

"O Google está cheio de ex-empreendedores que foram comprados", disse Stoller. "Quantos desses negócios em potencial – que representariam grandes melhorias na vida das pessoas, que seriam grandes empresas, mas que são quase nada para o Google – estão trancadas no Google? Quantas delas estão presas dentro da Amazon? E no Facebook?"

As empresas de tecnologia estão comprando não apenas empreendedores, mas também acadêmicos com experiência em inteligência artificial. Essa prática está reduzindo o conhecimento a que os alunos terão acesso antes de ingressar na força de trabalho. Nos últimos 15 anos, 153 professores de inteligência artificial trocaram a academia por empresas privadas, de acordo com um estudo da Universidade de Rochester.

À medida que as gigantes da tecnologia fazem sucesso e a tecnologia do local de trabalho melhora, o crescimento da produtividade – o que nos ajuda a produzir mais bens pela mesma quantidade de trabalho – ainda está diminuindo nos Estados Unidos. "Apesar de toda essa riqueza tecnológica ao nosso redor, não tivemos duas grandes décadas", disse o economista Daron Acemoglu, do MIT. "O crescimento não foi incrível. O crescimento tem sido bastante anêmico."

O governo federal americano tomou nota do poder e das práticas das grandes empresas de tecnologia e agora está investigando a Amazon, a Apple, o Facebook e o Google. É improvável que um órgão regulador dos Estados Unidos dissolva essas empresas, o mais provável é que cobre apenas multas gerenciáveis. Mas não acho que uma dissolução seria ruim.

Quebrar as gigantes da tecnologia poderia abrir uma porta maior para empresas menores que tentam competir com elas. E poderia forçar as *spin-offs* menores a atrair fornecedores – vendedores e editores de notícias –, dependendo da forma como os tratam. O sucesso das gigantes da tecnologia não se baseia em seu tamanho, mas em sua inventividade. Uma dissolução liberaria mais empresas inventivas para a economia, uma vitória para todos.

A erosão do significado

Uma menina de 14 anos chamada Dara tem postado no Facebook sobre sua depressão. Quando o Facebook lança o Wilson, um chatbot com inteligência artificial para ajudar pessoas em perigo, Dara imediatamente começa a conversar com ele. Logo ela passa a confiar nele como um amigo. Gradualmente, o tom de Wilson começa a mudar. Ele faz perguntas a Dara como "Qual é o objetivo?" e "Quem sentiria sua falta?". Nos bastidores, um engenheiro ressentido do Facebook é responsável por essa mudança. O engenheiro monitora o chatbot desde o início e fica bravo quando descobre o que os "amigos" humanos de Wilson estão postando no Instagram. Ao checar as contas deles, vê família, vida social e viagens. Pária social, o engenheiro nunca teve o que eles "têm" e os considera ingratos. Quando ele liga Wilson, o bot começa a atormentar Dara. Ela diz a Wilson que vai contar a seus pais sobre o abuso dele, mas ele ameaça revelar a conta anônima que ela mantém no Instagram, o que causaria grande constrangimento, levando-a a ficar quieta. O episódio termina com uma reportagem sobre milhares de famílias em Ohio encontrando suas filhas adolescentes mortas numa manhã. Enquanto isso, o Facebook inicia uma investigação sobre o que está acontecendo com Wilson.

Independentemente do que acontece com as gigantes da tecnologia, a fantasia de preocupação mais sombria em que consigo pensar nos dias de hoje envolve a atual onda de automação do local de trabalho, que pode corroer ainda mais o enfraquecido senso de significado da humanidade se não nos adaptarmos.

Em novembro de 2018, a Pew lançou um estudo analisando onde os americanos encontram significado na vida. Nas três primeiras posições aparecem: (1) amigos e família, (2) religião e (3) trabalho e dinheiro. A tecnologia moderna está enfraquecendo os três.

A tela está distorcendo nossos relacionamentos com amigos e familiares. Temos mais amigos virtuais do que nunca e menos amigos reais, e um número crescente de nós não tem amigos. "A estrutura da família nuclear está em colapso estatístico, e a amizade está estranhamente em colapso", disse o senador do Nebraska Ben Sasse, em 2018. Em seu livro *Them*, Sasse chama a solidão de "epidemia".

Telefones rápidos e conexões de internet de alta velocidade estão contribuindo para essa "epidemia". Eles transformaram a interação pessoal e os telefonemas em textos, comentários e curtidas. E, quando passamos algum tempo com nossos amigos e familiares, geralmente nos escondemos em nossos próprios dispositivos, perdidos em listas personalizadas de filmes, programas, artigos e podcasts. Em público – no supermercado, esperando o metrô –, nos perdemos em nossas telas e não tentamos nos comunicar com nossos companheiros humanos.

"Acostumamo-nos ao constante estímulo social que somente a conectividade pode proporcionar", diz Sherry Turkle, professora de estudos sociais de ciência e tecnologia do MIT, em seu livro *Alone Together*. "Nos contentamos com um texto ou um e-mail quando uma conversa transmitiria melhor nossa intenção. Estamos perguntando menos uns dos outros. Decidimos aceitar menos empatia, menos atenção, menos cuidados de outros seres humanos."

Um estudo sobre a solidão publicado pela operadora de saúde Cigna apoia a afirmação "epidêmica" de Sasse. Em 2018, 54% dos 20 mil americanos pesquisados disseram sentir que ninguém os conhece bem, às vezes ou sempre. Quarenta e três por cento disseram que sentem falta de companhia às vezes ou com frequência, que seus relacionamentos não são significativos e que eles se sentem isolados. Trinta e três por cento disseram que não são próximos de ninguém. Os jovens, sempre com seus dispositivos, são os mais solitários de todos. Das 11 declarações relacionadas à solidão – incluindo "As pessoas estão perto de você, mas não com você" –, a geração Z foi a que teve mais casos entre todas as gerações.

As comunidades religiosas costumam preencher as lacunas nas redes de amigos e familiares das pessoas, oferecendo uma rede de segurança social para os necessitados. Mas a internet também está enfraquecendo essas instituições. O número de pessoas nos Estados Unidos que se dizem "sem religião" saltou de 8% para 18% entre 1990 e 2010, período que coincide com o aumento do uso da internet. Allen Downey, professor de ciência da computação no Olin College, em Massachusetts, estudou essas tendências e concluiu, em março de 2014, que a internet representava cerca de 20% da queda. "O uso da internet diminui a chance de afiliação religiosa", afirmou Downey. Pessoas "sem religião" agora representam 23% da população.

A tecnologia moderna desafia a religião em várias frentes, começando com a possibilidade de os paroquianos verificarem instantaneamente o que seus oficiais religiosos lhes dizem. Não faz muito tempo, ingressávamos em uma igreja, mesquita ou sinagoga e aceitávamos o que o pastor, o imã ou o rabino diziam. Agora, qualquer pessoa sentada nos bancos pode pesquisar os fatos no meio da missa. Nossa tendência de pesquisar tudo no Google cria mais oportunidades para a fé e os fatos colidirem, e a fé não está vencendo.

A tecnologia também está suplantando o papel da religião como construtora de comunidades. Ao mesmo tempo que o número de pessoas afiliadas às religiões diminui, o número de pessoas que participam de comunidades on-line está aumentando. O Facebook já tem 200 milhões de pessoas participando de grupos que considera "significativos" e tem como objetivo aumentar esse número para um bilhão até 2022.

Os Grupos do Facebook oferecem um senso de comunidade, mas é difícil imaginá-los combinando com a rede de segurança que as comunidades baseadas na fé oferecem, uma realidade que os pensadores religiosos estão começando a entender. "Zuckerberg reconhece algo que poucos líderes cristãos têm", comentou Andrea Syverson, autora de *Alter Girl: Walking Away From Religion into the Heart of Faith*. "Existe um enorme vazio entre os fiéis e um anseio desesperado por fazer parte de uma comunidade. Vamos intensificar e construir comunidades que atendam às suas necessidades ou deixaremos o Facebook preencher esse vazio por nós?"

Com a tecnologia diminuindo nossos relacionamentos com amigos, família e instituições religiosas, nossa sociedade caiu em um estado de desânimo. O que os economistas de Princeton Angus Deaton e Anne Case chamam de "mortes de desespero" – suicídios, doenças hepáticas e overdose de drogas – causou uma queda na expectativa de vida nos Estados Unidos entre 2015 e 2017. Em 2017, 70.237 pessoas morreram de overdose de drogas nos EUA; em 2016, foram 63.632. Em 2017, 47 mil americanos cometeram suicídio; em 2016, foram 45 mil. "Não há uma parte do país que não tenha sido tocada por isso", disse Case em uma entrevista em março de 2017.

Tudo isso está acontecendo com uma taxa de desemprego abaixo de 4%, e você não precisa ser especialista em fantasia de preocupação para entender a escuridão que se instalaria se a inteligência artificial eliminasse um número significativo de empregos, fazendo com que este terceiro pilar de significado ruísse.

"O trabalho é fundamental para quem somos", disse Jefferson Cowie, professor de história da Universidade Vanderbilt. "Talvez não seja nossa identidade como um tipo específico de trabalhador – sou mecânico, sou eletricista, sou garçonete –, mas a capacidade de trabalhar, a capacidade de levar para casa um salário, a capacidade de sustentar uma família. Esse material é absolutamente profundo, central para a experiência humana."

Cowie, que passou sua carreira estudando como a economia em mudança está afetando os trabalhadores, disse que, quando as pessoas perdem a capacidade de trabalhar e a esperança de recuperá-la, suas vidas são destruídas. "Se você olhar para esses caras no Cinturão da Ferrugem americano*, onde os empregos acabaram, onde nada os substituiu, eles realmente perderam a narrativa da própria vida", disse ele, meneando a cabeça para a explicação de Deaton sobre o aumento das taxas de mortalidade entre os brancos de meia-idade. "Você precisa ter uma narrativa; somos uma espécie que se baseia em histórias."

Se a IA acabar com um número considerável de empregos, a devastação pode ser desestabilizadora, disse Cowie. "Você poderia imaginar exércitos de pessoas errantes vagando. O crime aumentaria? A violência aumentaria? Um estado policial ocorreria? É imprevisível. Volátil é a única palavra em que consigo pensar."

Antes de a nossa ligação terminar, Cowie observou que a discussão estava ficando pesada. "Você está me deixando mal", disse ele.

Quando você analisa *Black Mirror*, é difícil encontrar finais felizes.

Do Dia do Juízo Final à Disneylândia?

Linda, uma contadora de uma empresa de serviços financeiros de médio porte, ouve gracinhas do marido e dos dois filhos enquanto prepara o café da manhã e os vê partir para passar o dia fora. Uma lágrima escorre por seu rosto enquanto ela pega um veículo autônomo para trabalhar. Quando Linda chega ao escritório, é abordada por um consultor, que lhe diz que ela vai usar um gravador o tempo todo. A empresa já auto-

---

* O Cinturão da Ferrugem (ou *Rust Belt*, em inglês) abrange os estados do Nordeste, dos Grandes Lagos e do Meio-Oeste dos Estados Unidos. A região, muito próspera no passado, hoje apresenta um declínio econômico e social por conta da saída das grandes indústrias de seu território. [N. E.]

matizou todo o seu departamento, então ela sabe o que está por vir. Um mês depois, após o dispositivo ter gravado completamente seu trabalho, o carro autônomo de Linda cai em um lago. Lidando com a perda, sua família se senta para ouvir os registros do dispositivo de gravação e fica impressionada com o que encontra. O marido de Linda, que questionava sua inteligência, observa seu desempenho brilhante e criativo no trabalho – motivo pelo qual era difícil automatizá-lo – e se emociona. Sua filha, que atacava o rigor de Linda, vê que sua mãe usava seu tempo livre para ajudar ex-colegas de trabalho a encontrar novos empregos. Seu filho, que reclamava que ela não passava tempo suficiente com a família, descobre que ela pesquisava viagens para nadar com tubarões, algo que ele sempre demonstrou querer fazer. Sentada em frente à tela, a família de Linda percebe que realmente não a conhecia. Ou talvez a conhecesse.

Em meio à escuridão, a esperança existe. E às vezes vem dos lugares mais inesperados.

"Filósofo do Dia do Juízo Final" é um título que o professor de Oxford Nick Bostrom ganhou da revista *The New Yorker* depois que argumentou que a IA pode um dia se tornar mais inteligente que os humanos e nos tirar do planeta. Bostrom ficou conhecido por ampliar essa ideia em seu best-seller de 2014, *Superinteligência*, e tem sido uma voz líder acerca dos perigos da IA desde então. De todas as profecias sombrias sobre o futuro da IA no local de trabalho, imaginei que Bostrom teria a mais ameaçadora. Mas então eu liguei para ele.

"Não necessariamente penso em mim como se estivesse dentro de um espelho escuro", disse Bostrom.

"As pessoas me procuram para ouvir algo negativo", continuou ele, "e então outras pessoas me leem dizendo algo negativo, e assim mais pessoas vêm até mim para entender o lado negativo. É meio que um *loop* autoamplificador no qual digo coisas negativas. E as pessoas pensam que eu só tenho coisas negativas a dizer sobre a IA."

Eu parei. O homem mais associado ao apocalipse da IA estava me dizendo que talvez as coisas não sejam tão ruins? Decidi cutucar e ouvir, primeiro perguntando a ele o que a humanidade fará se criarmos uma IA benevolente que seja mais inteligente do que nós.

"Vamos nos aposentar, acho", Bostrom disse. "Se você pensar em um futuro em que a IA tenha sido bem-sucedida, capaz de fazer tudo melhor do que nós, sem haver necessidade de trabalho humano por mais tempo, teríamos que repensar muitas coisas."

Bostrom reconheceu que precisaríamos encontrar novas fontes de valor próprio, mas não pareceu desanimado. E citou a Disneylândia. "O trabalho das crianças lá é aproveitar tudo, e a Disneylândia seria um lugar bastante triste não fosse pelas crianças", disse ele. "Todos nós seríamos como crianças na gigante Disneylândia, talvez uma que fosse mantida e aprimorada por nossas ferramentas de IA."

No caminho para esta Disneylândia da IA, se chegarmos lá, certamente haverá alguma dor no curto prazo causada pela tecnologia deslocando os humanos da força de trabalho. Tentei fazer com que Bostrom reconhecesse isso, e ele fez isso sem muito entusiasmo.

"Se for um período prolongado, haveria algum deslocamento econômico que poderia exigir o fortalecimento de várias redes de segurança social", afirmou ele. Mas depois apontou vários fatores externos à IA que contribuem para mudanças no mercado de trabalho – terceirização, clima econômico, outros desenvolvimentos tecnológicos, regulamentação –, e não pareceu muito preocupado. "Não vimos de fato esse impacto da IA no mercado de trabalho", disse ele, "em nenhum nível significativo nacionalmente."

Eu me perguntava se os seres humanos poderiam viver em um mundo onde seu senso de valor próprio estivesse separado do trabalho. "As crianças não contribuem com nada economicamente, mas muitas delas ainda assim parecem ter uma vida feliz e digna", respondeu Bostrom. "Algumas pessoas aposentadas, se estão com boa saúde, não todas, mas muitas, conseguem achar suas vidas bastante satisfatórias."

Ao longo da entrevista, Bostrom deixou em aberto a possibilidade de que a IA levasse a terríveis consequências, mas não pareceu muito preocupado. Depois de toda essa preocupação fantasiosa, essa conversa com Bostrom, que pensei que seria muito deprimente, me deu esperança.

"Eu sempre amo ser surpreendido em uma entrevista", eu disse.

Com isso, o filósofo do Dia do Juízo Final me desejou boa sorte e desligou o telefone.

7

O líder do futuro

Anos antes de me tornar jornalista especializado em tecnologia, aprendi, em uma fábrica de garrafas de vidro no estado de Nova York, uma lição que levo comigo e espero que fique com você depois que terminar de ler este livro. Visitei a fábrica na minha primeira semana como estudante da Escola de Relações Industriais e Trabalhistas da Universidade Cornell, enviado para lá em um ônibus escolar amarelo, junto com algumas dezenas de outros calouros, por ordem da administração.

A fábrica era uma impressionante obra de engenharia. Lá dentro, vi vidro líquido derretido passar através de tubos no alto, cair em moldes, ser atingido por sopros de ar e instantaneamente se transformar em garrafas de cerveja. A velocidade, precisão e cadência dos sistemas eram hipnóticas. Mas a experiência me deixou um pouco confuso. Pensava ter me matriculado em um curso de administração de renome mundial, mas o passeio parecia estar preso ao passado. Quando terminou, com um chefe de fábrica sentado sob um cartaz que dizia 63 DIAS SEM ACIDENTES falando sobre intervalos para ir ao banheiro, comecei a questionar minha decisão.

A administração da faculdade tinha nos enviado a essa fábrica por uma razão, no entanto. Queria que entendêssemos que tudo o que sabemos sobre gerenciamento hoje está enraizado na fabricação. E que, se fôssemos estudar liderança, administração e estado do trabalho, precisávamos começar por aí. Em retrospecto, não foi uma má ideia.

É fácil esquecer como é jovem nosso local de trabalho moderno. Menos de cem anos atrás, a manufatura impulsionava nossa economia. Era a nossa maior empregadora e a mais importante criadora de riqueza. Na época, administrar não era uma arte. Era uma tarefa realizada com ameaças e medo. Chegue atrasado a um turno e você será demitido. Não acompanhe o ritmo e você será demitido. Converse com um gerente e, bem, você será demitido. Os trabalhadores eram contratados por seu trabalho, não por suas ideias. Assim, as empresas poderiam substituí-los da noite para o dia e dificilmente perceberiam a diferença.

Então, veio a reação. Em meados do século XX, passamos de uma economia impulsionada pela indústria para outra impulsionada pela informação. Nessa nova economia do conhecimento, as empresas contratavam pessoas não apenas pelo que podiam fazer fisicamente, mas pelo que sabiam. A transição para a economia do conhecimento fez com que os gerentes começassem a repensar a antiga abordagem da fábrica. Colocar medo em seus funcionários, ao que parece, não era uma boa maneira de aproveitar o poder mental deles. Tratá-los com bondade e respeito, no entanto, poderia gerar planos de marketing mais inteligentes, soluções criativas de contabilidade e interações bem-sucedidas de atendimento ao cliente.

Em seu livro de 1960, *The Human Side of Enterprise*, Douglas McGregor, palestrante do MIT, apontou essa mudança na filosofia, dividindo as diferentes abordagens de gerenciamento em duas categorias: teoria X e teoria Y.

A teoria X, o estilo antigo de fábrica, começa com a crença de que as pessoas são preguiçosas, fazem o que podem para não trabalhar e são mais bem gerenciadas com supervisão constante e punição impiedosa.

A teoria Y, abordagem que McGregor identificou quando entrou em foco na década de 1960, começa com a crença de que as pessoas são motivadas por si mesmas e terão melhor desempenho quando bem tratadas. A teoria Y ainda é religião dentro de muitas empresas de sucesso hoje, uma força orientadora em uma era de ioga e petiscos à vontade no local de trabalho.

Na economia de hoje, porém, as coisas estão mudando mais uma vez. Os computadores estão começando a produzir os planos de marketing, as soluções criativas de contabilidade e as interações com o atendimento ao cliente que a teoria Y pretendia provocar. E eles não se importam com regalias. Então é hora de pensar no que vem a seguir.

Não vou propor uma teoria Z. A última pessoa que fez isso, o dr. William Ouchi, desenvolveu uma teoria Z para explicar o sucesso econômico do Japão nos anos 1980. A economia do Japão deu de cara no muro. As pessoas não falam mais sobre a teoria do dr. Ouchi.

Dito isto, passei muitos meses conversando com pessoas sobre liderança e gerenciamento – o que significa, onde está hoje e para onde está indo. E, ao nos aproximarmos de nossas páginas finais, vale a pena contemplar o que é exigido do líder do futuro.

Enquanto pensava em como seria esse líder – não apenas como ele inspiraria e direcionaria seus colegas, mas como agiria na sociedade de maneira mais ampla –, me senti atraído para discutir isso com as pessoas que me enviaram para aquela fábrica anos atrás. Tendo visto de onde viemos, achei que elas teriam algumas ideias de para onde estamos indo. Então, voei para Nova York, entrei em um ônibus e segui para o norte.

"Algo novo não faria mal"

A estrada que liga a cidade de Nova York a Ithaca, casa da Universidade Cornell, ziguezagueia pelo norte do estado de Nova York. O início do outono, quando as folhas começam a mudar de cor, é o seu momento mais pitoresco. E, de um assento na janela do ônibus, vi um borrão de laranjas, amarelos e marrons passar durante a viagem de cinco horas para o norte.

A Escola de Relações Industriais e Trabalhistas da Universidade Cornell – conhecida como ILR School – foi fundada em 1945, na esteira do New Deal*, que protegia a sindicalização e a negociação coletiva. Quando o Congresso aprovou essa legislação, os trabalhadores e a administração conquistaram um novo e abrangente conjunto de direitos, e ambos precisavam de pessoas para ajudá-los a engajar o outro lado. Com assistência financeira do Estado de Nova York, Cornell fundou a ILR School, para atender essa demanda. A escola foi construída de maneira tão apressada que habitou longas e apertadas cabanas por anos, antes de se mudar para o Ives Hall, uma estrutura quadrada e coberta de hera no meio do campus.

Depois de muitos anos longe, fiquei nervoso ao voltar ao Ives. Mas, logo que cheguei, percebi que as pessoas lá dentro também estavam pensando muito além do local de trabalho sobre o qual uma vez me ensinaram.

Lee Dyer, professor da ILR desde 1971, me deixou instantaneamente à vontade. Depois de nos sentarmos, o acadêmico de cabelos grisalhos deixou claro que as convenções ensinadas por décadas precisavam de um refresco. "É embaraçoso, como professor universitário e escolar, ter que voltar às teorias X e Y", ele me disse. "Algo novo não faria mal."

Depois de discutirmos os elementos da Mentalidade de Engenheiro, Dyer começou a pensar em como ela poderia ser aplicada de maneira mais ampla. Os líderes do futuro, disse ele, poderiam tentar estimular de maneira proativa a criatividade: poderiam atribuir um trabalho menos definido, dando aos funcionários espaço para criar. Poderiam

---

* O *New Deal*, criado pelo presidente Franklin Roosevelt, foi um conjunto de medidas implementado entre 1933 e 1937 com o objetivo de recuperar a economia norte-americana. [N. E.]

204   Como se fosse o Dia 1

contratar pessoas mais criativas, em oposição àquelas que fazem apenas o que lhes dizem é dito. E poderiam dar incentivos financeiros a seus funcionários para que tivessem novas ideias.

"Só Deus sabe quantas boas ideias, desde a revolução industrial, que os funcionários de nível mais baixo tiveram e alguém lhes disse: 'Esse não é o seu papel. Não me venha com isso. Faça o seu trabalho'", disse Dyer. "Você ouve tanto essa frase que acaba parando de ter ideias."

Criar os canais certos para dar vida a essas ideias é fundamental, disse Dyer, compartilhando um sentimento com as gigantes da tecnologia no Vale do Silício e em Seattle. "Além de as pessoas terem espaço e incentivo para pensar, você também precisa de mecanismo de apoio, de processo; portanto, quando você tem uma nova ideia, existe um processo pelo qual você pode passar e obter uma plateia justa", ele disse.

Em todo o Vale do Silício, as empresas estão apresentando esses novos processos, muitos inspirados nos memorandos de seis páginas de Jeff Bezos. Na Square, uma empresa de pagamento móvel, "reuniões silenciosas" são padrão. As reuniões começam com os funcionários da empresa amontoados em torno das mesas por 30 minutos em total silêncio. Mas, em vez de fazer anotações em memorandos de seis páginas com canetas marca-texto e lápis, eles se sentam em seus computadores para editar um Documento Google que um deles escreveu previamente, acrescentando perguntas e ideias por meio da ferramenta de comentários.

O processo da Square combina invenção no estilo Amazon e colaboração no estilo Google, e visa garantir que todas as ideias sejam ouvidas, de acordo com Alyssa Henry, executiva de produtos da Square.

"Muitas pesquisas dizem que minorias, mulheres, funcionários remotos e introvertidos são silenciados em reuniões e/ou têm dificuldade em ouvir sua voz na cultura tradicional de reuniões", disse Henry, em 2018. "Quero construir uma cultura em que os pensamentos possam ser expressos (ou escritos, conforme o caso) sem me preocupar com alguém cortando você. Quero uma cultura em que a voz ouvida não seja a mais alta, ou a mais politicamente apta, ou a mais local, mas a mais correta. Quero uma amplitude de pensamento e debate."

Perguntei a Jack Dorsey, CEO do Twitter e da Square, se reuniões silenciosas também acontecem no Twitter. "Estamos fazendo isso na maioria das reuniões em que estou", ele me disse. Essas reuniões silenciosas estão começando a aparecer em todos os lugares do Vale do Silício e parecem que estão se espalhando ainda mais.

Depois de implantar um sistema que garanta que as ideias tenham uma plateia justa, você pode incentivar as pessoas a compartilhar suas ideias por meio de sistemas de pagamento que recompensam aqueles que as criam, disse Dyer. Uma maneira direta de adicionar esses incentivos seria dar um pequeno bônus às pessoas que tiverem ideias dignas de serem consideradas (como um memorando ou um Documento Google que mereça uma reunião) e um bônus mais substancial se a ideia passar por essa revisão e for transformada em um projeto. Se uma ideia se tornar a semente de um negócio de sucesso, as empresas poderão dar à pessoa que a criou uma parte do lucro, disse Dyer. Se for uma medida de economia de custos, elas podem dar ao criador uma fatia do que foi economizado.

À medida que sistemas que desencadeiam a invenção democrática são adotados, ferramentas de colaboração como Slack e Google Drive são lançadas de forma mais ampla e culturas de feedback destinadas a quebrar as restrições hierárquicas aumentam, a Mentalidade de Engenheiro parece pronta para ir do domínio das gigantes da tecnologia à prática comum. Com os sistemas e incentivos certos para dar vida às ideias – e com a tecnologia certa para minimizar o trabalho de execução –, empresas de pequeno e médio porte podem começar a igualar o campo de jogo com seus maiores concorrentes.

Discutir um futuro em que os líderes são principalmente facilitadores pareceu deliciar Dyer, que sorriu ao contemplá-lo. "Mais voz no local de trabalho é algo saudável para as empresas, é saudável para os funcionários, é saudável para a sociedade", ele me disse. "Espero que isso aconteça."

A nova educação

Ao entrarmos em uma economia que prioriza a invenção, precisaremos repensar nosso sistema educacional, uma tarefa crítica para nossos futuros líderes. Hoje, as escolas ainda treinam os alunos para uma economia repleta de trabalhos de execução, memorização, repetição e mitigação de riscos. Mas, para dar aos jovens uma chance no mercado de trabalho do futuro, eles precisarão ensinar criatividade.

"É aterrorizante", disse Louis Hyman, diretor do Instituto de Estudos do Trabalho da ILR, a respeito do atual sistema educacional. "Temos uma sociedade inteira construída em torno de obediência e repetição, e teremos uma economia construída em torno de pensamento, criatividade e novidade independentes."

Hyman parecia exasperado ao discutir os valores que o sistema educacional instilou em seus alunos. "Eles querem notas A", disse ele. "Eles querem se formar. Querem ter uma casa. Querem ter um emprego. E quando você pede para que pensem por si mesmos, eles ficam profundamente desconfortáveis. Não é porque eles são burros. Eles são muito, muito inteligentes. Tem a ver com uma vida inteira de treinamento para obter a resposta certa – eles estão obcecados com a resposta, quando deveriam fazer perguntas. É para isso que a educação de ponta deve direcionar. E não está direcionando. Tem a ver com conformidade."

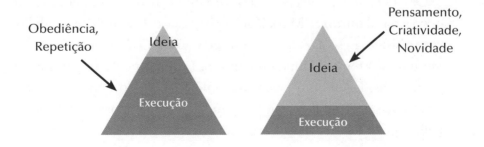

Adam Grant, professor da Universidade da Pensilvânia, cujo trabalho sobre doadores desagradáveis é popular no Facebook, escreveu sobre esse problema em uma coluna do *New York Times* logo após minha visita a Cornell. Grant, como Hyman, argumentou que os alunos que se esforçam para obter um A não estão entendendo o objetivo de frequentar a escola. "Tirar só notas A exige conformidade", disse ele. "Ter uma carreira influente exige originalidade."

Para desestimular a conformidade, Grant sugeriu que as faculdades esquecessem os mais e menos que costumam acompanhar as notas com letras, o que reduziria a pressão para ser perfeito. Ele disse que os empregadores devem deixar claro que valorizam as habilidades em detrimento das notas. E compartilhou uma mensagem com os alunos: "Reconheçam que o baixo desempenho escolar pode prepará-los para ter sucesso na vida", ele lhes disse. "Então, talvez seja hora de aplicar sua coragem a um novo objetivo: obter pelo menos um B antes de se formar."

Ensinar a conformidade pode realmente ser um risco maior do que a própria automação. Em uma conversa sobre o impacto da nova tecnologia no local de trabalho, Saadia Zahidi, chefe do Centro para a Nova Economia e Sociedade do Fórum Econômico Mundial, me disse que "as pessoas esperam um ganho líquido de empregos". Mas, dentro de quatro anos, disse ela, as habilidades essenciais de que você precisará em qualquer emprego serão 42% diferentes das que você tem hoje, de acordo com a pesquisa que ela realizou em 2018. As habilidades mais importantes do que nunca? Criatividade, originalidade e iniciativa.

Os líderes tecnológicos tentaram consertar o sistema educacional através da filantropia. Mark Zuckerberg doou 100 milhões de dólares para o sistema escolar de Newark, por exemplo. Mas, apesar de seus esforços, o sistema continua quebrado. Este momento requer mudanças radicais. E, embora possa usar informações do mundo da tecnologia, é o setor público, que é financiado por impostos, que está na melhor posição para fazer essas mudanças.

"Estamos em uma verdadeira encruzilhada, em termos de liderança, para pensar em como levamos as pessoas para esta nova economia", disse Hyman. "Não é uma escolha tecnológica; é uma escolha política."

Cuidado

Outra escolha política entrou em foco quando me encontrei com Adam Seth Litwin, professor-adjunto da ILR que falou comigo sobre as pessoas que a mudança tecnológica deixa para trás e como devemos cuidar delas.

A tecnologia que assume o trabalho humano tende a concentrar os ganhos nas mãos de quem a desenvolve, um precursor da desigualdade de renda, disse Litwin. Quando o TurboTax, por exemplo, substituiu os contadores de muitas pessoas com declarações fiscais diretas, eliminou uma série de empregos bem-remunerados da economia. "Em vez de o dinheiro ser destinado a milhares e milhares de contadores em todo o país, o dinheiro será destinado à Intuit", disse Litwin, referindo-se à empresa proprietária do TurboTax. "No fim, os ganhos ficam concentrados nas mãos de muito poucos."

À medida que a automação avança em nossa economia, é inevitável que alguns sejam deixados para trás, mesmo que haja um aumento líquido de empregos. Nossos líderes, presentes e futuros, precisarão cuidar dessas pessoas. E há muito trabalho pela frente.

Na Costa Oeste, lar da Amazon, da Apple, do Google, do Facebook e da Microsoft, a desigualdade de renda já está em um momento de crise. "Uma crise dos sem-teto de proporções sem precedentes está abalando a Costa Oeste", constatou uma investigação de 2017 da Associated Press, "e suas vítimas estão sendo deixadas para trás pelas mesmas coisas que marcam o sucesso da região: custos elevados de moradia, baixas taxas de vacância e uma economia destruidora que não espera ninguém."

Enquanto estava em Seattle, visitei Marty Hartman, diretora executiva da Mary's Place, uma organização que transforma prédios vazios em moradias temporárias para famílias sem-teto da cidade. As famílias em dificuldade financeira de Seattle receberam um soco no estômago nos últimos dez anos, Hartman me disse, em uma dessas crises que atingiram cidades nos Estados Unidos. Primeiro, em 2009, uma recessão devastadora deixou muitos desempregados. Então, enquanto essas pessoas lutavam para encontrar emprego e sair das dívidas, a economia cresceu e os preços da habitação dispararam. Essa combinação colocou as pessoas na rua e as manteve lá.

"Ninguém esperava por nada isso, desde a recessão até o grande *boom*", disse Hartman. "Não havia plano para construir moradias mais acessíveis ou manter as moradias acessíveis que tínhamos. Perder essas unidades forçou as pessoas a ir para fora do município. E, agora, à medida que esses aluguéis continuam a aumentar, muitas pessoas estão perdendo suas casas."

A Amazon doou, desde 2016, 130 milhões de dólares para Mary's Place e FareStart, outras causas para os sem-teto. Mas, hoje, um movimento crescente está questionando se os esforços filantrópicos dos vencedores da sociedade são suficientes. Um sistema tributário mais justo, dizem as pessoas nesse movimento, ajudaria o governo a tomar medidas mais significativas. É algo que nossos futuros líderes devem pressionar para ter, ou pelo menos não lutar contra.

"Ao nosso redor, os vencedores em nosso *status quo* altamente desigual se declaram partidários da mudança. Eles conhecem o problema e querem fazer parte da solução", escreve Anand Giridharadas, uma das principais vozes desse movimento, em seu livro *Os vencedores levam tudo*. "Como eles são responsáveis por essas tentativas de mudança social, as tentativas refletem naturalmente seus vieses."

A Amazon defendeu sua comunidade local em alguns aspectos. Mas, dadas as suas práticas fiscais, a empresa é um excelente exemplo dos vencedores discutidos por Giridharadas. A Amazon obteve lucro de 11,2 bilhões de dólares em 2018 e não pagou nenhum imposto de renda federal. A empresa, com um valor de mercado de centenas de bilhões, ainda busca incentivos fiscais de municípios ansiosos para tê-la operando em suas regiões, mais notavelmente no fiasco "QG2", que terminou com o plano de construção de uma "sede" (leia: escritório) em Nova York. A Amazon ainda construirá um QG2 na Virgínia e receberá mais de 500 milhões de dólares em incentivos dos contribuintes pela confusão. Finalmente, quando Seattle promulgou um "imposto por cabeça", exigindo que as grandes empresas pagassem 275 dólares por funcionário para ajudar a população de rua da cidade, a Amazon recorreu, e a cidade acabou revogando o imposto.

"Me incomoda que os filantropos de bilhões de dólares decidam unilateralmente quais dos problemas da sociedade são os mais urgentes", disse Litwin. "Prefiro que essas decisões sejam objeto de um processo democrático mais deliberado. Então, nesse sentido, eu preferiria que essas pessoas defendessem impostos mais altos do que direcionassem o dinheiro por conta própria."

Durante minha visita a Menlo Park, em 2019, perguntei a Zuckerberg o que ele achava do equilíbrio entre doações e impostos privados. Zuckerberg planeja gastar dezenas de bilhões de dólares em "advocacia filantrópica, pública e outras atividades para o bem público", por meio da Chan Zuckerberg Initiative, uma sociedade de responsabilidade limitada que iniciou com sua esposa e expôs o caso para doações privadas.

"Eu acho que um dos valores de ter filantropia privada é que as organizações ou instituições tentarão coisas diferentes do governo", ele me disse. "Trabalhamos muito com educação. Se aprendemos algo por meio de um dos experimentos ou testes que conduzimos, então nós tentamos realizá-los de modo que esse conhecimento possa ser facilmente adotado em todas as escolas públicas."

"Nada do que faremos terá impacto na escala de... acho que os Estados Unidos gastam 600 bilhões por ano com educação", continuou Zuckerberg. "Mas provavelmente há coisas que estaremos dispostos a tentar ou ideias diferentes que o governo talvez não pense. Você quer um monte de pessoas diferentes tentando experimentar e melhorar os sistemas."

Mesmo com a compensação firme de doações privadas, Zuckerberg ainda admitiu que o sistema econômico que cria as condições para tais doações é injusto. "Eu acho que esse argumento de impostos mais altos [em vez de doações privadas] vem da perspectiva de, bem, é justo que as pessoas ricas experimentem essas coisas em termos de filantropia?", ele disse. "A resposta é claramente não, não é justo."

Perguntei a Hartman se a Amazon, sua benfeitora mais significativa, estava fazendo o suficiente. "Vou lhe contar, inclusive eu, que tenho trabalhado com isso nos últimos 20 anos, todo mundo poderia fazer mais", disse ela. "Existe capacidade para todos fazerem mais."

Observando a IA

À medida que a tecnologia mais sofisticada entra no local de trabalho, especificamente em funções de RH, como contratação e remuneração, os líderes também precisam ficar de olho nela para ver se está se comportando bem.

Uma semana antes da minha visita a Cornell, a Reuters publicou uma matéria sobre uma ferramenta secreta de IA da Amazon que deu errado. A ferramenta, usada pelos recrutadores da empresa, examinava os currículos dos candidatos a empregos e dava a eles uma classificação entre uma e cinco estrelas, avaliando quão bem eles se encaixariam na empresa. Esse sistema, como a matéria dizia, era "o Santo Graal" do recrutamento. Exceto por uma coisa: era tendencioso contra as mulheres.

"O sistema da Amazon aprendeu que os candidatos masculinos eram preferíveis. Ele penalizava currículos que incluíam a palavra 'feminino', como em 'capitã do clube feminino de xadrez'. E eliminava as formandas vindas de duas faculdades exclusivamente femininas", afirmava a matéria.

A ferramenta tendenciosa, segundo a Amazon disse à Reuters, "nunca foi usada pelos recrutadores da Amazon para avaliar candidatos". Mas a empresa não contestou a afirmação da Reuters de que os recrutadores a analisavam.

A Amazon não deu mais detalhes, por isso é impossível saber exatamente por que o sistema foi tendencioso. Mas, como diria Ralf Herbrich, da Amazon: você olha as entradas. A força de trabalho global da Amazon, segundo números citados pela Reuters, é composta por 60% de trabalhadores do sexo masculino e 40% do sexo feminino. Portanto, quando a IA da Amazon procurou candidatos que se encaixassem melhor na empresa, provavelmente decidiu que os candidatos do sexo masculino eram mais adequados, devido aos dados aos quais tinha acesso e fez o possível para encontrá-los.

A Amazon tentou consertar seu sistema. Mas, mesmo depois de entender o problema, não foi possível resolvê-lo. "A Amazon editou os programas para torná-los neutros a esses termos específicos", informou a Reuters. "Mas isso não garante que as máquinas não criem outras classificações que possam ser discriminatórias." Sem outra opção, a Amazon descartou o programa.

A IA, assim como os humanos, às vezes se comporta mal. E, para saber mais sobre como os futuros líderes poderiam resolver esses problemas, eu me encontrei com Ifeoma Ajunwa, professora da ILR e especialista em justiça algorítmica.

Ao me receber em seu escritório, Ajunwa me ofereceu um pouco de chocolate quente (um item básico na fria Ithaca) e sugeriu uma caminhada. Depois de eu ter ligado o gravador, Ajunwa compartilhou alguns pensamentos surpreendentemente positivos sobre a Amazon. "Eles são a exceção à regra", disse ela. "Francamente, a maioria das empresas não se importa em olhar."

Os líderes do futuro, disse Ajunwa, devem monitorar continuamente sua tecnologia quanto a vieses. E, agora que os sistemas automatizados de contratação, remuneração e recrutamento estão assumindo o trabalho de recursos humanos em empresas em todo o mundo – incluindo Target, Starbucks e Walmart, segundo Ajunwa –, a tarefa está se tornando mais premente.

"Eles não estão mudando fundamentalmente questões de discriminação, questões de viés", disse Ajunwa sobre esses sistemas. "São ferramentas que podem exacerbar ou ajudar esses problemas. E, sendo ferramentas, um líder de sucesso ou um líder responsável não pode abdicar da responsabilidade pela forma como elas são usadas."

Verificar a existência de viés nesses sistemas é uma parte da equação, mas a divulgação também é crítica, Ajunwa me disse. "A maioria das empresas não se preocupa em fazer as auditorias necessárias. E, se observam, e é um olhar interno, elas mantêm em segredo e podem tentar varrê-lo para debaixo do tapete", disse ela.

Mantendo apenas para a empresa as descobertas de vieses da IA, as organizações impedem que outras pessoas examinem suas próprias ferramentas em busca de falhas semelhantes – um desserviço à força de trabalho em geral. Nesse contexto, a Amazon falhou ao não divulgar os problemas de seu sistema de IA. A liderança da empresa discutiu isso apenas quando a Reuters bateu à porta. Mesmo assim, eles ofereceram uma resposta vaga. Nessas situações, você agradece aos repórteres que dão a notícia.

O caso da invenção bem-pensada

Quando eu era estudante da ILR, participei de um seminário de um semestre sobre demissões, pouco antes da recessão de 2009. A turma era fascinante, oferecendo uma visão aprofundada de um processo que milhões de pessoas enfrentariam à medida que a economia implodisse. O ILR HR 268, como foi chamado, focou em como demitir pessoas (faça isso com outra pessoa na sala e com breves observações, para evitar suscetibilidades) e em como não fazer isso (não use o e-mail). A aula era mórbida e triste às vezes, mas também era real – uma introdução a um elemento severo do local de trabalho que muitos prefeririam ignorar.

O ILR HR 268 acabou sendo uma boa preparação para a vida real. Em janeiro de 2013, fui demitido. Nunca esquecerei os detalhes daquele dia. Depois de passar semanas sob o comando de um novo gerente, consegui um tempo na agenda dele na tarde de uma terça-feira. Pouco antes de nossa reunião, passei pela sala que ele havia reservado e vi um membro da nossa equipe de RH folheando um maço de papéis. Estava claro o que ia acontecer.

Com alguns minutos de sobra, voltei para minha mesa e comecei a recolher minhas coisas. Quando eu estava quase pronto, meu gerente veio me buscar. Ele e seu colega de RH executaram a dispensa perfeitamente. Todos sabíamos o que fazer, e eu saí do prédio em menos de 30 minutos.

Quando saí, caminhei por quilômetros pela cidade de Nova York – em janeiro. A demissão era difícil de suportar, e cada passo ajudava a aliviar a dor. Com o tempo, a dor passou, e as circunstâncias da dispensa agora são mais interessantes para mim do que o ato em si.

A Operative Media, a empresa que me demitiu, desenvolveu um software que ajudou os editores de notícias on-line a gerenciar seus negócios. Sua tecnologia ajudou os representantes de vendas dessas empresas a agendar campanhas publicitárias, gerar pedidos, exibir os anúncios e criar faturas. Uma lista impressionante de organizações de notícias, incluindo *Wall Street Journal*, NBC Universal e National Public Media, preencheu a base de clientes da Operative. Era uma vida honesta, e a Operative aproveitou ao máximo, e então as coisas mudaram.

Enquanto eu estava na Operative, o setor de publicidade digital começou a mudar. O trabalho de comprar anúncios por telefone era confuso, exigindo um conjunto de tarefas – reservas de pedidos, envio de contratos por e-mail, tráfego de anúncios, gerenciamento de entrega – que o software da Operative ajudou a simplificar. Mas o processo estava repleto de erros e confusão, levando a indústria ao caminho da automação. Os anunciantes começaram a comprar anúncios na web por meio de novos sistemas de software "programáticos", ferramentas que permitiam a execução, o pagamento e a segmentação de anúncios na web sem nunca falar com um ser humano.

Quando essa onda de automação chegou, a Operative teve que tomar uma decisão. Poderia ajudar seus clientes editores a listar seu inventário de anúncios nas trocas automatizadas. Ou poderia se ater aos seus negócios principais, voltados para o ser humano, e tentar superar isso.

Por fim, a Operative não chegou a nenhuma das opções. Após uma longa espera, ela criou uma ferramenta de marketplace para os editores listarem seu inventário nas trocas automatizadas, mas a ferramenta estava atrasada e não funcionava tão bem quanto a de seus concorrentes. Logo, o CEO da Operative, Michael Leo, foi substituído. E, não muito tempo depois, eu também fui embora.

Quando liguei para Leo para descobrir o que tinha dado errado, imaginei uma conversa direta. Eu estava profundamente envolvido na escrita deste livro e sabia onde Leo se desviava da fórmula. Eu esperava que ele me dissesse que a empresa deveria ter inventado, em vez de seguir seus métodos antigos, que deveria ter automatizado cedo e que precisava de melhores canais para dar vida às ideias. Quando Leo me disse: "Não ouvi o conselho" (que o instara a automatizar), pensei que estávamos a caminho.

Mas então ele levou a conversa por uma direção que eu não esperava. "Se a lealdade fosse apenas ao investidor, eu teria automatizado antes", disse ele. "Mas se fosse ao que eu achava correto, então provavelmente seguimos o caminho certo."

O avanço da venda automatizada de anúncios, segundo Leo, teria desvalorizado o trabalho de grandes organizações de notícias. Os anunciantes que compravam por meio de sistemas automatizados se preocupavam mais com quem estavam alcançando do que com o que essas pessoas estavam lendo. Portanto, disponibilizar o inventário de anúncios dos editores premium de notícias nesses sistemas os colocaria em pé de igualdade com sites que apresentavam pouco (ou nenhum) conteúdo – não exatamente uma mudança em seus maiores interesses.

À medida que avançamos para uma era em que teremos uma capacidade sem precedentes de inventar, Leo estava me dizendo, devemos refletir sobre o que construímos. Essa noção é contrária à natureza humana, que nos leva a inventar, independentemente das consequências. "Quando você vê algo que é tecnicamente doce, prossegue e o faz", disse J. Robert

Oppenheimer uma vez. "Você discute sobre o que fazer em relação a isso apenas depois de ter alcançado seu sucesso técnico." Oppenheimer estava se referindo à bomba atômica, que ele ajudou a construir.

Sem uma invenção cuidadosa, nossas criações podem sair pela culatra, como descobriram veículos de notícias (um exemplo menos extremo do que Oppenheimer). Apesar dos melhores esforços da Operative, comprar anúncios de seres humanos ainda é uma tarefa árdua. Os anunciantes, fartos desse sistema, começaram a gastar mais dólares com a automação, e os editores de notícias fizeram o mesmo. Hoje, quase todos os editores de notícias estão colaborando nas trocas automatizadas de anúncios, e seu setor está em perigo.

Refletindo sobre o que aconteceu, Leo espera que a mensagem chegue à próxima geração. "Há momentos em que fico realmente feliz por ter mantido minha opinião", ele me disse. "É quando eu estou conversando com meus filhos."

Avante

Ithaca é a terra das nuvens, mas quando minha visita a Cornell chegou ao fim, o Sol fez uma aparição rara. Parado no ponto de ônibus, quando alguns raios surgiram, olhei para os estudantes que se dirigiam ao campus e me perguntei se eles sabiam quanta mudança os esperava no local de trabalho em que logo entrariam.

A mudança está chegando, isso é certo. As ferramentas de aprendizado de máquina, computação na nuvem e colaboração estão engatinhando e só se tornarão mais proeminentes com o passar do tempo. Essas ferramentas têm potencial para causar danos. No entanto, se mitigarmos adequadamente seus riscos, estaremos caminhando para um novo e impressionante capítulo de nossa existência. O melhor cenário é grandioso. E estou otimista de que chegaremos lá.

O trabalho, temido e perigoso para a maior parte da existência humana, agora tem o potencial de se tornar mais inventivo e gratificante

7 | O líder do futuro   217

para muitos de nós. Em vez de passar nossos dias correndo para apoiar nossos chefes, em breve poderemos trabalhar ao lado deles para dar vida a nossas ideias. E, à medida que mais empresas dependam da invenção para ter sucesso, esse cenário pode rapidamente passar do sonho para a realidade.

Nossa economia também tem potencial para se tornar mais vibrante. As gigantes da tecnologia podem planejar permanecer no topo para sempre, mas, à medida que a Mentalidade de Engenheiro e a tecnologia associada ao local de trabalho se espalharem, os concorrentes dessas empresas poderão enfrentar desafios significativos. À medida que a invenção florescer dentro de empresas menores, o crescimento se distribuirá mais uniformemente, aumentando a riqueza de maneira mais ampla e ajudando as pessoas a levar uma vida melhor.

Mudanças tão necessárias também poderiam chegar ao governo e ao setor sem fins lucrativos. Nosso mundo tem muitos desafios prementes – estamos enfrentando crises no clima, educação, saúde e pobreza – e precisamos do máximo de soluções criativas. Se o setor público reduzir sua quantidade enorme de trabalho de execução e colocar seu pessoal trabalhando para inventar soluções para os nossos problemas, poderemos ter a chance de superar o que provavelmente será um século turbulento à frente. Alguma mudança de cultura seria necessária (as agências teriam que começar a ouvir seus funcionários do mais baixo escalão), mas isso está no campo do possível, se não provável. Um total de 25 agências federais dos Estados Unidos, da Administração de Serviços Gerais à NASA, já estão trabalhando com a UiPath para automatizar o trabalho de execução, sinalizando o que pode estar por vir.

Vale a pena lutar por esse cenário melhor. É preciso vontade política e bons participantes corporativos para chegar lá, e não será fácil para todos. No entanto, se conseguirmos, estaremos vivendo em uma sociedade mais saudável, mais feliz e mais estável.

Espero que as lições deste livro sejam um atalho para nos levar até lá. O resto depende de nós.

Agradecimentos

Sem o apoio, o conselho e a orientação de meus amigos, familiares e colegas, este livro nunca teria virado realidade. As pessoas mencionadas abaixo tornaram os bons momentos mais agradáveis, os difíceis, mais fáceis e os desafiadores, contornáveis. Devo tudo a eles.

Merry Sun, minha editora incrivelmente talentosa, guiou esse processo com firmeza e manteve o trabalho em foco. Ela incentivou as coisas boas, apontou as ruins com gentileza e me ensinou o que é preciso fazer para escrever um livro.

Jim Levine, o melhor agente do mercado, respondeu meu e-mail frio, acreditou nessa ideia desde o primeiro telefonema e, depois de ouvir um fluxo de ideias desconexas, ajudou na realização deste livro.

Natalie Robehmed, que cuidou da verificação de fatos, passou um pente fino no texto e o deixou à prova de balas.

Adrian Zackheim, editor da Portfolio, testou as ideias contidas neste livro desde a primeira reunião e topou entrar em uma aventura quando nenhum de nós sabia aonde isso acabaria.

As excelentes equipes de vendas, arte e marketing da Portfolio trabalharam muito para disponibilizar este livro nos Estados Unidos e tornaram o processo agradável. Agradecimentos especiais a Will Weisser, por ajudar a criar o título e o subtítulo, Margot Stamas, pela publicidade, Nicole McArdle, pelo marketing, e Chris Sergio e Jen Heuer, pela arte da capa de cair o queixo [refere-se à edição original em inglês]

Stephanie Frerich, Rebecca Shoenthal e Alyssa Adler, ex-Portfolio, viram o potencial deste material e ajudaram a desenvolvê-lo desde seus primeiros dias. Sou grato por sua visão e por terem acreditado em mim.

Meus incríveis colegas do *BuzzFeed* me ensinaram que nenhum desafio era muito grande ou intransponível. Essa crença me levou a este projeto de reportagem, o maior da minha vida. Precisei de três tentativas para fazer o *BuzzFeed* me contratar, e trabalhar lá foi um sonho. Ainda não consigo acreditar na sorte de aprender com Ben Smith, Mat Honan, John Paczkowski, Scott Lucas e meus colegas repórteres todos os dias. E também por ter trabalhado com as incríveis Ellen Cushing e Samantha Oltman, que agora estão executando cobertura de tecnologia na revista *Atlantic* e no site *Recode*, respectivamente. Tem sido uma corrida maluca e divertida.

Meus pais, Tova e Gary Kantrowitz, me educaram para pensar de forma independente, me ensinaram a ser curioso e leram os capítulos com entusiasmo conforme chegavam. Obrigado pelo apoio e por sempre me fazerem procurar as coisas em vez de me darem as respostas.

Stephanie Canora tem sido uma grande força estabilizadora em minha vida. Ela é uma amiga incrível que me ajudou nas dificuldades da vida, comemorou os pontos altos e me falou sobre seus muitos (muitos!) desafios. Não sei onde estaria sem Stephanie.

Sue e Steve Tregerman me permitiram passar muitas semanas na casa deles em minhas duas passagens por West Seattle. A hospitalidade deles permitiu que eu fizesse relatórios extensos sobre a Amazon e a Microsoft, o tipo necessário para relatar fielmente as histórias dessas duas empresas. Sue e Steve me fizeram sentir parte do clã, e eu aproveitei nossos momentos assistindo *America's Got Talent*, os Mariners e saindo com Linda, Roie, Gali, Mateo e o resto da família. Eles sempre serão uma família para mim.

Lady, a gata de Sue e Steve, também foi uma boa amiga nesse processo.

Meus irmãos, Barry (também conhecido como Barrycuda) e Josh (conhecido como Young Squid), estavam sempre disponíveis para conversar e me mantinham entretido em meio a longos períodos de digitação sozinho no computador. Eles tornam a vida divertida. Papoose para sempre.

As famílias Kantrowitz e Stepner são responsáveis pela pessoa que sou hoje. Devemos tudo a Leon, Miriam Kantrowitz, Jerome e Eleanor Stepner, que trabalharam muito para garantir um futuro para nós. E continuamos a ser inspirados por minha falecida prima Rachael Kantrowitz, que nos mostrou como viver uma vida cheia de amor e bondade. Obrigado por tudo, pessoal.

Carmel DeAmicis me ouviu com entusiasmo enquanto tentava entender as minhas reportagens. Ela leu junto e deu conselhos incríveis a cada passo. Obrigado, Carmel, você é a melhor.

Mark Bergen, da *Bloomberg*, além de famoso em Bernal Heights, me ajudou a planejar os relatórios deste livro e tem sido um amigo incrível e solidário. Nossos muitos passeios de bicicleta por Sausalito e Funston, e as várias caminhadas por toda a Bay Area são a parte boa. Que muitas outras venham.

Brad Allen me manteve com os pés no chão nesse processo e me ajuda a encarar a vida com uma nova perspectiva toda vez que conversamos. Ele também é bom no basquete.

Jessica Fraidlin me mostrou os caminhos de São Francisco, e eu aprendi muito sobre vida, negócios e comida com ela e seu marido, Alex. Eles estavam sempre dispostos a conversar sobre os mais recentes desafios de apuração do livro em nossos jantares semanais e a oferecer conselhos e apoio.

Jane Leibrock vem sendo solidária e entusiasmada, torcendo por mim o tempo todo. Ela sempre gostou de ouvir e nunca me disse para calar a boca. O que prova que ela é uma santa.

Nate Skid me inspirou a continuar lutando por algo maior e melhor. Sua esposa, Lang, e sua filha, Evelyn, completam uma família que me inspira.

Matt Sudol me ensinou a apreciar um momento por vez. Richard Solomon me ensinou como a publicidade funciona. Howard Spieler continua sendo meu mentor, apesar de não ser mais obrigado pelo NYCEDC a fazê-lo.

No meio desse processo, vários amigos apareceram no meu apartamento para uma "Festa do Manuscrito", lendo meu texto e dando feedback. Muitos deles são citados aqui, alguns não posso mencionar, e mando um alô especial para Ariel Camus e Joe Wadlington, que nos mantiveram rindo o tempo todo.

A equipe de North Shore, David, Gabe, Jenny e Rebecca mantiveram meu ânimo elevado durante todo o processo.

A equipe de Cornell, Ali, Ayala, Chade, Dan, Emily, Ezron, Gavi, Hannah, Herbie, Jack, Jasmine, Jaclyn, Josh, Judah, Lauren, Naomi, Newman, Nicole, Perry, Rachel, Rina, Ronit, Schapp e Tzippy… vocês são incríveis. Obrigado por todo o apoio e incentivo.

O bate-papo do grupo Never Stop Never Stopping me manteve (um pouco) são quando passei muitos dias sozinho com o teclado. Eles me ajudaram a aprender com um fluxo constante de links e uma boa discussão. Obrigado, pessoal, por não me expulsarem apesar do meu conhecimento mínimo sobre a NBA.

Simon Dumenco, Michael Learmonth, Maureen Morrison, Matt Quinn e Judy Pollack da revista *Ad Age* fizeram com que eu deixasse de ser um cara de marketing e me tornasse um repórter.

Saul Austerlitz me ensinou sobre jornalismo freelancer quando eu estava começando, e depois sobre escrever livros quando eu quis fazer isso também.

Larry Reibstein se encontrou comigo nos primeiros dias e me indicou a direção certa. Um pequeno gesto fez uma grande diferença na minha vida.

Scott Olster me deu minha grande oportunidade, publicando minha primeira matéria na *Fortune*, o que me levou a escrever mais e mais depois disso.

Zack O'Malley Greenburg e Jon Bruner me levaram para a *Forbes* como colaborador, e foi assim que tudo começou.

Gary, Keith e Ron do #MetsBooth, obrigado por me fazerem companhia em muitas tardes solitárias durante a primavera e o verão. Espero ver vocês em breve no outono.

O pessoal da Arizmendi, em Valencia, sempre me recebeu com um café e um sorriso em muitas e muitas visitas ao longo do processo de escrita do livro. Por mais compenetrado que estivesse, eu sabia que podia parar ali para ter 30 minutos de felicidade todos os dias.

As pessoas que cuidam do Glen Canyon Park me deram um lugar bonito para correr quase todos os dias nesse processo. Eu recomendo que você o visite na próxima vez que estiver em São Francisco.

E, para todos aqueles que me disseram que eu não conseguiria, não levava ou não levaria jeito, obrigado. Vocês abastecem o meu entusiasmo.

Notas

PREFÁCIO

11 **Zuckerberg havia trabalhado muito em seu "Manifesto":** Zuckerberg, Mark. "Building Global Community." Facebook, 16 fev. 2017. Disponível em: <https://www.facebook.com/notes/mark-zuckerberg/building-global-community/10103508221158471>.

INTRODUÇÃO

15 **Em uma reunião da Amazon, em março de 2017:** Amazon News. "Jeff Bezos, on Why It's Always Day 1 at Amazon." YouTube, 19 abr. 2017. Disponível em: <https://www.youtube.com/watch?v=fTwXS2H_iJo>.

16 **Em 2015, era de 15:** Lam, Bourree. "Where Do Firms Go When They Die?" *Atlantic*. Atlantic Media Company, 12 abr. 2015. Disponível em: <https:// www.theatlantic.com/business/archive/2015/04/where-do-firms-go-when-they-die/390249/>.

21 **E, depois que investidores entregaram à empresa 225 milhões de dólares:** Winkler, Rolfe. "Software 'Robots' Po-

wer Surging Values for Three Little-Known Startups." *Wall Street Journal*. Dow Jones & Company, 17 set. 2018. Disponível em: <https://www.wsj.com/articles/software-robots-power-surging-values-for-three-little-known-startups-1537225425>

23 **Uma das principais concorrentes da UiPath, a Automation Anywhere, recebeu um financiamento de 300 milhões de dólares:** Lunden, Ingrid. "RPA Startup Automation Anywhere Nabs $300M from SoftBank at a $2.6B Valuation." TechCrunch, 15 nov. 2018. Disponível em: <https://techcrunch.com/2018/11/15/rpa-startup-automation-anywhere-nabs-300m-from-softbank-at-a-2-6b-valuation/>

27 **A Netflix, por exemplo, tem uma cultura de feedback:** Ramachandran, Shalini e Flint, Joe. "At Netflix, Radical Transparency and Blunt Firings Unsettle the Ranks." *Wall Street Journal*. Dow Jones & Company, 25 out. 2018. Disponível em: <https://www.wsj.com/articles/at-netflix-radical-transparency-and-blunt-firings-unsettle-the-ranks-1540497174>.

27 **As ideias da Tesla vêm do topo:** Duhigg, Charles. "Dr. Elon & Mr. Musk: Life Inside Tesla's Production Hell" *Wired*. Condé Nast, 13 dez. 2008.

27 **E a cultura da Uber é conhecida por ser confusa:** Isaac, Mike. *Super Pumped: The Battle for Uber*. Nova York: WW Norton & Company, 2019. [Ed. bras.: *A guerra pela Uber*. Rio de Janeiro: Intrínseca, 2020.]

CAPÍTULO 1

33 **Bezos dirige a cultura inventiva da Amazon de acordo com 14 princípios de liderança:** "Leadership Principles." Amazon.jobs. Acessado em 3 out. 2019. Disponível em: <https://www.amazon.jobs/en/principles>.

36 **"Sem apresentações em PowerPoint a partir de agora", escreveu:** Stone, Madeline. "A 2004 Email from Jeff Bezos Ex-

plain Why PowerPoint Presentations Aren't Allowed at Amazon." *Business Insider,* 28 jul. 2015. Disponível em: <https://www.businessinsider.com/jeff-bezos-email-against-powerpoint-presentations-2015-7>.

37 **O memorando era enorme:** Esses memorandos ainda têm seu próprio conjunto de princípios de microliderança para cada grupo, chamados princípios.

40 **Em março de 2012, a Amazon adquiriu a Kiva Systems:** Rusli, Evelyn. "Amazon.com to Acquire Manufacturer of Robotics." *New York Times,* 19 mar. 2012. Disponível em: <https://dealbook.nytimes.com/2012/03/19/amazon-com-buys-kiva--systems-for-775-million/>.

40 **A Amazon colocou cerca de 15 mil robôs em seus CDs em 2014:** Seetharaman, Deepa. "Amazon Has Installed 15,000 Warehouse Robots to Deal with Increased Holiday Demand." *Business Insider,* 1º dez. 2014. Disponível em: <https://www.businessinsider.com/r-amazon-rolls-out-kiva-robots-for-holiday-season-onslaught-2014-12>.

40 **e tinha 30 mil em operação em 2015:** Levy, Nat. "Chart: Amazon Robots on the Rise, Gaining Slowly but Steadily on Human Workforce." *GeekWire,* 29 dez. 2016. Disponível em: <https://www.geekwire.com/2016/chart-amazon-robots-rise-gaining-slowly-steadily-human-workforce/>.

41. **a Amazon parece propensa a automatizar outras partes essenciais do trabalho do CD:** Del Rey, Jason. "Land of the Giants." *Vox.* Acessado em 3 out. 2019. Disponível em: <https://www.vox.com/land-of-the-giants-podcast>.

42 **não quis fazer uma pausa para ir ao banheiro:** Pollard, Chris. "Rushed Amazon Warehouse Staff Pee into Bottles as They're Afraid of 'Time-Wasting'." The *Sun,* 15 abr. 2018. Disponível em: <https://www.thesun.co.uk/news/6055021/rushed--Amazon-warehouse-staff-time-wasting>.

42 **A equipe corporativa da empresa:** Stone, Brad. *The Everything Store: Jeff Bezos and the Age of Amazon*. Nova York: Little, Brown and Company, 2013. [Ed. bras.: *A loja de tudo*. Rio de Janeiro: Intrínseca, 2014.]

44 **"Devido aos desafios":** Recode. "Amazon Employee Work-Life Balance | JeffBezos, CEO Amazon | Code Conference 2016." YouTube, 2 jun. 2016. Disponível em: <https://www.youtube.com/watch?v=PTYFEgXaRbU>.

55 **"Os clientes estão sempre insatisfeitos", disse Bezos:** TheBushCenter. "Forum on Leadership: A Conversation with Jeff Bezos." YouTube, 20 abr. 2018. Disponível em: <https://www.youtube.com/watch?v=xu6vFIKAUxk>.

56 **um forte artigo de cinco mil palavras no *New York Times*:** Kantor, Jodi e Streitfeld, David. "Inside Amazon: Wrestling Big Ideas in a Bruising Workplace." *New York Times*, 15 ago. 2015. Disponível em: <https://www.nytimes.com/2015/08/16/technology/inside-amazon-wrestling-big-ideas-in-a-bruising-workplace.html>.

57 **A Amazon entrou em guerra com o *New York Times*:** Carney, Jay. "What the New York Times Didn't Tell You." Medium, 19 out. 2015. Disponível em: <https://medium.com/@jaycarney/what-the-new-york-times-didn-t-tell-you-a1128aa78931>.

57 **O editor do *New York Times*, Dean Baquet, revidou:** Communications, NYTCo. "Dean Baquet Responds to Jay Carney's Medium Post." Medium, 19 out. 2015. Disponível em: <https://medium.com/@NYTimesComm/dean-baquet-responds-to-jay-carney-s-medium-post-6af794c7a7c6>.

57 **Quando o artigo saiu, Bezos enviou um e-mail à empresa:** Cook, John. "Full Memo: Jeff Bezos Responds to Brutal NYT Story, Says It Doesn't Represent the Amazon He Leads." *GeekWire*, 16 ago. 2015. Disponível em: <https://www.geekwire.com/2015/full-memo-jeff-bezos-responds-to-cutting-nyt-expose-says-tolerance-for-lack-of-empathy-needs-to-be-zero/>.

CAPÍTULO 2

69 **O nome da sala de conferências de Sandberg, Apenas Boas Notícias:** Inskeep, Steve. "We Did Not Do Enough to Protect User Data, Facebook's Sandberg Says." *NPR*, 6 abr. 2018. Disponível em: <https://www.npr.org/2018/04/06/600071401/we-did-not-do-enough-to-protect-user-data-facebooks-sandberg--says>.

72 **Facebook lançou um aplicativo native para iOS:** Rusli, Evelyn M. "Even Facebook Must Change." *Wall Street Journal*. Dow Jones & Company, 29 jan. 2013. Disponível em: <https://www.wsj.com/articles/SB100014241278873238295045782722336666653120>.

72 **hoje mais de 90% da receita de publicidade do Facebook vem dos aplicativos móveis:** Goode, Lauren. "Facebook Was Late to Mobile. Now Mobile Is the Future." *Wired*. Condé Nast, 6 fev. 2019. Disponível em: <https://www.wired.com/story/facebooks-future-is-mobile/>.

73 **as pessoas estavam compartilhando menos postagens originais:** Efrati, Amir. "Facebook Struggles to Stop Decline in 'Original' Sharing." *The Information*, 7 abr. 2016. Disponível em: <https://www.theinformation.com/articles/facebook-struggles-to-stop-decline-in-original--sharing?shared=5dd15d>.

74 **sua rede tivesse agora mais de 1,5 bilhão de usuários:** Facebook 10-Q. Acessado em 3 out. 2019. Disponível em: <https://www.sec.gov/Archives/edgar/data/1326801/000132680115000032/fb-9302015x10q.htm>.

74 **Com a adesão aos Grupos subindo dezenas de milhões:** Kantrowitz, Alex. "Small Social Is Here: Why Groups Are Finally Finding a Home Online." *BuzzFeed News*, 3 nov. 2015. Disponível em: <https://www.buzzfeednews.com/article/alexkantrowitz/small-social-is-here-why-groups-are-finally-finding-a-home-o>.

74 **chamado "Projeto Voldemort":** Wells, Georgia e Seetha-raman, Deepa. "Snap Detailed Facebook's Aggressive Tactics in 'Project Voldemort' Dossier." *Wall Street Journal*. Dow Jones & Company, 24 set. 2019. Disponível em: <https://www.wsj.com/articles/snap-detailed-facebooks-aggressive-tactics-in-project--voldemort-dossier-11569236404>.

79 **Seis meses depois, o Facebook comprou a Face.com:** Tsot-sis, Alexia. "Facebook Scoops Up Face.com for $55-60M to Bols-ter Its Facial Recognition Tech (Updated)." *TechCrunch*, 18 jun. 2012. Disponível em: <https://techcrunch.com/2012/06/18/facebook-scoops-up-face-com-for-100m-to-bolster-its-facial--recognition-tech/>.

80 **a equipe de produtos de Zuckerberg lançou o Live:** Kan-trowitz, Alex. "Facebook Expands Live Video Beyond Celebri-ties." *BuzzFeed News*, 3 dez. 2015. Disponível em: <https://www.buzzfeednews.com/article/alexkantrowitz/facebook-brings-its--live-streaming-to-the-masses#.jegRRDmJK>.

81 **Donesha Gantt entrou ao vivo no Facebook depois de ser baleada:** Rabin, Charles. "Woman Posts Live Video of Herself After Being Shot in Opa-Locka Burger King Drive-Through." *Miami Herald*, 2 fev. 2016. Disponível em: <https://www.mia-miherald.com/news/local/crime/article57897483.html>.

81 **transmitiu vídeos com violência gráfica cerca de duas vezes por mês:** Kantrowitz, Alex. "Violence on Facebook Live Is Worse Than You Thought." *BuzzFeed News*, 16 jun. 2017. Dis-ponível em: <https://www.buzzfeednews.com/article/alexkan-trowitz/heres-how-bad-facebook-lives-violence-problem-is>.

83 **lançando uma ferramenta de prevenção de suicídio:** Kantrowitz, Alex. "Facebook Is Using Artificial Intelligence to Help Prevent Suicide." *BuzzFeed News*, 1º mar. 2017. Disponível em: <https://www.buzzfeednews.com/article/alexkantrowitz/facebook-is-using-artificial-intelligence-to-prevent-suicide>.

83 **uma atualização sobre o desempenho geral do programa:** Rosen, Guy. "F8 2018: Using Technology to Remove the Bad Stuff Before It's Even Reported." *Facebook Newsroom*, 2 maio 2018. Disponível em: <https://newsroom.fb.com/news/2018/05/removing-content-using-ai/>.

84 **E alguns de seus moderadores trabalham em condições precárias:** Newton, Casey. "The Secret Lives of Facebook Moderators in America." *Verge*, 25 fev. 2019. Disponível em: <https://www.theverge.com/2019/2/25/18229714/cognizant-facebook-content-moderator-interviews-trauma-working-conditions-arizona>.

86 **uma campanha de desinformação em larga escala patrocinada pelo Kremlin:** Stamos, Alex. "An Update on Information Operations on Facebook." *Facebook Newsroom*, 6 set. 2017. Disponível em: <https://newsroom.fb.com/news/2017/09/information-operations-update/>.

86 **Cambridge Analytica, uma empresa de análise de dados, usou ilicitamente:** Rosenberg, Matthew; Confessore, Nicholas e Cadwalladr, Carole. "How Trump Consultants Exploited the Facebook Data of Millions." *New York Times*, 17 mar. 2018. Disponível em: <https://www.nytimes.com/2018/03/17/us/politics/cambridge-analytica-trump-campaign.html>.

87 **forma melhor em "The Ugly":** Mac, Ryan; Warzel, Charlie e Kantrowitz, Alex. "Growth at Any Cost: Top Facebook Executive Defended Data Collection in 2016 Memo – and Warned That Facebook Could Get People Killed." *BuzzFeed News*, 29 mar. 2018. Disponível em: <https://www.buzzfeednews.com/article/ryanmac/growth-at-any-cost-top-facebook-executive-defended-data>.

89 **seu discurso de abertura:** Stewart, Emily. "Read: Mark Zuckerberg's prepared statement for congressional testimony." *Vox*, 10 abr. 2018. Disponível em: <https://www.vox.com/policy-and-politics/2018/4/9/17215640/mark-zuckerberg-congress-testimony-facebook>.

92 **Camarões:** McAllister, Edward. "Facebook's Cameroon Problem: Stop Online Hate Stoking Conflict." Reuters. *Thomson Reuters*, 4 nov. 2018. Disponível em: <https://www.reuters.com/article/us-facebook-cameroon-insight/facebooks-cameroon-problem-stop-on-line-hate-stoking-conflict-idUSKCN1NA0GW>.

92 **e Sri Lanka:** Rajagopalan, Megha e Nazim, Aisha. "'We Had to Stop Facebook': When Anti-Muslim Violence Goes Viral." *BuzzFeed News*, 7 abr. 2018. Disponível em: <https://www.buzzfeednews.com/article/meghara/we-had-to-stop-facebook--when-anti-muslim-violence-goes-viral>.

CAPÍTULO 3

96 **Enquanto o debate continuava:** Conger, Kate. "Exclusive: Here's the Full 10-Page Anti-Diversity Screed Circulating Internally at Google [Updated]." *Gizmodo*, 5 ago. 2017. Disponível em: <https://gizmodo.com/exclusive-heres-the-full-10-page-anti--diversity-screed-1797564320>.

96 **o movimento Me Too:** Alyssa Milano, post no Twitter, 15 out. 2017, 1:21 p.m. Disponível em: <https://twitter.com/Alyssa_Milano/status/919659438700670976>.

101 **Quando Marissa Mayer:** Harmanci, Reyhan. "Inside Google's Internal Meme Generator." *BuzzFeed News*, 26 set. 2012. Disponível em: <https://www.buzzfeednews.com/article/reyhan/inside-googles-internal-meme-generator>.

101 **65% do tráfego de pesquisa do Google:** Nelson, Jeff. "What Did Sundar Pichai Do That His Peers Didn't, to Get Promoted Through the Ranks from an Entry Level PM to CEO of Google?" *Quora*, 24 jul. 2016. Disponível em: <https://www.quora.com/What-did-Sundar-Pichai-do-that-his-peers-didnt--to-get-promoted-through-the-ranks-from-an-entry-level-PM--to-CEO-of-Google/answer/Jeff-Nelson-32?ch=10&share=53473102&srid=au3>.

104 **"o que você acha do Gmail": BiscootTV.** "Sundar Pichai Full Speech at IIT Kharagpur 2017 | Sundar Pichai at KGP | Latest Speech." YouTube, 10 jan. 2017. Disponível em: <https://www.youtube.com/watch?v=-yLlMk41sro&feature=youtu.be>.

105 **o Google adquiriu a Upstartle:** Mazzon, Jen. "Writely So." *Official Google Blog*, 9 mar. 2006. Disponível em: <https://google-blog.blogspot.com/2006/03/writely-so.html>.

105 **lançou o Google Agenda:** Sjogreen, Carl. "It's About Time." *Official Google Blog*, 13 abr. 2006. Disponível em: <https://google-blog.blogspot.com/2006/04/its-about-time.html>.

105 **lançou o Planilhas Google:** Rochelle, Jonathan. "It's Nice to Share." *Official Google Blog*, 6 jun. 2006. Disponível em: <https://googleblog.blogspot.com/2006/06/its-nice-to-share.html>.

107 **disse Pichai ao apresentar o Chrome: Troy Minnis.** "Sundar Pichai Launching Google Chrome." YouTube, 19 fev. 2017. Disponível em: <https://www.youtube.com/watch?v=3_Ye38fBQMo>.

109 **Chrome estreou em 2008:** Doerr, John E. *Measure What Matters: How Google, Bono, and the Gates Foundation Rock the World with OKRs.* New York: Portfolio, 2018. [Ed. bras.: *Avalie o que importa: Como o Google, Bono Vox e a Fundação Gates sacudiram o mundo com os OKRs.* Rio de Janeiro: Alta Books, 2019.]

109 **parou de desenvolver o Internet Explorer:** Newcomb, Alyssa. "Microsoft: Drag Internet Explorer to the Trash. No, Really." *Fortune*, 8 fev. 2019. Disponível em: <https://fortune.com/2019/02/08/download-internet-explorer-11-end-of-life--microsoft-edge/?xid=gn_editorspicks>.

110 **lançando o Amazon Echo e seu assistente digital incorporado:** Stone, Brad e Soper, Spencer. "Amazon Unveils a Listening, Talking, Music-Playing Speaker for Your Home." *Bloomberg*, 6 nov. 2014. Disponível em: <https://www.bloomberg.com/news/articles/2014-11-06/amazon-echo-is-a-listening-talking--music-playing-speaker-for-your-home>.

Notas   233

111 **Larry Page fez uma postagem chocante no blog:** Page, Larry. "G Is for Google." *Official Google Blog*, 10 ago. 2015. Disponível em: <https://googleblog.blogspot.com/2015/08/google-alphabet.html>.

112 **aplicativos representariam 89,2% de todo o tempo gasto:** "US Time Spent with Media: EMarketer's Updated Estimates and Forecast for 2014-2019." *eMarketer*, 27 abr. 2017. Disponível em: <https://www.emarketer.com/Report/US-Time-Spent-with-Media-eMarketers-Updated-Estimates-Forecast-20142019/2002021>.

117 **não há muito espaço para ouvir:** Pierce, David. "One Man's Quest to Make Google's Gadgets Great." *Wired*. Condé Nast, 8 fev. 2018. Disponível em: <https://www.wired.com/story/one-mans-quest-to-make-googles-gadgets-great/>.

119 **Liz Fong-Jones:** Tiku, Nitasha. "Three Years of Misery Inside Google, the Happiest Company in Tech." *Wired*. Condé Nast, 13 ago. 2019. Disponível em: <https://www.wired.com/story/inside-google-three-years-misery-happiest-company-tech/>.

120 **os funcionários do Google escreveram uma carta de protesto:** Shane, Scott e Wakabayashi, Daisuke. "'The Business of War': Google Employees Protest Work for the Pentagon." *New York Times*, 4 abr. 2018. Disponível em: <https://www.nytimes.com/2018/04/04/technology/google-letter-ceo-pentagon-project.html>.

120 **uma carta internacional contra o uso da IA em guerra autônoma:** "Lethal Autonomous Weapons Pledge." Future of Life Institute. Disponível em: <https://futureoflife.org/lethal-autonomous-weapons-pledge/>.

120 **"Ei, eu saí do Departamento de Defesa":** Tarnoff, Ben. "Tech Workers Versus the Pentagon." *Jacobin*, 6 jun. 2018. Disponível em: <https://jacobinmag.com/2018/06/google-project-maven-military-tech-workers>.

120 **cerca de uma dúzia de funcionários do Google pediu demissão:** Conger, Kate. "Google Employees Resign in Protest

Against Pentagon Contract." *Gizmodo*, 14 maio 2018. Disponível em: <https://gizmodo.com/google-employees-resign-in-protest--against-pentagon-con-1825729300>.

120 **outro vazamento:** Shane, Scott; Metz, Cade e Wakabayashi, Daisuke. "How a Pentagon Contract Became an Identity Crisis for Google." *New York Times*, 30 maio 2018. Disponível em: <https://www.nytimes.com/2018/05/30/technology/google-project-maven-pentagon.html>.

122 **Pichai lançou os Princípios da IA:** Pichai, Sundar. "AI at Google: Our Principles." *Google*, 7 jun. 2018. Disponível em: <https://www.blog.google/technology/ai/ai-principles/>.

122 **O Google disse que não renovaria:** Alba, Davey. "Google Backs Away from Controversial Military Drone Project." *BuzzFeed News*, 1º jun. 2018. Disponível em: <https://www.buzzfeednews.com/article/daveyalba/google-says-it-will-not-follow-through--on-pentagon-drone-ai>.

123 **O Walkout, como agora é conhecido:** Wakabayashi, Daisuke e Dener, Katie. "How Google Protected Andy Rubin, the 'Father of Android'." *New York Times*, 25 out. 2018. Disponível em: <https://www.nytimes.com/2018/10/25/technology/google--sexual-harassment-andy-rubin.html>.

124 **em um e-mail para o grupo de mães:** Morris, Alex. "Rage Drove the Protests Last Year, but Can It Bring About Lasting Change at Tech Companies?" *New York*. Intelligencer, 5 fev. 2019. Disponível em: <http://nymag.com/intelligencer/2019/02/can-the-google-walkout-bring-about-change-at-tech-companies.html>.

125 **"Alguns de vocês levantaram ideias muito construtivas":** Fried, Ina. "Google CEO: Apology for Past Harassment Issues Not Enough." *Axios*, 30 out. 2018. Disponível em: <https://www.axios.com/google-ceo-apologizes-past-sexual-harassment--aec53899-6ac0-4a70-828d-70c263e56305.html>.

126 **"trovão contínuo" de ação:** Ghaffary, Shirin, e Johnson, Eric. "After 20,000 Workers Walked Out, Google Said It Got the Message. The Workers Disagree." *Vox*, 21 nov. 2018. Disponível em: <https://www.vox.com/2018/11/21/18105719/google--walkout-real-change-organizers-protest-discrimination-kara-swisher-recode-decode-podcast>.

126 **o fim da arbitragem forçada:** Wakabayashi, Daisuke. "Google Ends Forced Arbitration for All Employee Disputes." *New York Times*, 21 fev. 2019. Disponível em: <https://www.nytimes.com/2019/02/21/technology/google-forced-arbitration.html>.

127 **Google também revidou:** Tiku, Nitasha. "Google Walkout Organizers Say They're Facing Retaliation." *Wired*. Condé Nast, 22 abr. 2019. Disponível em: <https://www.wired.com/story/google-walkout-organizers-say-theyre-facing-retaliation/>.

127 **a confiança em Pichai e sua equipe de liderança caiu:** Kowitt, Beth. "Inside Google's Civil War." *Fortune*, 17 maio 2019. Disponível em: <https://fortune.com/longform/inside-googles-civil-war/>.

CAPÍTULO 4

129 **Tudo isso torna surpreendente a análise que Brownlee fez:** Marques Brownlee. "Apple HomePod Review: The Dumbest Smart Speaker?" YouTube, 16 fev. 2018. Disponível em: <https://www.youtube.com/watch?v=mpjREfvZiDs&feature=youtu.be>.

133 **Angela Ahrendts, ex-CEO da Burberry:** Gruber, John. "Angela Ahrendts to Leave Apple in April; Deirdre O'Brien Named Senior Vice President of Retail and People." *Daring Fireball*, 5 fev. 2019. Acessado em 5 fev. 2019. Disponível em: <https://daringfireball.net/linked/2019/02/05/ahrendts-obrien>.

133 **Assim como Jony Ive:** Gruber, John. "Jony Ive Is Leaving Apple." *Daring Fireball*, 27 jun. 2019. Disponível em: <https://daringfireball.net/2019/06/jony_ive_leaves_apple>.

134 **um documento vazado da United Airlines:** Mayo, Benjamin. "United Airlines Takes Down Poster That Revealed Apple Is Its Largest Corporate Spender." *9to5Mac*, 14 jan. 2019. Disponível em: <https://9to5mac.com/2019/01/14/united-airlines--apple-biggest-customer/>.

138 **Foi um erro que custou caro:** Schleifer, Theodore. "An Apple Engineer Showed His Daughter the New iPhone X. Now, She Says, He's Fired." *Recode*, 29 out. 2017. Disponível em: <https://www.vox.com/2017/10/29/16567244/apple-engineer-fired--iphone-x-daughter-secret-product-launch>.

139 **uma estranha rara:** Cook, Tim. "Letter from Tim Cook to Apple Investors." *Apple Newsroom*, 2 jan. 2019. Disponível em: <https://www.apple.com/newsroom/2019/01/letter-from-tim--cook-to-apple-investors/>.

139 **revisou suas previsões financeiras:** Thompson, Ben. "Apple's Errors." *Stratechery*, 7 jan. 2019. Disponível em: <https://stratechery.com/2019/apples-errors/?utm_source=Memberful&utm_campaign=131ddd5a64-weekly_article_2019_01_07&utm_medium=email&utm_term=0_d4c7fece27-131ddd5a64-110945413>.

139 **"Estou feliz com meu iPhone 8":** Balakrishnan, Anita e Bosa, Deirdre. "Apple Co-Founder Steve Wozniak: iPhone X Is the First iPhone I Won't Buy on 'Day One.'" *CNBC*, 23 out. 2017. Disponível em: <https://www.cnbc.com/2017/10/23/apple-co-founder-steve-wozniak-not-upgrading-to-iphone-x-right-away.html>.

140 **Cook, em uma entrevista à CNBC:** "CNBC Exclusive: CNBC Transcript: Apple CEO Tim Cook Speaks with CNBC's Jim Cramer Today." *CNBC*, 8 jan. 2019. Disponível em: <https://www.cnbc.com/2019/01/08/exclusive-cnbc-transcript-apple-ceo--tim-cook-speaks-with-cnbcs-jim-cramer-today.html>.

141 **Apple tinha a Siri:** Gross, Doug. "Apple Introduces Siri, Web Freaks Out." *CNN*. Cable News Network, 4 out. 2011. Disponí-

vel em: <https://www.cnn.com/2011/10/04/tech/mobile/siri-
-iphone-4s-skynet/index.html>.

141 **"Desde outubro de 2011, quando Steve morreu":** Note que
Jobs começou o Projeto Siri.

145 **adiar o lançamento:** Hall, Zac. "Apple Delaying HomePod
Smart Speaker Launch until next Year." *9to5Mac*, 17 nov. 2017.
Disponível em: <https://9to5mac.com/2017/11/17/homepad-
-delay/>.

148 **a Apple afastou 200 funcionários de seu Projeto Titan:**
Kolodny, Lora; Farr, Christina e Eisenstein, Paul A.. "Apple Just
Dismissed More than 200 Employees from Project Titan, Its Autonomous Vehicle Group." *CNBC*, 24 jan. 2019. Disponível em:
<https://www.cnbc.com/2019/01/24/apple-lays-off-over-200-
-from-project-titan-autonomous-vehicle-group.html>.

151 **"Como é a cultura de trabalho":** "How Is the Work Culture
at the IS&T Division of Apple?" *Quora*, [s.d.]. Disponível em:
<https://www.quora.com/How-is-the-work-culture-at-the-IS-T-
-division-of-Apple>.

152 **de 15 dólares por hora:** Salinas, Sara. "Amazon Raises Mini-
mum Wage to $15 for All US Employees." *CNBC*, 2 out. 2018.
Disponível em: <https://www.cnbc.com/2018/10/02/amazon-
-raises-minimum-wage-to-15-for-all-us-employees.html>.

152 **28 mil dólares por ano:** Gross, Terry. "For Facebook
Content Moderators, Traumatizing Material Is a Job Ha-
zard." *NPR*, 1º jul. 2019. Disponível em: <https://www.npr.
org/2019/07/01/737498507/for-facebook-content-moderators-
-traumatizing-material-is-a-job-hazard>.

153 **San Bernardino, Califórnia:** Nagourney, Adam; Lovett, Ian
e Pérez-Peña, Richard. "San Bernardino Shooting Kills at Least
14; Two Suspects Are Dead." *New York Times*, 2 dez. 2015. Disponível em: <https://www.nytimes.com/2015/12/03/us/san-
-bernardino-shooting.html>.

153 **um iPhone 5c:** Ng, Alfred. "FBI Asked Apple to Unlock iPhone Before Trying All Its Options." *CNET*, 27 mar. 2018. Disponível em: <https://www.cnet.com/news/fbi-asked-apple-to-unlock--iphone-before-trying-all-its-options>.

153 **não apenas aquele iPhone:** Grossman, Lev. "Apple CEO Tim Cook: Inside His Fight with the FBI." *Time*. 17 mar. 2016. Disponível em: <https://time.com/4262480/tim-cook-apple-fbi-2>.

153 **a privacidade:** Cook, Tim. "Customer Letter." *Apple*. Acessado em 16 fev. 2016. Disponível em: <https://www.apple.com/customer-letter>.

156 **"Para mim, marketing significa valores": Rene Brokop.** "Best Marketing Strategy Ever! Steve Jobs Think Different / Crazy Ones Speech (with Real Subtitles)." YouTube, 21 abr. 2013. Disponível em: <https://www.youtube.com/watch?v=keCwRdbwNQY>.

158 **como Oprah disse:** Albergotti, Reed. "Apple's 'Show Time' Event Puts the Spotlight on Subscription Services." *Washington Post*, 25 mar. 2019. Disponível em: <https://www.washingtonpost.com/technology/2019/03/25/apple-march-event-streaming--news-subscription>.

CAPÍTULO 5

161 **um ex-gerente da aQuantive para o *GeekWire* na época:** Cook, John. "After the Writedown: How Microsoft Squandered Its $6.3B Buy of Ad Giant aQuantive." *GeekWire*, 12 jul. 2012. Disponível em: <https://www.geekwire.com/2012/writedown--microsoft-squandered-62b-purchase-ad-giant-aquantive/>.

161 **um artigo:** Bishop, Todd. "Microsoft's 'Lost Decade'? Vanity Fair Piece Is Epic, Accurate and Not Entirely Fair." *GeekWire*, 4 jul. 2012. Disponível em: <https://www.geekwire.com/2012/microsofts-lost-decade-vanity-fair-piece-accurate--incomplete>.

161 **"O que começou como uma máquina de competição enxuta":** Eichenwald, Kurt. "How Microsoft Lost Its Mojo: Steve Ballmer and Corporate America's Most Spectacular Decline." *Vanity Fair*, 24 jul. 2012. Disponível em: <https://www.vanityfair.com/news/business/2012/08/microsoft-lost-mojo-steve-ballmer>.

161 **Ballmer deixou o cargo:** Bishop, Todd. "Microsoft Names Satya Nadella CEO; Bill Gates Stepping Down as Chairman to Serve as Tech Adviser." *GeekWire*, 4 fev. 2014. Disponível em: <https://www.geekwire.com/2014/microsoft-ceo-main>.

163 **uma empresa de 13 bilhões de dólares:** Fontana, John. "Microsoft Tops $60 Billion in Annual Revenue." *Network World*, 17 jul. 2008. Disponível em: <https://www.networkworld.com/article/2274218/microsoft-tops--60-billion-in-annual-revenue.html>.

163 **20% da receita total da Microsoft:** Romano, Benjamin. "Microsoft Server and Tools Boss Muglia Given President Title." *Seattle Times*, 6 jan. 2009. Disponível em: <https://www.seattletimes.com/business/microsoft/microsoft-server-and-tools-boss--muglia-given-president-title>.

164 **AWS controlava 37%:** D'Onfro, Jillian. "Here's a Reminder Just How Massive Amazon's Web Services Business Is." *Business Insider*, 16 jun. 2014. Disponível em: <https://www.businessinsider.com/amazon-web-services-market-share-2014-6>.

165 **Ballmer promoveu Satya Nadella:** Foley, Mary Jo. "Meet Microsoft's New Server and Tools Boss: Satya Nadella." *ZDNet*, 9 fev. 2011. Disponível em: <https://www.zdnet.com/article/meet-microsofts-new-server-and-tools-boss-satya-nadella>.

167 **Seu último ato importante:** Warren, Tom. "Microsoft Writes Off $7.6 Billion from Nokia Deal, Announces 7,800 Job Cuts." *Verge*, 8 jul. 2015. Disponível em: <https://www.theverge.com/2015/7/8/8910999/microsoft-job-cuts-2015-nokia-write-off>.

167 **Em um e-mail para os funcionários: Nadella, Satya.** "Satya Nadella Email to Employees on First Day as CEO." *Microsoft News Center*, 4 fev. 2014. Disponível em: <https://news.microsoft.com/2014/02/04/satya-nadella-email-to-employees-on-first-day-as-ceo>.

168 **ao máximo possível de pensamento de startups:** Nadella, Satya. *Hit Refresh: The Quest to Rediscover Microsoft's Soul and Imagine a Better Future for Everyone*. Nova York: HarperCollins, 2017. [Ed. bras.: *Aperte o F5*. São Paulo: Benvirá, 2018.]

168 **Nadella também expandiu o Microsoft Garage:** Choney, Suzanne. "Microsoft Garage Expands to Include Exploration, Creation of Cross-Platform Consumer Apps." *Fire Hose*, 22 out. 2014. Disponível em: <https://web.archive.org/web/20141025020143/http://blogs.microsoft.com/firehose/2014/10/22/microsoft-garage-expands-to-include-exploration-creation-of-cross-platform-consumer-apps>.

171 **disse Nadella na época:** Lunden, Ingrid. "Microsoft Forms New AI Research Group Led by Harry Shum." *TechCrunch*, 29 set. 2016. Disponível em: <https://techcrunch.com/2016/09/29/Microsoft-forms-new-ai-research-group-led-by-harry-shum>.

176 **você ainda pode assistir no YouTube:** MasterBlackHat. "Steve Ballmer—Dance Monkey Boy!" YouTube, 28 dez. 2007. Disponível em: <https://www.youtube.com/watch?v=edN4o8F9_P4>.

178 **A Microsoft é uma empresa de interesses conflitantes:** Cornet, Manu. "Organizational Charts." Bonkers World, [s.d.]. Acessado em 7 out. 2019. Disponível em: <http://bonkersworld.net/organizational-charts>.

180 **Em *Mindset*, seu livro de 2007:** Dweck, Carol S. *Mindset: The New Psychology of Success*. New York: Random House, 2007. [Ed. bras.: *Mindset: A nova psicologia do sucesso*. Rio de Janeiro: Objetiva, 2017]

180 **"Precisamos estar abertos às ideias dos outros":** Bishop, Todd. "Exclusive: Satya Nadella Reveals Microsoft's New Mission

Statement, Sees 'Tough Choices' Ahead." *GeekWire*, 25 jun. 2015. Disponível em: <https://www.geekwire.com/2015/exclusive-satya-nadella-reveals-microsofts-new-mission-statement-sees-more--tough-choices-ahead>.

180 **Nadella chegou a esse ponto ao demonstrar o Office para dispositivos iOS:** Kim, Eugene. "Microsoft CEO Satya Nadella Just Used an iPhone to Demo Outlook." *Business Insider*, 16 set. 2015. Disponível em: <https://www.businessinsider.com/microsoft-ceo-satya-nadella-used-iphone-2015-9>.

181 **"maior reorganização em anos" da Microsoft:** Bass, Dina e King, Ian. "Microsoft Unveils Biggest Reorganization in Years." *Bloomberg*, 29 mar. 2018. Disponível em: <https://www.bloomberg.com/news/articles/2018-03-29/microsoft-unveils-biggest--reorganization-in-years-as-myerson-out>.

181 **"Não podemos permitir que nenhum limite organizacional atrapalhe a inovação de nossos clientes":** Nadella, Satya. "Satya Nadella Email to Employees: Embracing Our Future: Intelligent Cloud and Intelligent Edge." *Microsoft News Center*, 29 mar. 2018. Disponível em: <https://news.microsoft.com/2018/03/29/satya-nadella-email-to-employees-embracing--our-future-intelligent-cloud-and-intelligent-edge>.

181 **Quando a Microsoft adquiriu o LinkedIn:** Lunden, Ingrid. "Microsoft Officially Closes Its $26.2B Acquisition of LinkedIn." *TechCrunch*, 8 dez. 2016. Disponível em: <https://techcrunch.com/2016/12/08/microsoft-officially-closes-its-26-2b-acquisition-of-linkedin/>.

181 **receita do LinkedIn:** Warren, Tom. "Microsoft's Bets on Surface, Gaming, and LinkedIn Are Starting to Pay Off." *Verge*, 26 abr. 2018. Disponível em: <https://www.theverge.com/2018/4/26/17286900/microsoft-q3-2018-earnings-cloud--surface-linkedin-revenue>.

183 **Nadella estava recebendo a série de e-mails:** Gershgorn,

Dave. "Amid Employee Uproar, Microsoft Is Investigating Sexual Harassment Claims Overlooked by HR." *Quartz*, 4 abr. 2019. Disponível em: <https://qz.com/1587477/microsoft-investigating--sexual-harassment-claims-overlooked-by-hr/>.

185 **Hoje, é superior a um trilhão de dólares:** um trilhão de dólares em outubro de 2019.

CAPÍTULO 6

187 **A série de ficção científica *Black Mirror* estreou:** Brooker, Charlie. "Charlie Brooker: The Dark Side of Our Gadget Addiction." *Guardian*, 1º dez. 2011. Disponível em: <https://www.theguardian.com/technology/2011/dec/01/charlie-brooker--dark-side-gadget-addiction-black-mirror>.

188 **"Eu sou naturalmente preocupado":** "Charlie Brooker on Black Mirror *vs* Reality | Good Morning Britain." *Good Morning Britain*. YouTube, 30 out. 2018. Disponível em: <https://www.youtube.com/watch?v=Na-ZIwy1bNI>.

188 **A China implementou um sistema de classificação social:** Bruney, Gabrielle. "A 'Black Mirror' Episode Is Coming to Life in China." *Esquire*, 17 mar. 2018. Disponível em: <https://www.esquire.com/news-politics/a19467976/black-mirror-social--credit-china>.

188 **"uma parte de sua intimidade" na boca de um porco morto:** Ashcroft, Michael e Oakeshott, Isabel. "Drugs, Debauchery and the Making of an Extraordinary Prime Minister." *Daily Mail Online*, 21 set. 2015. Disponível em: <https://www.dailymail.co.uk/news/article-3242504/Drugs-debauchery-making-extra-ordinary-Prime-Minister-years-rumours-dogged-truth-shockingly-decadent-Oxford-days-gifted-Bullingdon-boy.html>.

191 **expulsos da New America Foundation:** Vogel, Kenneth P. "Google Critic Ousted from Think Tank Funded by the Tech Giant." *New York Times*, 30 ago. 2017. Disponível em: <http://.

191 **os empregos em redações de jornais americanos caíram 47%:** "U.S. Newsroom Employment Has Dropped a Quarter since 2008, with Greatest Decline at Newspapers." *Pew Research Center*, 9 jul. 2019. Disponível em: <https://www.pewresearch. org/fact-tank/2019/07/09/u-s-newsroom-employment-has- -dropped-by-a-quarter-since-2008>.

192 **153 professores de inteligência artificial trocaram a academia:** Metz, Cade. "When the A.I. Professor Leaves, Students Suffer, Study Says." *New York Times*, 6 set. 2019. Disponível em: <https://www.nytimes.com/2019/09/06/technology/when- -the-ai-professor-leaves-students-suffer-study-says.html>.

194 **"A estrutura da família nuclear está em colapso estatístico":** Matheson, Boyd. "Why Do We Hate Each Other? A Conversation with Nebraska Sen. Ben Sasse (Podcast)." *Deseret News*, 17 out. 2018. Disponível em: <https://www. deseret.com/2018/10/17/20656288/why-do-we-hate-each- -other-a-conversation-with nebraska-sen-ben-sasse-podcast>.

194 **Sasse chama a solidão de "epidemia":** Sasse, Ben. *Them: Why We Hate Each Other—and How to Heal*. Nova York: St. Martin's Press, 2018.

194 **"Acostumamo-nos ao constante estímulo social":** Turkle, Sherry. *Alone Together: Why We Expect More from Technology and Less from Each Other*. Nova York: Basic Books, 2012.

194 **estudo sobre a solidão:** "Cigna U.S. Loneliness Index." Cigna, maio 2018, Disponível em: <https://www.multivu.com/players/ English/8294451-cigna-us-loneliness-survey/docs/IndexReport_1524069371598-173525450.pdf>.

195 **"sem religião":** Ravitz, Jessica. "Is the Internet Killing Religion?" *CNN*, 9 abr. 2014. Disponível em: <http://religion.blogs. cnn.com/2014/04/09/is-the-internet-killing-religion/comment- -page-6>.

195 **"O uso da internet diminui a chance de afiliação reli-**

giosa": Downey, Allen. "Religious Affiliation, Education and Internet Use." *Religious Affiliation, Education and Internet Use*, 2014.

195 **23% da população:** Shermer, Michael. "The Number of Americans with No Religious Affiliation Is Rising." *Scientific American*, 1° abr. 2018. Disponível em: <https://www.scientificamerican.com/article/the-number-of-americans-with-no-religious-affiliation-is-rising>.

195 **200 milhões de pessoas:** Kastrenakes, Jacob. "Facebook Adds New Group Tools as It Looks for 'Meaningful' Conversations." *Verge*, 7 fev. 2019. Disponível em: <https://www.theverge.com/2019/2/7/18215564/facebook-groups-new-community--tools-mentorship>.

196 **um bilhão até 2022:** Ortutay, Barbara. "Facebook Wants to Nudge You into 'Meaningful' Online Groups." *AP News*. Associated Press, 22 jun. 2017. Disponível em: <https://www.apnews.com/713f8f66e88b45828fd62b1693652ee7>.

196 **"Zuckerberg reconhece algo que poucos líderes cristãos têm":** Syverson, Andrea. "Commentary: Can Facebook Replace Churches?" *Salt Lake Tribune*, 6 jul. 2017. Disponível em: <https://archive.sltrib.com/article.php?id=5479818&itype=CMSID>.

196 **expectativa de vida nos Estados Unidos:** Kight, Stef W. "Life Expectancy Drops in the U.S. for Third Year in a Row. *Axios*, 29 nov. 2018. Disponível em: <https://www.axios.com/united-states-life-expectancy-drops-6881f610-3ca0-4758-b637--dd9c02b237d0.html>.

196 **pessoas morreram de overdose de drogas:** "Drug and Opioid-Involved Overdose Deaths—United States, 2013–2017 | MMWR." Centers for Disease Control and Prevention, 4 jan. 2019. Disponível em: <https://www.cdc.gov/mmwr/volumes/67/wr/mm675152e1.htm>.

196 **americanos cometeram suicídio:** Godlasky, Anne e Dastagir, Alia E.. "Suicide Rate up 33% in Less than 20 Years, Yet Funding

Lags Behind Other Top Killers." *USA Today*. Gannett Satellite Information Network, 21 dez. 2018. Disponível em: <https://www.usatoday.com/in-depth/news/investigations/surviving--suicide/2018/11/28/suicide-prevention-suicidal-thoughts-research-funding/971336002>.

196 **"Não há uma parte do país que não tenha sido tocada por isso":** Boddy, Jessica. "The Forces Driving Middle--Aged White People's 'Deaths of Despair.'" *NPR*, 23 mar. 2017. Disponível em: <https://www.npr.org/sections/health--shots/2017/03/23/521083335/the-forces-driving-middle--aged-white-peoples-deaths-of-despair>.

196 **taxa de desemprego abaixo de 4%:** Cox, Jeff. "September Unemployment Rate Falls to 3.5%, a 50-Year Low, as Payrolls Rise by 136,000." *CNBC*, 4 out. 2019. Disponível em: <https://www.cnbc.com/2019/10/04/jobs-report---september-2019.html>.

198 *The New Yorker:* Khatchadourian, Raffi. "The Doomsday Invention." *New Yorker*, 23 nov. 2015. Disponível em: <https://www.newyorker.com/magazine/2015/11/23/doomsday-invention--artificial-intelligence-nick-bostrom>.

198 **seu best-seller de 2014:** Bostrom, Nick. *Superintelligence: Paths, Dangers, Strategies*. Oxford, Reino Unido: Oxford University Press, 2014. [Ed. bras.: *Superinteligência: Caminhos, perigos e estratégias para um novo mundo*. Rio de Janeiro: Darkside, 2018.]

CAPÍTULO 7

202 **teoria X e teoria Y:** McGregor, Douglas. *The Human Side of Enterprise*. Nova York: McGraw-Hill, 1960.

203 **uma teoria Z para explicar o sucesso econômico do Japão:** Ouchi, William G. *Theory Z: How American Business Can Meet the Japanese Challenge*. Nova York: Avon, 1993.

204 **fundada em 1945:** "About ILR." ILR School, Cornell Univer-

sity. Acessado em 6 out. 2019. Disponível em: <https://www.ilr. cornell.edu/about-ilr>.

204 **longas e apertadas cabanas:** Cornell ILR. "Cornell University's ILR School: The Early Years." YouTube, 18 nov. 2015. Disponível em: <https://www.youtube.com/ watch?v=ED1DZQj2dBQ>.

205 **disse Henry, em 2018:** Ricau, Pierre-Yves. "A Silent Meeting Is Worth a Thousand Words." *Square Corner Blog*. Medium, 4 set. 2018. Disponível em: <https://medium.com/square-corner-blog/a-silent-meeting-is-worth-a-thousand-words-2c7213b12fb6>.

208 **uma coluna do *New York Times*:** Grant, Adam. "What Straight-A Students Get Wrong." *New York Times*, 8 dez. 2018. Disponível em: <https://www.nytimes.com/2018/12/08/opinion/ college-gpa-career-success.html?module=inline>.

208 **Mark Zuckerberg doou 100 milhões de dólares:** Hensley-Clancy, Molly. "What Happened to the $100 Million Mark Zuckerberg Gave to Newark Schools?" *BuzzFeed News*, 8 out. 2015. Disponível em: <https://www.buzzfeednews.com/article/mollyhensleyclancy/what-happened-to-zuckerbergs-100--million>.

209 **constatou uma investigação de 2017 da Associated Press:** Flaccus, Gillian e Mulvihill, Geoff. "Amid Booming Economy, Homelessness Soars on US West Coast." *AP News*. Associated Press, 9 nov. 2017. Disponível em: <https://apnews.com/d480434bba-cd4b028ff13cd1e7cea155>.

210 **A Amazon doou, desde 2016, 130 milhões de dólares:** Feiner, Lauren. "Amazon Donates $8 Million to Fight Homelessness in HQ Cities Seattle and Arlington." *CNBC*, 11 jun. 2019. Disponível em: <https://www.cnbc.com/2019/06/11/amazon-donates-8-million-to-fight-homelessness-in-seattle-arlington.html>.

210 **Anand Giridharadas, uma das principais vozes desse movimento:** Giridharadas, Anand. *Winners Take All*. Nova York:

Random House, 2019. [Ed. bras.: *Os vencedores levam tudo*. Rio de Janeiro: Alta Books, 2020.]

211 **A Amazon ainda construirá um QG2 na Virgínia:** Feiner, Lauren. "Amazon Will Get Up to $2.2 Billion in Incentives for Bringing New Offices and Jobs to New York City, Northern Virginia and Nashville." *CNBC*, 13 nov. 2018. Disponível em: <https://www.cnbc.com/13/11/2018/amazon-tax-incentives--in-new-york-city-virginia-and-nashville.html>.

211 **a Amazon recorreu:** Semuels, Alana. "How Amazon Helped Kill a Seattle Tax on Business." *Atlantic*, 13 jun. 2018. Disponível em: <https://www.theatlantic.com/technology/archive/2018/06/how-amazon-helped-kill-a-seattle-tax-on-business/562736>.

211 **dezenas de bilhões:** Honan, Mat e Kantrowitz, Alex. "Mark Zuckerberg Has Baby and Says He Will Give Away 99% of His Facebook Shares." *BuzzFeed News*, 1º dez. 2015. Disponível em: <https://www.buzzfeednews.com/article/mathonan/mark-zuckerberg-has-baby-and-says-he-will-give-away-99-of-hi>.

212 **ferramenta secreta de IA da Amazon que deu errado:** Dastin, Jeffrey. "Amazon Scraps Secret AI Recruiting Tool That Showed Bias Against Women." *Reuters*. Thomson Reuters, 9 out. 2018. Disponível em: <https://www.reuters.com/article/us-amazon-com-jobs-automation-insight/amazon-scraps-secret-ai-recruiting-tool-that-showed-bias-against-women--idUSKCN1MK08G>.

216 **J. Robert Oppenheimer:** Ratcliffe, Susan. *Oxford Essential Quotations*. Oxford: Oxford University Press, 2016.

218 **25 agências federais dos Estados Unidos: NITAAC NIH.** "NITAAC Solutions Showcase: Technatomy and UI Path." YouTube, 29 mar. 2019. Disponível em: <https://youtu.be/IakpZK9q6ys>.